줌 인 러시아 ❷

— 도시 이야기 —

줌 인 러시아 ❷
─ 도시 이야기 ─

2020년 4월 17일 초판 1쇄 발행
2021년 8월 30일 초판 3쇄 발행

지 은 이 | 이대식
펴 낸 곳 | 삼성경제연구소
펴 낸 이 | 차문중
출판등록 | 제1991-000067호
등록일자 | 1991년 10월 12일
주　　소 | 서울특별시 서초구 서초대로74길 4(서초동) 삼성생명서초타워 30층
전　　화 | 02-3780-8153(기획), 02-3780-8084(마케팅)
팩　　스 | 02-3780-8152
이 메 일 | seribook@samsung.com

삼성경제연구소 도서정보는 이렇게도 보실 수 있습니다.
홈페이지(http://www.seri.org) → SERI 북 → SERI가 만든 책

책으로 떠나는 완벽한 러시아 여행

줌 인 러시아 ②

이대식 지음

─ 도시 이야기 ─

삼성경제연구소

볼셰비키 혁명이 일어난 지 채 10년이 되기 전인 1926년 12월, 독일의 지성 발터 베냐민이 모스크바를 방문했다. 이 방문은 그의 두 가지 꿈 때문이었다. 첫 번째는 '사회주의'라는 지상낙원의 꿈이었고 두 번째는 이탈리아에서 만난 여인 아샤 라치스(당시 소련령이던 라트비아 출신 볼셰비키)와의 사랑을 이루고자 하는 꿈이었다. 불행히도 현실은 두 개의 꿈 모두를 차갑게 깨버렸고 그에게 모스크바라는 도시는 이루어지지 않는 꿈의 도시, 초현실주의의 도시로 남았다.

도시인문학자로 불리는 베냐민은 베를린, 나폴리, 파리를 배경으로, 그리고 자신의 사회적 이상과 내밀한 사랑을 배경으로 모스크바를 이해했다. 그에게는 이미 방문 전에 보고 싶었던 모스크바가 있었고 유감스럽게도 그런 모스크바는 현실에 없었다. 그래서 그가 남긴 《모스크바 일기》는 실망과 체념으로 가득 차 있다.

비슷한 시기인 1920년대 말 우랄산맥의 한 광산 마을에 10대 중반의 미국인 소년 리처드가 부모와 함께 도착했다. 그의 부모는 광산 개발 컨소시엄에 참가한 '레나 골드필즈'라는 영국 소재 기업의 현지 지사장으로 파견되었다.[1] 덕분에 이 소년은 러시아의 외진 시골 마을에서 몇 개월간 잊지 못할 사춘기를 보냈다.

그로부터 약 30년이 지난 1959년 소년은 이곳을 다시 방문했다. 다만 그의 신분은 이제 미국의 부통령으로 바뀌어 있었다. 바로 리처드 닉슨이다. 그는 공식 일정을 소화하던 중 갑자기 예전에 살던 시골 마을에 들르겠다고 고집했다. 제2의 고향에 도착한 닉슨은 감회 어린 눈물을 흘리며 뒷산의 바위 이름을 떠올렸고 들고양이를 쫓아다니고 동네 아이들과 축구하던 시절을 그리워했다.

러시아에 대한 선입견이 전혀 없었던 꼬마에겐 황막한 러시아의 광산 마을도 유년의 추억으로 가득 찬 아름다운 전원 풍경으로만 기억되었다. 소년의 눈망울엔 어른 베냐민을 괴롭힌 러시아에 대한 착시 현상이 없었던 것이다.

잠시 유년시절의 추억에 젖었던 중년의 닉슨은 그 장소를 벗어나 인근의 광산을 방문했다. 그곳의 한 소련 광부에게 제2차 세계대전에 참여했는지, 광부 생활이 힘들지는 않은지 물었다. 광부는 자신은 그 전쟁에 참여하기에는 그때 너무 어렸다고, 그리고 지금은 최신 장비 덕분에 광부 생활도 그리 힘들지 않다고 대답했다. 의례적인 질문을 던지는 어른 미국인 닉슨은 베냐민처럼 착시에 눈이 가려 상대 광부의 나이도, 그의 처지도 가늠하기 힘들었던 것이다.

오히려 이번에는 이 광부가 닉슨에게 되물었다. "전쟁 때 소련과 미국은 친구였는데 왜 지금은 서로 화해하지 못하는가?" 대답이 궁했던 닉슨은 "당신은 정치를 했어야 했다" 하며 치켜세워줬다. 그러자 광부는 더 당돌하게도 "모두가 정치가가 되면 누가 광산에서 일하겠느냐" 하며 핀잔을 줬다. 어색한 분위기 속에서 대화는 마무리됐다. 아마도 닉슨은 그때 정치를 그만뒀으면 좋았을지도 모른다.

《줌 인 러시아》가 나온 지 벌써 4년이 지났다. 러시아에 푹 빠진 필자의 근거리 착시가 러시아를 낯설어하는 한국 독자들의 원거리 착시를 교정해주길 바라면서 출간한 책이었다. 졸저를 따뜻하게 읽어준 수많은 독자의 목소리를 들어보면 어느 정도 목적을 달성한 것 같아 그저 감사할 따름이다.

하지만 착시를 거두고 러시아의 진면목을 알기엔 갈 길이 아직 멀다는 생각도 든다. 2020년은 한국과 러시아가 수교 30주년을 맞는 해다. 그러나 한민족과 러시아인이 처음 만난 것은 그보다 훨씬 오래전인 1650년대다. 효종 때 청나라의 요청으로 징벌된 조선의 조총군鳥銃軍이 헤이룽강에서 1654년과 1658년에 두 차례에 걸쳐 러시아군과 전투를 벌였다. 전해오는 이야기에 따르면 러시아인들은 조선족을 머리가 큰 사람들로, 조선족은 러시아인들을 코가 큰 사람으로 불렀다고 한다. 그때의 서로에 대한 막연한 이미지가 300년 넘게 흐른 지금도 크게 뚜렷해진 것 같지는 않다.

한국인들은 러시아를 여전히 세상에서 가장 큰 나라, 가장 추운 나라, 가장 자원이 많은 나라, 그러나 그 큰 땅덩어리를 제대로 활용하지 못하는 나라라는 선입견으로 바라본다. 정작 이 큰 나라에 어떤 도시들이 있으며 그 속에 어떤 역사가 있고 어떤 '사람 사는 이야기'가 있는지 잘 알지 못한다. 러시아 도시라고는 모스크바, 상트페테르부르크, 그리고 블라디보스토크 정도만 알 뿐 그 이외의 도시들은 들어도 낯설기 그지없다.

하지만 러시아에는 수많은 찬란한 도시들이 있고 그 도시에는 러시아인들이 너무나 자랑하고픈 이야기, 또 한국인이 보기에도 아주 흥미로운 이야기가 무궁무진하다. 도시마다 완전히 다른 색깔과 역사와 이야기를 품고 있다. 이 도시들을 한 단계만 더 '줌 인'해서 들여다보면 러시아는 전혀 다른 모습으로 우리에게 다가온다. 특히 러시아 최대 소금광산이었던 페름, 모스크바에서 얼마 떨어져 있지 않지만 외국인에게는 거의 알려지지 않은 이른바 황금고리의 도시들은 왜 진작에 이 도시들을 알지 못했을까 하는 자탄自嘆을 절로 불러일으킨다.

다시 발터 베냐민에게 돌아가보자. 베냐민이 모스크바에 절망한 것은 어쩌면 한 발짝 더 깊이 들어가지 못했기 때문이 아닐까. "한 발짝 더 나아가는 것은 거의 극복할 수 없을 만큼 힘들다."《모스크바 일기》. 《줌 인 러시아2: 도시 이야기》가 독자들이 한 발짝 더 나아가게 하는 데 도움이 되었으면 한다.

책을 기획한 삼성경제연구소 출판팀 이유경 팀장, 마치 제 자식처럼 편집에 열과 성을 다해준 유다영 수석, 그리고 그를 도와 놀라울 정도로 꼼꼼하고 성실하게 교정교열 작업을 해준 남미은 님, 책의 출판을 허락해준 차문중 소장님과 유석진 실장님에게 깊은 감사의 말씀

8

을 드린다. 벌써 10년 가까이 나와 함께 〈줌 인 러시아〉 시리즈를 이끌어온 송남경 PD와 이를 지원해준 SERICEO에 장기 무이자 대출을 받은 무주택자와 같은 진한 고마움을 전한다. 언제나 넘치는 영감과 꿈을 심어주는 이광재 여시재 원장님과 동료 여러분에게도 고락을 함께해준 데 감사를 드린다. 무엇보다 이 모든 것을 의미 있게 만들어준 아내, 두 딸 해목과 해강에게도 마르지 않는 사랑을 전한다.

2020년 봄
이대식

차례

끝없이 펼쳐진
도시들의 박물관

해마다 9월이면 러시아의 극동항 블라디보스토크에서는 동방경제 포럼이 열린다. 2015년부터 개최된 이 포럼에는 러시아의 푸틴 대통령 외에도 중국, 일본, 한국, 인도 등 아시아 주요 국가의 정상들이 참석하여 정상외교를 펼친다. 흥미로운 사실은 러시아에서 열리는 국제행사임에도 이곳에 도착하기 위해 가장 장시간 비행을 하는 인물이 다름 아닌 푸틴 대통령이라는 것이다. 이를테면 한국의 대통령과 일본의 총리는 자국에서 블라디보스토크까지 가는 데 3시간이 채 안 걸리지만 푸틴 대통령은 7시간 이상을 날아와야 한다. 가장 먼 인도의 수도 뉴델리에서 블라디보스토크까지 거리가 5,000km 남짓인데 모스크바에서는 9,000km가 넘는다. 러시아 땅이 얼마나 넓은지가 새삼 와 닿는 이야기다.

러시아(17,125,191km²)는 세계 육지 면적(148,940,000km²)의 11% 이상을 차지하는, 세계에서 가장 큰 국가이다.[1] 남북한을 합친 면적의 77.6배가 넘고 횡축으로는 9,000km, 종축으로는 4,000km가 넘는 영토에 11개의 시간대와 150개의 언어를 사용하는 다양한 민족이 분포되어 있다. 이 넓은 러시아 땅에는 2019년 1월 기준으로 1,115개의 도시가 있고 도시 지역에 인구의 약 75%가 거주한다. 인구 10만 명 이상 도시가 171개, 50만 명 이상 도시가 37개, 100만 명 이상 도시가 15개 있다. 우리가 잘 알고 있는 현 수도 모스크바의 인구가 1,263만 명, 제2의 수도라 칭하는 상트페테르부르크는 536만 명인데, 이 두 도시 외에도 인구 100만 명 이상 도시가 13개 더 있다.[2]

많은 러시아인이 모스크바와 상트페테르부르크는 '진짜 러시아'가 아니라고 말한다. 그런데 유감스럽게도 한국인이 아는 러시아는 이 두 도시가 거의 다다. 그마저도 도쿄, 베이징, 뉴욕, 런던, 파리보다도 훨씬 어렴풋하게 알고 있다. 사실 우리는 진짜 러시아에 대해서는 전혀 모른다고도 할 수 있다. 2015년경부터 한국의 젊은이들 사이에서 핫플레이스로 알려지기 시작한 블라디보스토크도 대다수 한국인에게는 여전히 생소한 지명이다. 하물며 거의 1만 킬로미터가 떨어져 있는 모스크바와 블라디보스토크 사이의 수많은 러시아 도시의 생경함이야 두말할 나위가 없다. 이들은 마치 다른 행성에 존재하기라도 하는 듯 우리에겐 미지의 영역으로 남아 있다.

시베리아횡단철도와
새로운 도시들

러시아의 역사는 주로 횡적 팽창의 역사였고 이 과정에서 새로운 도시들이 탄생해왔다. 장장 9,288km로 세계 최장인 시베리아횡단철도가 지나는 길은 러시아의 도시 변천사를 하나의 횡축으로 꿰어놓는 살아 있는 도시 박물관이라 하겠다. 1891년 착공하여 25년간의 공사 끝에 1916년 완공된 이 철도는 그 공사 자체가 하나의 '위대한 기적'이었다. 1903년 개통된 8,140km 길이의 1차 구간은 영하 40도의 시베리아 혹한 속에서 러시아 노동자들이 손노동으로 매일 평균 2km씩, 가히 기적이라 할 만큼 빠른 속도로 건설한 것이다.

그러나 더 힘든 공정은 시베리아 들판이 아니라 2차 구간의 물길이었다. 그 첫 번째가 당시로서는 거의 불가능해 보였던 길이 260km의 바이칼호 연안 공사였다. 가파른 화강암 절벽에서 인부들이 암벽용 등산장비에 의지하는 곡예와도 같은 난공사를 무려 6년 동안 진행했다. 그리고 두 번째는, 넘을 수 없을 것같이 보였던 길이 2.6km의 아무르강 철교 공사였다. 더욱이 제1차 세계대전으로 인해 자재 공급난과 폭격 위협까지 겹친 상태에서 24시간 3교대로 2,000명의 노동자가 동원되어 당시로서는 세계 최장 길이의 철교를 3년 만에 완공시켰다. 현재 연간 1억 5,000만 명 이상의 여객과 1억 톤 이상의 화물을 실어 나르는 이 횡단철도는 지난한 건설의 역사와 함께 그 주변에 길게 늘어선 러시아 도시들의 장대한 역사도 함께 품고 있다.

시베리아횡단철도 노선의 19%는 러시아의 유럽 지역을, 81%는 러시아의 아시아 지역을 지나며 서에서 동으로, 과거로부터 현재까지 약 1,000년 동안 러시아에서 진행된 도시 확장의 역사를 고스란히 보여준다. 횡단철도의 서쪽에는 14세기 이후 지금까지 러시아의 수도 역할을 해온 두 도시 모스크바와 상트페테르부르크가 있고 그 지선을 조금 더 따라가면 11~14세기에 러시아의 중심지였던 블라디미르, 수즈달 등 고대 도시들이 옛 모습을 그대로 간직하고 있다. 여기서 동쪽으로 달리면 16세기 러시아인들이 시베리아를 정복하기 위해 우랄산맥을 넘기 전 교두보가 되었던 카잔, 페름, 예카테린부르크 등이 역시 간선과 지선을 따라 이어진다.

애초 러시아는 모스크바, 상트페테르부르크, 키예프 등 서부 지역에 자리 잡고 있던 나라다. 러시아가 시베리아의 시작점인 우랄산맥을 넘은 것은 조선에서 임진왜란이 발발하기 11년 전인 1581년으로, 유명한 폭군 이반 뇌제雷帝의 통치 말기였다. 우리에게는 '비프 스트로가노프'라는 요리 이름으로 잘 알려진 러시아의 대귀족 스트로가노프가 보낸 카자크족 대장 예르마크가 이끄는 600여 명의 러시아 군대가 우랄산맥을 넘어 지금의 시베리아 서부 지역에서 원주민을 제압하면서 러시아의 시베리아 시대가 열렸다. 서부 시베리아의 유전 지대인 튜멘, 토볼스크, 옴스크, 수르구트, 톰스크 등의 도시가 이때 러시아에 복속되었다. 물론 그때는 유전에 대해서는 생각도 못했다. 당시 최고

16

의 교역품 모피·가죽이 시베리아 정벌의 가장 큰 이유 중 하나였다.

시베리아횡단열차가 이 서시베리아 도시들을 지나 시베리아 한복판에 위치한 크라스노야르스크, 이르쿠츠크를 지나면 드디어 세계 최대의 담수호인 바이칼호에 도착한다. 바이칼호 우측에 위치한 울란우데와 치타는 호수 주변에 살던 몽골계 원주민들의 역사를 간직하고 있다. 17세기에도 계속된 러시아의 시베리아 정벌은 바이칼호 유역의 이 두 도시를 넘어 드디어 중국 국경까지 다다른다. 당시 그 땅에서는 1644년 중국을 통일한 청나라가 강희제의 통치 아래 전성기를 맞이하고 있었다.

표트르 대제의 이복누이이자 섭정왕이었던 소피야 공주가 보낸 군대가 이 강희제의 군대와 충돌하고 1689년 러시아와 청나라 간에 그 유명한 네르친스크 조약이 체결되었다. 러시아의 시베리아 정벌이 시작된 지 약 100년 만에 체결된 이 강화조약은 중국이 서방과 맺은 최초의 국제조약이었다. 이 조약에서 양국은 국경을 지금의 헤이룽강黑龍江(아무르강)의 서쪽 지류인 아르군강과 외싱안링산맥(스타노보이산맥)으로 정하였고, 이로써 러시아는 동시베리아의 바이칼호 동쪽 지역, 현재 연해주의 서북쪽 접경 지역까지 장악하게 되었다.

러시아,
동쪽으로 가다

1689년 그해에 드디어 소피야의 섭정으로부터 벗어나 러시아를 본격적으로 통치하기 시작한 표트르 대제는 영토 확장에 더욱 적극적으로 나섰고 계속해서 동쪽으로 탐사대를 파견했다. 그 탐사대를 이끈 덴마크계 러시아인 비투스 베링이 1728년 북미 알래스카로 이어지는 해협을 통과하면서, 지금의 베링해라는 이름이 붙었다. 표트르 대제가 사망한 이후에도 러시아는 동쪽으로 영토 확장을 계속한다. 1732년에는 알래스카 북부 원정대 사령관 미하일 그보즈데프가 베링해를 건너 알래스카를 개척한다. 1799년에는 이 지역을 관리하고 모피 교역을 관장하는 '러시아 아메리카 회사'가 설립되어 1867년 미국에 720만 달러를 받고 팔기 전까지 러시아 영토였던 알래스카를 지켰다.

지금의 블라디보스토크, 하바롭스크 등이 있는 연해주 지역은 이때까지만 해도 청나라의 영토였는데, 1856년 제2차 아편전쟁이 발발하면서 상황이 달라진다. 프랑스와 함께 영국의 동맹군으로 청나라에 침입한 러시아는 1858년 아이훈 조약을 체결하는데 1689년 네르친스크 조약에서 정한 국경선인 외싱안링산맥을 넘어 헤이룽강까지 러시아의 국경을 더욱 동쪽으로 확장했다. 이어 2년 뒤인 1860년 영국, 프랑스 등과 함께 베이징 조약을 강제로 체결하여 헤이룽강의 우편,

지금의 연해주 지역까지 러시아의 땅으로 복속된다. 시베리아횡단열차의 동쪽 기착지이자 러시아 극동의 유일한 부동항인 블라디보스토크도 바로 이때 러시아 땅이 된 것이다. 블라디보스토크라는 말은 지배, 점유의 뜻을 가진 '블라드'와 동쪽을 의미하는 '보스토크'가 결합된 것으로 동쪽을 정복한다는 러시아의 동진 정책을 상징하는 지명이다. 푸틴 대통령의 이름 블라디미르는 세계를 정복한다는 뜻이다. 이런 맥락에서 푸틴이 블라디보스토크에서 동방경제포럼을 2015년부터 개최하기 시작한 것은 여러 가지로 시사하는 바가 크다.

베이징 조약 이후에도 러시아의 동진은 계속되어, 1875년에는 일본과의 타협을 거쳐 현재 영토분쟁 지역인 쿠릴열도 4개 섬의 일본 복속을 인정하는 대신 사할린을 차지했다. 그렇지만 1945년 제2차 세계대전 종전 후 샌프란시스코 조약으로 러시아가 이 4개 섬까지 차지하면서 약 4세기에 걸친 러시아의 동진이 마무리된다.◆ 이와 함께 서쪽 끝 모스크바에서 시작된 도시 확장의 역사도 종지부를 찍었다.

◆ 일본은 샌프란시스코 조약을 근거로 독도를 자국 영토라고 주장하지만 역설적으로 러시아가 같은 조약을 근거로 쿠릴열도를 자국령이라 주장하는 것에는 반대한다. 흐루쇼프 소련 서기장부터 현 푸틴 대통령 시기까지 러시아에 갖가지 경제협력을 제안하며 쿠릴열도 반환을 시도했지만 별 성과가 없는 상태로 영토분쟁은 계속되고 있다.

때로는 인문학의 눈으로
때로는 경제학의 눈으로

시베리아횡단철도를 따라가면 우리가 알지 못했던 러시아 도시들의 전모를 거의 파악할 수 있다. 시베리아횡단철도 노선의 간선에 위치한 도시만 해도 87개이며 러시아의 인구 100만 도시 15개 중에서 9개, 특히 인구 상위 6위까지가 여기에 포함된다. 러시아 전체 석탄의 65%, 정유량의 20%, 목재의 25%가 시베리아횡단철도의 역세권에서 생산된다는 사실은 이 도시들이 러시아의 과거뿐 아니라 현재에도 중추적 역할을 하고 있다는 뜻이다. 이 책에서는 다음과 같은 순서로 횡단철도의 간선과 지선에 위치한 러시아 도시들을 소개하고자 한다(괄호 안은 인구수, 단위는 명, 2019년 1월 기준).

블라디보스토크(60만) → 하바롭스크(61만) → 치타(35만) → 울란우데(43만) → 이르쿠츠크(62만) → 크라스노야르스크(109만) → 톰스크(57만) → 노보시비르스크(161만) → 옴스크(116만) → 토볼스크(10만) → 예카테린부르크(148만) → 페름(105만) → 카잔(125만) → 니즈니노브고로드(125만) → 모스크바(1,262만) → 황금고리 [야로슬라블(61만), 블라디미르(36만), 수즈달(1만), 세르기예프포사트(10만)] → 상트페테르부르크(538만)[3]

우선 우리에게 지리적으로는 물론이고 근현대사의 측면으로 봐도 가까운 러시아의 극동지역에서 출발하여 서쪽으로 이동하며 러시아의 뿌리라 할 만한 도시들을 소개해나가고자 한다. 물론 지면상의 한계로 인해 횡단철도 노선상의 모든 도시를 다룰 수는 없다. 대도시 위주로 하되 토볼스크처럼 러시아의 역사에서 매우 의미 있는 역할을 한 지선상의 소도시도 일부 포함한다.

또한 선택된 도시가 지닌 모든 특징을 나열하기보다는 외국인 여행자에게 의미 있는 실체적 본질을 가장 선명하게 각인할 수 있는 핵심 포인트만 집중적으로 다룰 것이다. 역사와 문화 등 인문지리학적 시각에서 한 단계 더 깊이 들어가서 보면 러시아의 이들 도시는 매우 흥미로우면서도 뜻밖의 인사이트를 제공한다.

우선, 자유항으로 부활하고 있는 블라디보스토크의 역사적 정체성은 흥미롭게도 할리우드 명배우 율 브리너의 출생의 비밀과 직결된다. 또 한국인에게는 다소 낯선 동시베리아의 첫 도시 치타는 뜻밖에도 우리에게 너무나 잘 알려진 푸시킨이 절친한 벗과 나눈 깊은 영혼의 대화를 들려준다. 시베리아 여행의 백미인 바이칼호는 또 어떤가. 그 생태학적 풍요로움과 시원적이고 치명적인 매력에 끌린 이광수와 박범신 등 한국 작가들의 이야기가 담겨 있다.

바이칼의 서쪽 관문으로만 알려진 관광도시, 이르쿠츠크는 과거 데카브리스의 반란으로 유형을 떠나게 된 남편들을 따라나선 귀족 부인들의 감동적인 사랑 이야기와 함께 현대 러시아의 최첨단 산업이 어우

러져 있는 곳이다. 동서로 넓게 뻗은 러시아의 중심축에 위치한 크라스노야르스크는 아름다운 예니세이강과 함께 시베리아 정벌에 차출된 한 많은 러시아 카자크족, 그 카자크가 배출한 위대한 화가 바실리 수리코프의 이야기가 깃든 곳이다.

서시베리아로 가는 길목에 있는 톰스크에서는 나폴레옹전쟁에서 승리한 위대한 러시아 황제 알렉산드르 1세의 갑작스러운 죽음에 얽힌 미스터리를 만날 수 있다. 세계 최초로 '계획적 과학단지'가 조성된 노보시비르스크는 과학뿐 아니라 건축과 발레 등에서도 러시아의 혁신을 선도하는 도시다. 도스토예프스키의 유형지로만 막연히 알려진 옴스크에서는 실제로 작가의 인생을 근본적으로 바꾼 특별한 사건이 일어났었다.

아마도 한국 독자에게 가장 놀라운 발견은 인구 10만여 명이 사는 시베리아의 외딴 소도시 토볼스크가 아닐까 싶다. 바로 이곳이 광활한 시베리아 전체의 뿌리이자 중심 도시였으며 러시아의 두 왕조, 류리크가와 로마노프가의 명운이 압축된 곳임을, 심지어 러시아인들도 잘 모른다. 러시아의 마지막 황제 니콜라이 1세의 가족이 최후를 맞이한 슬픈 도시 예카테린부르크는 지금은 아시아와 유럽을 아우르는 공업도시로 변신하여 러시아 경제의 중추 역할을 담당하고 있다.

우랄산맥을 넘으면 러시아인에게 가장 소중한 것 중 하나인 소금을 생산하던 페름 같은 낯선 유전油田 도시도 만날 수 있지만, 2018년 러시아 월드컵에서 한국이 독일을 꺾는 기적을 일으킨 카잔에도 다다른다. 그런데 이 도시가 이미 러시아인들에게는 '기적의 도시'로 알려져 있다는 사실이 매우 흥미롭다. 러시아의 어머니 강 볼가를 따라 서쪽으로 가면 한국인들에게도 잘 알려진 소설《어머니》의 작가 막심 고리키를 지금까지도 온몸으로 기억하고 있는 도시 니즈니노브고로드가 있으며, 이윽고 러시아에서 가장 아름다운 고대 도시들이 모여 있는 숨은 보물, 황금고리가 나온다.

이 황금고리 도시들의 아름다운 건축 문화를 감상하고 나면 우리는 드디어 러시아의 두 수도, 모스크바와 상트페테르부르크에 도착한다. 우리에게는 그저 붉은광장과 붉은 크렘린 정도가 연상되는 모스크바의 도시건축은 러시아의 역사적 정체성이 어떤 과정을 거쳐 형성되었는지를 그대로 보여주고 있다. 마지막으로, 18세기 이후 러시아의 궁정 및 귀족 문화를 거의 그대로 간직한 상트페테르부르크 건축에서는 화려함 이면에 숨겨진 러시아인들의 놀라운 지혜와 독창성을 발견할 수 있다.

2020년 한국과 러시아는 수교 30주년을 맞는다. 양국 관계가 시간으로는 성년을 넘어가지만, 서로를 아는 정도는 아직도 미성년 단계에 머무르고 있지 않은가 생각한다. 그런 의미에서 이 책은 우리에게 아직 낯선, 하지만 알고 보면 흥미로운 스토리가 넘치는 러시아의 주요 도시들을, 때로는 인문학의 눈으로 그리고 때로는 경제학의 눈으로 들여다본다. 그 과정에서 러시아 도시에 대한 선명한 이미지와 함께 현 시대를 같이 고민하고 바꾸어갈 수 있는 동료의식을 발견할 수 있을 것이다. '인문지리적 줌 인'을 통해 러시아에 대한 우리의 이해가 그동안 서로를 알고 지낸 시간만큼이나 깊어질 수 있는 좋은 계기가 되기를 바란다.

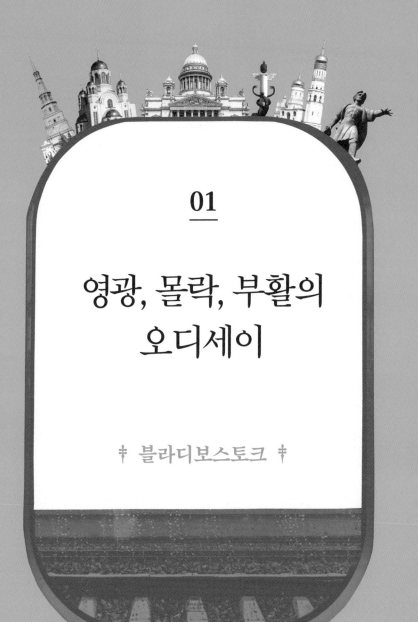

01

영광, 몰락, 부활의
오디세이

✝ 블라디보스토크 ✝

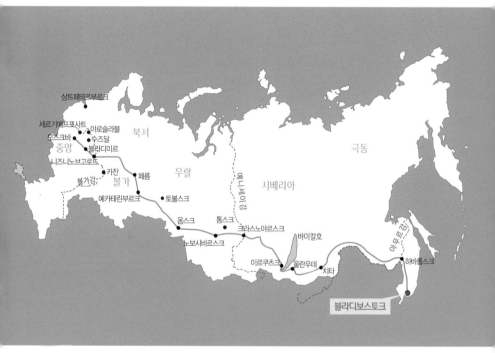

———●——— 시베리아횡단철도 노선

상트페테르부르크
세르기예프포사트   야로슬라블   북서   극동
모스크바   수즈달
중앙   블라디미르
니즈니노브고로드
볼가강   카잔   볼가   페름   우랄
예카테린부르크   토볼스크   예니세이강   시베리아
옴스크   톰스크
노보시비르스크   크라스노야르스크   바이칼호   아무르강
이르쿠츠크   울란우데   치타   하바롭스크

블라디보스토크

▶ 지도의 맨 왼쪽 점선으로 표시한 크림반도는 2014년 러시아 영토로 병합되었으나,
  국제사회는 아직 이를 인정하지 않고 있다.

오디세이의 서막:
'블라디보스토크'의 탄생

1815년 6월 워털루전투를 끝으로 나폴레옹전쟁은 완전히 종결되었고, 이 과정에서 승리의 주역이 된 러시아와 영국은 세계 식민지 쟁탈전의 주도권을 잡게 된다. 이후 영국은 '해가 지지 않는 나라'의 기틀을 다졌고, 핀란드까지 흡수한 러시아는 유럽에서 가장 넓은 영토를 보유하게 된다. 이후 19세기 후반의 세계사는 이 두 대국이 영토 확장을 위해 경쟁한 역사라 해도 과언이 아닐 것이다. 그 중요한 경쟁의 장이 바로 지중해 연안과 동북아시아였다.

지중해 제해권制海權을 놓고 경쟁하던 양국은 결국 1853년 러시아가 지중해로 나아가는 관문인 흑해에서 충돌하는데, 바로 이것이 그 유명한 크림전쟁이다. 1855년 러시아가 크림전쟁에서 패하면서 1856년 3월, 지중해뿐 아니라 흑해와 다뉴브강까지 내주는 굴욕적 조약인 파리 조약을 체결한다. 1라운드에서 패배한 러시아가 절치부심 패자부

활전을 벌인 곳이 바로 조선·일본·중국이 있는 동북아시아였다.

파리 조약으로 흑해의 군항을 상실한 러시아는 세계 최강인 영국 함대에 저항할 극동항을 새로이 건설해야 했는데 기껏 찾은 오호츠크항, 페트로파블롭스크항, 니콜라옙스크나아무레항 등은 북위 50도 이상 지역에 위치한 동절기 결빙항이었다. 그나마 가장 남단이었던 페트로파블롭스크항은 이미 크림전쟁 당시에 영국과 프랑스 연합함대에 점령을 당한 적이 있었다.

1858년 아이훈 조약과 1860년 베이징 조약을 성공적으로 체결해 지금의 연해주를 러시아로 복속시킨 주인공인 동시베리아 주지사 니콜라이 무라비요프-아무르스키에게 새로운 극동기지를 찾는 임무가 주어졌다. 그런데 정말 우연히도 1859년 그가 연해주 주변 해역을 항해하던 중 러시아가 크림전쟁으로 영국에 빼앗긴 터키 이스탄불의 금각만Golden Horn과 똑같이 생긴 천혜의 군항 터를 발견한다. 무라비요프는 이 땅을, 동쪽을 점령한다는 의미의 '블라디보스토크'라고 이름 지었다. 한마디로 말해 블라디보스토크는 크림전쟁의 패배를 설욕하려는 러시아제국의 희망을 상징하는 곳이다.

블라디보스토크는 러시아제국에 군사기지보다 값진 보물단지였다. 러시아가 그토록 간절히 찾던 부동항이었을 뿐 아니라 중국, 조선, 일본 3개국 모두를 지척에 두고 있어 동북아 공략에 최적의 입지였다. 게다가 동해의 넘치는 어족 자원, 중국과 조선 접경지대의 풍부한 삼림 및 광물 자원을 단번에 손에 넣을 수 있는 위치였다. 남은 문제는

러시아 화가 콘스탄틴 마코프스키가 그린
니콜라이 무라비요프−아무르스키 초상화(1863년).

여기에 해군기지와 함께 무역항, 그리고 배후도시를 만들어 이 엄청난
잠재자원을 현실화하는 것이었다. 이 과업은 10여 년 뒤인 1871년 블
라디보스토크에 주지사 관저와 시베리아 함대가 옮겨와 명실상부한
극동해군의 전진기지로 자리를 잡으면서 본격화된다.[1] 그리고 이때 블
라디보스토크를 세계적인 자유무역항으로 바꾸어놓을 거상들이 등
장하기 시작한다.

이들 중 가장 뛰어나다고 평가받은 한 사람이 율리우스 요제프 브리너인데, 흥미롭게도 그는 러시아인이 아니라 스위스인이었다(그의 러시아 이름은 율리 이바노비치 브리네르다).

율리우스 브리너의
오디세이

율리우스는 1849년 스위스 제네바 근처의 변두리 도시 라로슈에서 평범한 견직공의 아들로 태어났다. 16세가 되던 1865년 땡전 한 푼 없이 맨몸으로 동양으로 떠나는 상선에 올라타지만 결국 아무 연고도 없는 일본의 요코하마에 버려진다. 그러나 소년은 실망하지 않고 그곳에서 가업을 잇기로 한다. 그는 요코하마항에서 비단을 비롯해 희귀한 동양 물건을 파는 장사를 시작했는데, 그 모습을 기특하게 지켜보던 한 영국인이 자신의 무역회사에 그를 취직시켰고, 급기야 양자로 삼았다. 스위스인 특유의 정확성과 성실성에다 배포까지 갖춘 율리우스를 일찌감치 알아본 이 영국인 사장은 율리우스가 25세 되던 1874년에 그를 해군기지와 자유무역항으로 막 태동한 블라디보스토크의 신임 지점장으로 파견한다. 바로 이때부터 율리우스 브리너와 블라디보스토크의 환상적 밀월이 시작된다.

야심만만한 이 25세 청년은 러시아어 한마디 못하면서도 자유무역항 블라디보스토크의 가능성을 한눈에 알아보았고 자신의 일생을 이 도시에 바치기로 결심한다. 지점장 역할을 성공적으로 수행한 것은 물론, 거기에 만족하지 못하고 1880년에는 영국과 독일 자본을 끌어들여 '브리너 & 코 상사Торговый дом Бринер и Ко'라는 회사를 독자적으로 창립했다. 곧 그는 블라디보스토크 5대 거상의 반열에 올라선다. 33세 되던 1882년에는 17년 연하의 러시아 여인 나탈리야와 결혼했고 1890년에는 러시아 국적까지 취득한다.

블라디보스토크에서 시베리아횡단철도 건설이 시작되던 1891년 러시아인 쿠즈네초프와 공동으로 하역회사에 이어 대형 물류회사까지 창립한 율리우스는 자사 소유의 대형 증기선을 통해 블라디보스토크를 동북아시아의 물류 허브로 부상시켰다. 율리우스는 건설 사업에도 뛰어들었는데 그때 수도 페테르부르크 스타일로 지어진 19세기 건물들이 지금도 블라디보스토크의 중심가에 남아 있다. 이후에도 그는 삼림벌채 및 목재가공업, 납과 아연과 당시 러시아 해군함대에 연료로 제공된 석탄 등을 취급하는 광업, 그리고 수산업까지, 21세기 현재까지도 블라디보스토크 경제를 떠받치는 대부분의 기간산업을 일으켰다.

1896년 율리우스는 러시아의 1등급 상인길드에 소속되었고 블라디보스토크 명예시민으로 추대되었다. 그리고 바로 그해에 조선과 러시아제국의 운명에 엄청난 영향을 미칠 사업에 뛰어든다. 아관파천 이후 고종으로부터 두만강, 압록강, 울릉도의 삼림벌채권을 매입한 것이다.

일본인들의 불법 벌목을 막아주고 조선에는 합당한 이윤을 배당한다는 조건이었다. 그런데 이것이 러일전쟁 발발의 주요 원인 중 하나가 되었다. 삼림벌채권 매입은 러시아가 일본에 앞서 조선을 점령하려는 분명한 징후로 간주되었고 이를 일본이 전쟁을 일으키는 계기로 삼은 것이다.

러일전쟁에서 패배한 후 러시아는 동진을 포기했을 뿐 아니라 결국 1917년 사회주의혁명에 무너지고 말았다. 그리고 사회주의혁명과 함께 율리우스 브리너의 사업도, 자유무역항 블라디보스토크도 모두 문을 닫게 된다. 율리우스는 결국 3년 뒤인 1920년 3월 10일에 사망한다.

그러나 스위스인 율리우스의 오디세이도 자유무역항 블라디보스토크의 오디세이도 여기가 끝은 아니었다. 율리우스가 세상을 뜨고 4개월 후인 7월 11일 그의 둘째 아들 보리스에게 첫아들이 태어나는데, 할아버지의 러시아 이름을 따라 율리라고 불렀다. 손자 율리우스는 할아버지 율리우스처럼 러시아에서 중국과 프랑스를 거쳐 미국까지 오디세이를 이어가는데, 다만 사업가가 아닌 배우의 오디세이였다. 그가 바로 전설의 명배우 율 브리너이다. 블라디보스토크에 가면 율 브리너의 생가 박물관을 방문할 수 있다.[2]

자유무역항
블라디보스토크의 몰락

19세기 말 율 브리너 가문과 같은 대내외 거상들의 활약에 힘입어 동북아시아의 최대 자유무역항으로 부상하던 블라디보스토크는 러일전쟁과 사회주의혁명 그리고 러시아내전(적백내전)을 거치며 발전의 가속 기어에 브레이크가 걸린다. 특히 사회주의혁명 직후의 내전 당시 블라디보스토크를 잠시 점령했던 일본군이 가져갈 수 있는 것은 모두 가져가고 산업 시설은 대부분 파괴해 도시는 폐허가 되었다. 소련 정부는 내전 직후인 1923~1925년에 〈재건 3개년 계획〉 등을 통해 이 항구도시의 부활을 꾀했고 그 덕분에 1925년경에는 블라디보스토크항이 소련의 항구 가운데 최고의 수익을 냈다. 제2차 세계대전 기간에도 기존의 최대항 무르만스크 항구와 아르한겔스크 항구보다 4~5배 많은 수입화물을 유치했다.

그러나 소련 시절 블라디보스토크의 발전은 원천적 한계가 있었다. 냉전으로 인해 한국, 일본, 미국, 유럽 등 전 세계 최대 무역국들과의 교역이 차단됐기 때문이다. 이에 따라 모스크바나 페테르부르크에 비해 생활 및 산업 인프라도 부족하고 기후도 열악한 이 도시로 이주하는 러시아인은 점차 줄었다.

이에 소련 정부는 블라디보스토크에 대규모 교도소를 지어 죄수들의 강제 노역을 개발의 주된 노동력으로 활용했다. 그러나 수요가 보장되지 않는 상황에서 이루어지는 인위적 개발은 한계에 부딪힐 수밖에 없었다. 엎친 데 덮친 격으로 1958년 1월 태평양함대 본부가 들어서면서부터는 블라디보스토크 도시 전체가 외국인 출입 금지 구역으로 지정되어 자유무역항의 역사마저 끊기고 말았다. 외국 영사관, 외국계 어선과 상선, 주요 지방정부 기관까지 모두 철수했다.

도시가 다시 외국인에게 개방된 것은 폐쇄된 지 무려 40여 년이 지난 1992년 1월, 소련이 붕괴된 후 러시아 초대 대통령 옐친의 대통령령이 발효되면서부터다. 그러나 소련 붕괴로 이 도시의 산업을 이끌어왔던 군수산업이 와해되고 실업자가 대량 발생하면서 1990년대에는 도시의 몰골이 비참하기 그지없었다. 그동안 인구를 유지해주던 강제 노역인들이 없어진 데다 산업 와해로 기존 주민들까지 서부 러시아로 떠나가면서 도시의 인구가 줄어들었다. 1991년 64만 8,000명으로 정점을 찍은 인구는 그 이후 점차 감소하여 2009년에는 57만 8,000명까지 떨어졌다.[3] 게다가 중앙권력의 붕괴로 블라디보스토크는 불법 어획, 러시아산 목재와 일본산 자동차 밀수의 온상으로 전락했다. 이때 탄생한 블라디보스토크 마피아는 모스크바 마피아도 함부로 할 수 없을 정도의 무서운 세력으로 성장했다. 블라디보스토크는 자유무역항이 아니라 자유밀수항이라는 오명까지 뒤집어썼다.

극동개발의 핵심으로 부활한
블라디보스토크

이 안타까운 역사에 변화가 시작된 것은 푸틴 대통령이 집권하면서다. 러시아 신흥 재벌 '올리가르히'들과 그에 기생한 마피아에 대한 전면전을 벌여 국가의 질서와 기강을 세우는 데 성공한 푸틴은, 100달러 이상의 고유가에 힘입은 경제성장을 발판으로 국가의 균형발전 전략을 추진한다. 특히 블라디보스토크를 포함한 극동지역은 러시아 영토의 36%에 이르는 거대한 면적을 차지하며 러시아 전체 원유의 17%, 가스의 27% 등 풍부한 자원을 갖고 있지만[4] 인구는 러시아 전체의 4.7%, GDP는 5.4%(2000년 기준)에 불과하다.[5] 이러한 지역 불균형은 러시아 정부에 심각한 경제안보적 위기감을 조성했다.

1992년 개방 이후 인구와 산업 시설이 줄어드는 동안 19세기에 잃어버린 옛 영토를 회복하고자 한 중국이 이 지역에 막대한 자금과 인력을 투입하면서 중국화 현상이 우려되었다. 2000년 중국과 러시아의 국경도시 블라고베셴스크를 방문한 푸틴 대통령은 이 지역 러시아인들이 "수십 년 내에 중국말을 사용하게 될지도 모른다"라고 경고했을 정도다.[6] 또한 러시아 원유 생산을 주도했던 서시베리아 지역의 고갈이 시작되고 주요 수출 대상국이었던 서유럽의 경제 침체와 대러시아 견제 정책까지 겹치면서 러시아는 서쪽에 집중되어 있던 자원 개발과 수출 노선을 동시베리아와 동북아시아로 전환할 수밖에 없게 되었다.

극동의 중국화 현상을 막고 그 지역에서 자원을 개발해 동북아시아로 수출하려면 낙후 자원 및 교통 인프라를 확충하고 배후 산업단지를 조성하는 일이 필수적이었다. 이를 간파한 푸틴 정부는 2000년대 중반부터 극동개발에 본격적으로 나섰다. 2009년 '극동개발 마스터플랜' 및 '2025년 극동 바이칼 지역 경제사회 발전 전략'을 수립했고 2011년에는 극동 및 바이칼 지역 개발 펀드를 설립하였다. 이를 바탕으로 러시아 정부는 2020년까지 3조 3,000억 루블(약 117조 원), 2025년까지 9조 루블(약 320조 원)을 극동지역에 투자할 예정이다.[7] 2012년에는 극동개발부를 만들어 담당 장관을 임명하는 등 연방정부 조직 개편도 단행했다.

이렇게 푸틴 정부가 강력하게 추진하는 극동개발의 핵심 지역이 바로 블라디보스토크이다. 푸틴은 블라디보스토크를 중심으로 러시아와 한국·중국·일본을 잇는 육·해상 통합 물류 네트워크를 건설하여 러시아의 '태평양 시대'를 열어나갈 계획을 세우고 있다. 러시아 정부는 이러한 계획을 만방에 공표하고 그 실현을 가속화하고자 2012년에는 블라디보스토크에서 아펙정상회의를 개최하기도 했다.

아펙정상회의를 준비하는 과정에서 블라디보스토크의 인프라 리모델링 및 신규 건설에만 무려 100억 달러에 이르는 비용을 썼다고 한다. 푸틴 대통령은 전력, 호텔, 연결다리 등 필수 인프라가 거의 백지 상태인 루스키라는 외딴 섬을 회의 장소로 골라, 2010년 밴쿠버 동계

올림픽 개최에 쓴 60억 달러를 훨씬 넘어서는 투자를 감행한 것이다. 이 섬과 연결되는 2개의 다리 건설에만 20억 달러가 소요되었는데 이중 루스키 섬 연육교는 길이 3,100m, 교각 간 거리 1,104m로 세계에서 가장 긴 사장교斜張橋이며, 이후 도시 최고의 랜드마크가 되었다.

푸틴 정부의 투자로 블라디보스토크 도심에 20세기 초 러시아 건축물이 복원되는 한편 21세기형 현대 건축물까지 들어서면서 멋진 도시로 새 단장을 한 블라디보스토크는, 2015년 4월 30일에는 숙원이었던 자유무역항 지위까지 되찾았다. 푸틴 대통령이 극동지역에서 가장 빠르게 성장하는 블라디보스토크에, 외국인 투자자에게 면세 및 행정 간소화 혜택을 제공하는 자유무역항 지위를 부여한 것이다. 주변 4개 지자체도 이 도시에 귀속시켜 그 경제권은 더욱 확대되었다. 2009년 57만 명대까지 내려갔던 인구도 2010년부터 다시 늘기 시작하여 현재는 60만 명을 돌파하며 옛 수준을 회복했다(2019년 1월 기준 60만 5,049명).[8]

푸틴 대통령은 2015년부터 매년 이 도시에서 동방경제포럼을 개최하여 한·중·일 정상을 초대하고 새로운 동북아 협력 시대를 열어나가려 하고 있다. 특히 하이테크 산업이 발전한 한국의 투자를 유치하는 데 큰 관심을 보인다. 2019년 2월 러시아 극동투자수출지원청은 서울에서 한국무역협회와 공동으로 '한국 투자자의 날'을 개최하여 극동지역에 대한 한국 기업들의 투자 유치를 위해 세제 감면, 기초 인프라 제공, 인증제도 완화 등의 지원을 약속하기도 했다.

© Alexxx1979

사장교는 철탑에 드리운 강철 케이블로 다리 상판을 지탱하는 다리로,
세계에서 가장 긴 사장교가 블라디보스토크에 있다. 2012년에 완공되었다.

이렇듯 글로벌 정치경제의 주요 거점인 동북아시아의 새로운 자유무역항이며, 시베리아횡단열차의 기착점이자 다가올 북극항로의 중심 허브로 재도약하고 있으며, 한국의 투자를 그 어느 때보다도 기다리고 있는 블라디보스토크에 대한 우리 정부와 기업의 적극적 관심이 필요한 시점이다. 다행히 한국 정부 또한 의미 있는 움직임을 보이기 시작했다. 2019년 12월 한국토지주택공사가 블라디보스토크로부터 15km 근교에 위치한 나데즈딘스카야 선도개발구역에 50ha 규모의 한국 기업 전용 산업단지를 조성하기로 러시아 정부 측과 합의한 것이다. 이를 계기로 이 지역에 대한 한국 기업의 투자와 진출이 활성화되기를 기대한다.

02

러시아의
미래를 책임질
극동개발의 전진기지

✛ 하바롭스크 ✛

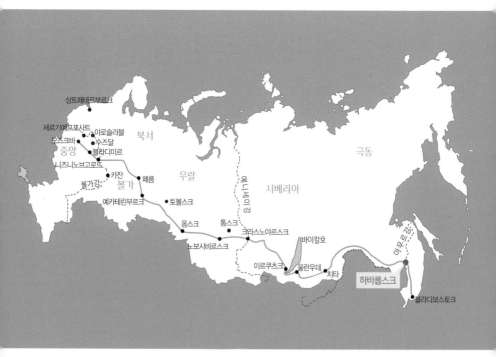

━━●━━ 시베리아횡단철도 노선

상트페테르부르크

세르기예프포사트   야로슬라블   북서
모스크바   쑤즈달
중앙   블라디미르
니즈니노브고로드
카잔   페름   우랄
볼가강   볼가
예카테린부르크   토볼스크
옴스크   톰스크
노보시비르스크   크라스노야르스크
이르쿠츠크   울란우데   치타
바이칼호

극동

시베리아

예니세이강

아무르강

하바롭스크

블라디보스토크

아무르강이 낳은 도시, 하바롭스크

블라디보스토크에 이어 러시아 극동의 또 다른 중심 도시인 하바롭스크를 소개하기 전에 이 도시뿐 아니라 극동 전역을 관통하는 아름다운 아무르강에 먼저 가보려고 한다. "아무르강을 보기 위해 하바롭스크로 간다"라고 할 만큼 아무르강은 하바롭스크의 명물이다.

중국 동북 3성(지린성, 헤이룽강성, 랴오닝성)의 전설에 따르면, 옛날이 지역의 큰 강에 검은색의 착한 용과 흰색의 못된 용이 살았다. 흰용은 배를 침몰시키고 어부들의 조업을 방해하는 등 살아 있는 모든 것을 공격하곤 했다. 이를 보다 못한 검은 용이 흰 용을 공격하여 물리치고는 홀로 이 강을 지켰다고 전한다. 이후로 중국 사람들은 이 강을 검은 용의 강, 즉 '흑룡강黑龍江(헤이룽강)'이라 부르게 되었다는 것이다.

이 강을 러시아에서는 '아무르강'이라고 부른다. 이 지역 고대 원주민인 퉁구스–만주족의 고어로 '큰 강'을 뜻하는 아마르, 다마르에서 온 말이다. 현대에 들어서는 이러한 옛 뜻보다는 '아무르'와 발음이 비슷한 로마 신화 속 사랑의 신('아모르')에서 연상되는 낭만적 이미지가 더 강조되기도 한다. 한마디로 아무르강은 이 지역 사람들에게 거대하고 선하며 낭만적인 검은 용의 이미지로 받아들여지고 있다.

이 거대한 흑룡은 꼬리는 몽골과 러시아의 접경지대로 뻗어 있고 그 몸통은 동쪽으로 중국과 러시아의 국경을 형성한다. 북쪽으로 뻗은 두 발은 아무르강의 중간 지류인 제야강과 부레야강, 남쪽으로 뻗은 두 발은 쑹화강과 우수리강이 되었고 머리는 북동쪽으로 뻗어 사할린, 오호츠크해와 동해로 이어진다. 또한 쑹화강은 두만강으로 이어져 한반도의 뿌리인 백두산까지 아우른다. 길이 2,824km, 수면적 185만 5,000km²로 러시아에서는 네 번째로, 세계에서는 열 번째로 큰 강인 아무르강은 러시아 극동, 중국 동북 3성, 그리고 한반도 북쪽까지 이르는, 유라시아 동북지역에서 가장 중요한 생명줄이라 볼 수 있다.

러시아가 극동지역을 정복한 역사는 아무르강 유역을 정복해온 역사라고도 볼 수 있다. 물론 이 정복의 역사에서 가장 강력한 경쟁자는 이 지역에 광범위하게 살고 있던 몽골계 원주민과 중국인이었다. 러시아인들이 아무르강을 처음 접한 시기는 1643년과 1646년 사이, 즉 청나라가 명나라의 수도 베이징을 점령해 중국을 완전히 장악하던 1644년 즈음이다. 탐험가 바실리 포야르코프가 이끈 카자크족이 아무르강을 따라 오호츠크 해역까지 항해하는 데 성공했다. 왕조가 교체되는 혼란기였기에 중국은 러시아의 진출에 즉각 대응하기가 힘들었지만 대신 몽골계 소수민족들, 특히 다우르족이 러시아 카자크 군대를 포위하며 강력하게 저항했다. 그러나 조직력과 무기에서 모두 월등했던 러시아군을 막는 데는 한계가 있었다.

바실리 포야르코프의 탐험 덕분에 풍부한 어족 및 수산자원과 함께 농사지을 땅까지 갖춘 극동지역이 러시아에 알려지게 되었고 신천지라도 발견한 듯 흥분한 러시아인들은 극동개발을 본격화했다. 그리고 극동지역 곳곳에 탐험가 바실리 포야르코프를 기리는 동상과 거리를 만들었다. 하바롭스크에서도 같은 이름의 거리를 찾을 수 있다.

바실리 포야르코프의 탐험 후 1649년 탐험가이자 사업가이며 또 관료였던 예로페이 하바로프가 다시 카자크족을 이끌고 영토 정벌에 나섰다. 그 결과 1651년 아무르 강변 알바진이라는 곳에 러시아 최초의 요새가 건설되었고, 1653년에는 러시아 정부가 아무르강 유역을 지배하며 러시아령이라고 공식 선언하게 된다. 지금의 도시명 하바롭스크는 바로 탐험가 하바로프의 이름을 딴 것이다. 유럽 최초로 아무르강의 지도를 만든 사람도 하바로프였다.

그러나 러시아제국의 기쁨은 오래가지 못했다. 건국 작업을 마무리 지은 청나라가 러시아의 진출에 본격 대응을 시작했기 때문이다. 1685년 청나라 군대가 러시아의 알바진 요새를 공격했고 수세에 몰린 러시아는 청나라에 강화조약을 제안할 수밖에 없었다. 러시아는

1689년 네르친스크 조약으로 알바진 요새를 내어주고 아무르강의 서쪽 지류인 아르군강 건너편으로 물러나야 했다. 그러나 아무르강에 대한 러시아제국의 정복욕은 끝내 사그라지지 않아, 아편전쟁으로 국력이 약화된 청나라와 1858년 아이훈 조약을 체결해 아무르 강변을 다시 차지했다. 이 조약을 성공적으로 체결한 무라비요프 동시베리아 주지사는 그 공으로 무라비요프-아무르스키라는 칭호를 얻었다. 지금도 하바롭스크시의 아무르 강변에는 그의 기념비가 우뚝 서 있다.

그런데 이 아무르강이 한민족과는 무관한, 그저 러시아나 중국의 강이기만 한 것은 아닐지도 모른다. 아무르강, 즉 헤이룽강이 구한말까지 조선과 청나라 사이의 실제 경계였다는 설이 끊임없이 제기되고 있으니 말이다. 압록강-두만강 라인은 조선이 배제된 채 청나라와 일본 양국이 맺은 국경 협정일 뿐이며 실제로 조선의 영토는 헤이룽강까지였다는 주장이다.* 이 가설의 주창자들은 그것을 뒷받침하는 예로 1712년 백두산에 세워진 조선과 청나라 간의 정계비에 압록강-토문강-송화강-흑룡강(헤이룽강) 라인이 양국의 국경으로 명시되어 있다고 말한다.[1] 또한 《조선왕조실록》 곳곳에서, 특히 광해군 때의 기록에서 청나라와의 경계가 헤이룽강이었다는 언급을 찾을 수 있다.

---

* 조선 후기 관료 박일헌, 황우영, 서명응, 홍양호 등이 주장한 간도영토론. 이명종(2018), 《근대 한국인의 만주 인식》, 한양대학교출판부.

만약 조선의 국경이 헤이룽강이었다면 구한말 안중근, 이상설, 최재형 등의 독립운동가와 조선족 유민이 헤이룽강 이남 지역에서 활약했던 이유가 곧바로 설명된다. 당시 조선인들에게 이곳은 결코 남의 땅이 아니었던 것이다. 그렇다면 지금의 아무르강 유역, 러시아 극동의 도시들을 생경한 러시아 땅으로만 볼 것이 아니라 우리의 역사와 직결된 곳으로서 좀 더 깊은 관심을 가지고 바라보아도 좋지 않을까.

사실 지금도 아무르강 이남은 한반도의 운명을 결정짓는 데 중대한 역할을 담당하고 있다. 이곳 접경지대에서 이루어지는 중국과 러시아 간의 활발한 경제교류가 북한의 개방에 훌륭한 촉매가 될 수 있기 때문이다. 또한 이 지역은 한국의 자본이 북한의 노동력과 결합하여 러시아와 중국 시장에 진출할 수 있는 최적의 교두보로, 향후 남북통일을 위한 훌륭한 밑거름이 될 가능성을 가진 곳이기도 하다.

러시아 최고액권의
주인공이 된 도시

러시아 루블화 지폐는 5, 10, 50, 100, 200, 500, 1000, 2000, 5000 루블 등 9개 종류다. 루블화 지폐에는 러시아 역사에서 중요한 역할을 했던 도시가 그 도시를 대표하는 위인과 함께 담긴다. 2020년 3월 기준 환율로 한화 약 8만 원에 해당하는 러시아의 최고액권인 5000루블화도 그렇다. 흥미로운 점은 이 최고액권에 묘사된 도시가 러시아의 수도인 모스크바나 제2의 도시인 상트페테르부르크가 아닌 극동에 위치한 인구 61만여 명의 작은 도시 하바롭스크라는 것이다. 러시아에는 인구 50만 명 이상의 도시가 37개, 그중에서 100만 명 이상의 도시가 15개나 있는데 왜 하필 극동의 변방에 있는, 인구 순위 24위 (2019년 기준)[2]에 불과한 하바롭스크가 최고액권을 장식하는 주인공이 되었을까? 그 이유를 알려면 이 지폐에 묘사된 그림을 자세히 들여다볼 필요가 있다.

우선 이 지폐의 앞면을 보자. 1858년 아이훈 조약을 체결시킨 당시 러시아 동시베리아 주지사 무라비요프-아무르스키의 동상이 담겨 있다. 그리고 그가 아무르 강변에 기지를 건설한 날인 그해 5월 31일이 하바롭스크의 도시 창건일이다. 러시아 황제는 도시 창건자를 기리기 위해 무라비요프-아무르스키가 죽고 10년이 지난 뒤인 1891년에 아름다운 아무르 강변의 바위 절벽 위에 동상을 세웠다.

실제로 현재 이 동상이 서 있는 공원에서 동상 주인공의 시선을 따라가보면 아무르강 맞은편으로 중국 땅이 시야에 들어온다. 그 지점에서 강 건너 중국 국경까지는 17km에 불과하다. 19세기 말 러시아제국에 '중국 정복'은 이제 곧 손에 들어올 것만 같은 매우 현실적인 꿈이었다. 하바롭스크는 바로 이 꿈의 최전방 기지였다. 그러나 이 꿈은 끝내 이루어지지 못했고, 1세기가 넘도록 러시아인들의 뇌리에서 완전히 사라졌다.

5000루블 지폐. 앞면(위)에는 동시베리아 주지사 무라비요프의 동상이,
뒷면에는 아무르 다리가 담겨 있다.

5000루블 지폐는 1997년에 처음 발행되었는데, 이 지폐 속 무라비요프는 무엇인가 아쉽다는 듯 아득히 먼 곳을 쳐다보고 있다. 아직도 중국 정벌의 꿈을 꾸고 있는 것일까. 그러나 자세히 보면 100여 년 전의 풍경과는 다른 점을 찾을 수 있다. 아무르 강변에 군사기지를 건설하는 모습이 아니라 아무르강을 따라 자원을 실어 나르는 바지선이 보이는 것이다.

이제 지폐 뒷면을 보자. 다리가 그려진 것이 보이는데 1916년에 완공한 길이 3.9km의 아무르 다리로 러시아의 최대 젖줄인 시베리아 횡단열차가 지나는 철교이다. 제1차 세계대전으로 인한 자재 공급난과 폭격 위협 속에서 3년간의 공사 끝에 당시로서는 세계 최장인 2.6km의 다리가 만들어지자 사람들은 이를 두고 '아무르의 기적'이라며 감탄했다. 1998년부터 리모델링을 시작해 지금은 상단부에는 자동차가, 하단부에는 기차가 지나가는 복층구조로 완성되었다.

무라비요프가 세운 하바롭스크는 더 이상 중국 정벌의 전진기지가 아니다. 이제 하바롭스크는 중국 등 주변국과의 경제협력을 통해 러시아 경제를 살리는 극동 최고의 물류허브이다. 블라디보스토크가 시베리아횡단열차의 귀착지이자 태평양으로 나가는 해상 물류기지라면, 하바롭스크는 시베리아횡단철도와 제2의 시베리아횡단철도인 바이칼–아무르 철도가 만나게 하고, 아무르강을 통해 중국과 태평양 연안 항구를 이어준다. 또 항공로를 통해 서울·도쿄·베이징 등지로 3시간 내에 연결되는 극동지역 최대의 육상·하상·항공 물류의 중심지이다.

아무르 강변의 바위 절벽. 절벽 위에 서 있는 무라비요프 동상이 보인다.

물류허브를 꿈꾸는
러시아 극동 플랫폼

2000년 5월 푸틴은 효율적인 국가 관리를 위해 러시아를 8개 연방관구로 나누고 그중 극동연방관구의 행정수도를 블라디보스토크가 아닌 하바롭스크로 정했다.* 2012년 동진 정책이 재가동되면서 새롭게 설치된 극동개발부, 러시아 연방군의 4대 군관구 중 하나인 동부군관구의 사령부를 하바롭스크에 정한 것도 하바롭스크의 지정학적·지경학적 중요성 때문이다. 또한 동진 정책의 일환으로 2013년부터 시작된 극동개발의 핵심 정책인 14개 선도개발구역 개발 프로젝트 중 3개, 광물 관련 6개 우선투자 프로젝트 중 2개가 하바롭스크를 중심으로 진행되고 있다.[3] 덕분에 하바롭스크는 최근 발전을 거듭하며 인구도 빠른 속도로 늘어 2015년에는 인구 60만 7,000명으로, 블라디보스토크 인구를 앞질렀다.[4]

러시아 정부가 하바롭스크를 극동개발의 중심지로 육성하자 이 지역에 대한 중국과 일본의 투자도 활발해졌다. 하바롭스크는 아무르강과 중국으로부터 흘러 들어온 우수리스크강의 합수 지점을 중심으로 도시가 발달했는데, 이 합수 지점에 위치한 대우수리스크섬(중국어로는 헤이샤쯔섬)이 중국과 러시아 간의 해묵은 영토분쟁의 장으로 양국

---

* 2019년 푸틴 정부는 극동연방관구의 행정수도를 다시 하바롭스크에서 블라디보스토크로 이전했다.

경협에 큰 장애물이었다. 중국은 1929년부터 소련이 이 섬을 불법적으로 점유했다고 주장해왔는데, 2004년 푸틴은 이 섬을 양국이 나누어 갖자며 통 크게 양보해, 2008년 공식적으로 섬의 동서 분할이 완료되어 국경분쟁이 종식되었다. 이 섬의 러시아 영토에는 양국 합자로 약 6억 달러 규모의 관광·의료·이벤트 및 주거 단지가 조성될 예정이다. 하바롭스크를 중심으로 양국의 무역이 활발해지면서 양국 간 무역이 극동지역 전체 무역액의 25.1%(101억 4,000만 달러, 2016년)를 차지하게 되었다.[5]

일본 또한 하바롭스크의 주요한 물류기지인 공항터미널 및 공항호텔 건설을 추진하는 등 하바롭스크를 중심으로 극동지역에 대한 대대적 투자를 진행하고 있다. 특히 2016년 12월 15일 일본 야마구치현에서 열린 양국 정상회담에서 일본은 3,000억 엔 규모의 8개 부문 경협안을 제안했으며, 더불어 쿠릴열도의 2개 섬(시코탄, 하보마이)을 확보하기 위해 러시아에 6,000억 엔 규모의 추가 경협안 협상을 제안한 것으로 알려졌다.[6] 또한 일본 농업기업 JGC에버그린이 2016년 11월 하바롭스크 선도개발구역에 온실채소 재배 사업을 개시하는 등 기업 차원의 실질적 투자도 이루어졌다.

한국 정부도 2016년 9월 블라디보스토크 동방경제포럼에서 약 1억 7,500만 달러 규모의 하바롭스크 폐기물 처리시설을 건설하기로 합의하는 등 이 지역에 대한 투자와 진출을 약속한 바 있다. 실제로 2017년 8월 폐기물 처리장이 준공되어 가동을 시작했다. 2020년에는 한국 기업의 투자로 하바롭스크 시내 한복판에 약 20억 루블 규모의 현대식 의료센터(건강 아카데미)가 건설될 예정이다.[7]

그렇지만 러시아 정부는 중국과 일본에 비해 한국이 다소 소극적 태도를 보인다는 입장이다. 중국이나 일본보다 투자 규모가 현저하게 작을 뿐 아니라 투자가 실행으로 이어지는 비율도 낮다는 것이다. 2016년 12월 러시아 정부가 하바롭스크-블라디보스토크에서 이어지는 한반도 종단철도를 포기하고 일본에 하바롭스크-사할린-홋카이도-도쿄를 잇는 철도 건설을 제안한 것도 이런 까닭으로 이해할 수 있다.

하바롭스크를 중심으로 한 러시아 극동은 한·중·러, 한·일·러 등의 합작 프로젝트를 통해 북한 문제를 우회적으로 해결하여 한반도의 미래에 중요한 전환 모멘텀을 제공할 수 있는 지역이다. 따라서 한국은 남북 문제를 해결할 수 있는 보조적 플랫폼이라는 관점에서 보다 전향적으로 러시아 극동에 접근해야 한다.

한편, 무라비요프의 동상이 서 있는 아무르 강변에 가면 그와 함께 소개되는 일제강점기의 독립운동가, 한인 최초의 여성 사회주의자이자 하바롭스크시 당 외무위원직까지 지낸 김알렉산드라의 이야기를 꼭 듣게 된다. 1918년 그녀는 일본군에 잡혀 이 바위 절벽에서 사형당했다. 처형 직전 마지막 소원으로 "내 스스로 죽을 장소를 고르겠다"라고 말하고 그녀는 천천히 열세 걸음을 걸었다. 무라비요프의 동상에서 그리 멀지 않은 절벽에 멈추어 서서 그녀를 바라보는 사람들

독립운동가 김알렉산드라의 모습.
1918년 그녀는 하바롭스크 아무르 강변,
무라비요프의 동상이 서 있던 곳 부근 절벽에서
일본군에 의해 총살을 당했다.

을 향해 조용히 몸을 돌려 말했다. "지금 내가 걸은 걸음은 바로 조선의 열세 개의 도입니다. (…) 조선 13도의 젊은이들이여, 그 꽃을 손에 들고 조선의 자유와 독립을 성취하여라. 그것은 그대들의 자랑이 되리라. (…) 조선독립 만세!" 이윽고 총성이 울렸고 그녀의 시신은 그녀의 목소리가 울려 퍼지던 절벽 아래로 떨어져 아무르강에 잠겼다.[8]

러시아 극동에 서린 우리 선조들의 넋을 기리며 이곳에 한반도 미래 희망의 씨앗이 다시 한번 뿌려지기를 기원한다.

03

뜨거운 우정을 간직한 시베리아의 동쪽 끝 도시

⚕ 치타 ⚕

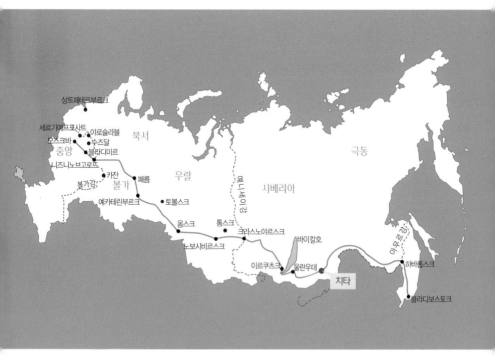

●────── 시베리아횡단철도 노선

상트페테르부르크

세르기예프포사트
모스크바
중앙
야로슬라블
수즈달
블라디미르
북서
극동

니즈니노브고로드
볼가강
카잔
볼가
페름
우랄
예니세이강
시베리아

예카테린부르크
토볼스크
옴스크
톰스크
크라스노야르스크
바이칼호
아무르강

노보시비르스크
이르쿠츠크
울란우데
하바롭스크

치타
블라디보스토크

국민작가 푸시킨과
그의 친구 푸신

러시아의 중심 도시 모스크바와 상트페테르부르크에서 보면 치타는 시베리아의 동쪽 끝 도시이다. 1860년 극동지역이 러시아에 귀속되기 전에는 수도 페테르부르크에서 가장 멀리 떨어진, 그리고 가장 추운 땅이었다. 당시 황실의 눈에 거슬린 정치범들은 대부분 이곳 치타로 쫓겨나 여기서 일정 기간을 보내고 다시 주변 지역으로 흩어져 유형살이를 했다. 아이러니하게도 조그만 촌락에 불과했던 치타는 이렇게 유형 온 사람들에 의해 도시의 모습을 갖추게 되었다. 러시아 최고의 엘리트였던 유형자들 덕분에 치타는 외형도 발전했고 문화적으로도 매우 수준 높은 도시가 되었다.

하지만 필자에게 치타는 조금 다른 상념을 불러일으킨다. 19세기 러시아문학을 전공한 필자에게 이 도시는 러시아를 대표하는 시인 푸시킨의 시 한 편을 떠올려준다.

내 첫 번째 친구, 무엇과도 바꿀 수 없는 나의 친구!

난 너의 운명을 축복했었지.

외떨어진,

슬픈 눈雪으로 뒤덮인 나의 정원에

너의 방울소리가 들려왔을 때.

성령께 기도하네.

부디 내 목소리가 너의 영혼에도

같은 위안이 되기를,

부디 영어囹圄의 몸을 밝혀주기를

리체이 시절의 찬란한 광휘로!

1826년 12월에 지은 이 시는 가장 가까운 친구를 향한 시인의 감사와 위로의 마음이 절절하게 담겨 있는데, 시의 내용에서 우리는 정확한 상황은 알 수 없지만 이들의 처지가 뒤바뀌었다는 것을 눈치 챌 수 있다. 1연은 화자의 외로운 정원으로 친구가 찾아온 이야기이고, 2연에서는 갇힌 몸이 된 친구에게 화자의 목소리가 위로가 되기를 기원하고 있다. 이들에게 과연 무슨 일이 생긴 걸까?

많은 사람들이 꼭 갖고 싶어하지만 쉽게 얻지 못하는 것 중 하나가 바로 진정한 우정일 것이다. 특히 압도적 재능을 가진 영웅들의 경우, 천적이나 라이벌은 많아도 손에 꼽는 진정한 친구는 드문 것 같다. 그러나 푸시킨은 예외였다. 그에게는 학창 시절부터 죽을 때까지 변함없는 우정을 나눈 친구가 있었다. 그 친구의 이름은 푸신이다.

1811년 러시아 황제 알렉산드르 1세가 러시아 최초의 귀족 기숙학교 '리체이'를 황제의 별궁에 설립하고 당대 러시아 최고의 수재 30명을 1기생으로 뽑았다. 12세 푸시킨과 13세 푸신은 입학 첫날부터 서로에게 끌렸고 기숙사에서도 옆방을 쓰게 된다. 기숙학교의 방은 천장이 닿지 않는 가로벽으로만 구분됐기 때문에 이들은 6년 동안 매일 밤 영혼의 대화를 나누었다. 다소 공격적이고 예측 불능인 천재 시인 푸시킨에 비해 푸신은 포용적이고 합리적인 성품을 가진 모범생이었다.

리체이의 자유로운 학문적 풍토 속에서 둘은 당시 러시아의 폭압적인 전제정치에 대한 저항정신도 함께 키워갔다. 푸신은 일기에 이렇게 썼다.

나는 한 번도 그를 사랑하기를 멈춘 적이 없다.
그리고 나는 안다,
그도 나에게 똑같은 감정으로 보답하고 있다는 것을….

1818년 리체이를 졸업한 뒤 둘은 서로 다른 길을 갔지만 영혼의 소통은 멈추지 않았다. 러시아 최고의 학교를 졸업한 이들에게 출세는 따놓은 당상이었다. 푸시킨에게는 엘리트 관료의 길이, 푸신에게는 장군으로 가는 길이 열려 있었다. 그러나 둘은 약속된 출세의 길을 스스

귀족 기숙학교 리체이 시절에 만나 평생 뜨거운 우정을 나눈 푸신(왼쪽)과 푸시킨.

리체이의 기숙사에서 푸시킨과 푸신이 쓰던 방. 이들은 매일 밤 영혼의 대화를 나누었다.
자료: ⟨http://a-s-pushkin.ru/books/item/f00/s00/z0000013/st002.shtml⟩.

로 박차고 나온다.

러시아 최초로 직업 시인의 길을 선택한 푸시킨은 전제정치에 저항하는 시를 써서 졸업한 지 3년 만인 1820년에 남부 캅카스 지방으로 유배된다. 푸신은 그로부터 3년 뒤인 1823년에 러시아 군대를 좌지우지하던 황제의 동생과 다툰 뒤 장교직을 버리고 귀족의 부정과 비리를 엄단하는 형사부 판사의 길을 선택한다. 그러나 당시 '판사'는 귀족 장교에 비하면 너무나 초라한 직책이었다. 유형 중의 푸시킨은 푸신에게 "여론의 눈앞에서 시민의 명예를 쟁취했다"라며 지지하는 시를 바쳤다. 장래가 촉망되던 두 청년은 이렇듯 한 사람은 유배지를 떠돌고 또 한 사람은 말단 관리의 길을 자처했다.

푸시킨의 외로운 유형살이가 6년째로 접어들던 1825년 1월 어느 겨울날, 정치적 탄압의 위험을 무릅쓰고 푸신이 유형지의 푸시킨을 찾아온다. 앞서 소개한 시에서 "외떨어진, 슬픈 눈으로 뒤덮인 나의 정원에" 들린 방울소리는 바로 푸신이 타고 온 삼두마차의 방울소리였다. 푸시킨은 혹한의 날씨도 아랑곳하지 않고 얇은 속옷만 걸친 채 맨발로 뛰어나갔고 푸신은 마차에서 바로 뛰어내려 혹여 친구가 감기라도 걸릴까 봐 푸시킨을 껴안고는 방으로 끌고 들어갔다.[1] 너무나 행복했던 푸시킨은 또 다른 시에서 이렇게 말했다.

… 총애 잃은 시인의 집을,

오 푸신, 네가 처음으로 와주었구나;

네가 슬픈 유형의 날을 달콤하게 해주었다.

그러나 이것이 두 사람의 마지막 만남이었다. 푸신은 죽음을 무릅쓴 거사를 앞두고 마지막으로 친구를 보러 왔던 것이다. 그해 12월 페테르부르크에서 니콜라이 1세의 즉위식이 열렸고, 이때 데카브리스트의 반란[♦]이 일어난다. 푸신 등 푸시킨의 친구들이 다수 이 반란에 참가했다. 거사는 실패했고 체포된 579명 중 36명은 사형을 언도받았다. 그중 한 명이 바로 푸신이었다.[2]

다행히 이후 그는 종신 유형으로, 이어 20년 유형으로 감형된다. 흥미롭게도 그 덕분에 푸시킨의 유형살이가 끝났다. 푸신이 20년 유형을 언도받고 약 보름 후 황제는 반란으로 흉흉해진 민심을 잠재우기 위해 국민 시인 푸시킨의 유형을 끝내주기로 했다. 그런데 황제 니콜라이 1세가 이 결정을 내리기 직전 푸시킨을 황실로 불러들여 "만약 그 반란의 시기에 페테르부르크에 있었다면 참여했겠는가?"라고 물었을 때 푸시킨은 "예"라고 답했다. 푸시킨 또한 목숨을 걸고 푸신을 향한 자신의 우정을 지킨 것이다.[3]

결국 이렇게 두 사람의 처지가 뒤바뀐다. 서두에 소개한 시는 자유의 몸이 된 푸시킨이, 이제는 거꾸로 감옥에 갇혀 시베리아 유형지로 떠날 날만을 기다리는 친구 푸신에게 바친 위로의 시다. 그러나 이 시는 주인공에게 전해지지 못했다. 푸신은 수도 외곽 외딴 섬의 요새 감옥(실리셀부르크)에 갇혀 햇빛 한 줌 제대로 볼 수 없었다. 푸시킨이 풀려나고 1년 후인 1827년 10월 푸신은 머나먼 시베리아 유형길에 올랐고, 이후 둘은 다시는 만나지 못한다. 푸시킨은 10년 뒤인 1837년에

♦ 1825년 12월 러시아 귀족들이 전제정치와 농노제 폐지를 주장하며 일으킨 반란. 러시아어로 12월이 '데카브르'인 데서 '데카브리스트'라는 말이 유래했다.

수도 페테르부르크에서 결투로 사망하고, 푸신은 그로부터 약 20년이 지난 1856년 말에야 페테르부르크로 돌아올 수 있었다.

두 사람의 살아생전 만남은 그렇게 끝이 났지만, 그들의 영혼의 만남은 아직 끝난 것이 아니었다. 둘 중 한 사람이 머나먼 시베리아 땅으로 떠났으나 그들은 계속해서 서로를 생각했다.[4]

푸신과 데카브리스트 그리고 치타

1827년 10월 페테르부르크를 떠난 푸신은 다음 해 1월부터 3개월의 대장정 끝에 유형지 치타에 도착한다. 당시 치타는 1827년부터 1830년까지 약 3년간 데카브리스트 반란자들이 주변의 영구 유형지로 배치되기 전에 머무르는 임시 요새가 있던 곳이다. 여기 도착한 데카브리스트 85명은 2개 농가에 집단 수용되었다. 창문의 3분의 2가 나무판으로 가려진 데다 쇠창살로 꽉 막힌 감옥 같은 곳이었다. 주변에는 뾰족한 나무말뚝이 빽빽하게 세워졌고 말뚝벽 안쪽을 따라서는 깊게 파놓은 웅덩이가 있었다. 경비원들이 안뜰과 바깥 대문에서 반란자들을 항상 감시했다. 반란자들은 오전과 오후 각각 3시간씩 매일 6시간 동안 방앗간 작업, 마구간 청소, 도로 정비 같은 일을 했다. 노역을 마치고 돌아가서는 아침 7시까지 갇혀 있어야 했고 편지 등 외부

와의 교신은 철저히 금지되었다.[5]

이들이 바깥세상과 소통할 수 있는 예외적 방법이 하나 있기는 했다. 귀족 장교들인 데카브리스트의 부인들, 즉 평생을 호의호식하며 살았던 귀족 부인들이 남편을 따라 시베리아 유형지로 와서 수용소 부근에 살며 옥바라지를 한 것이다. 톨스토이의 《전쟁과 평화》는 데카브리스트 볼콘스키 공작과 그 부인의 이야기를 소재로 한 소설이다. 유형지 바깥세상과의 서신 교환이 허락되었던 부인들은 남편의 눈과 귀가 되어주었다.

미혼이었던 푸신은 이런 것조차 기대하기 힘들었다. 그런데 1828년 1월 시베리아의 살인적 한파 속에 그가 치타에 도착하고 얼마 되지 않아 나무말뚝 담벽 너머에서 그를 찾는 여인의 목소리가 들린다. 그리고 그는 나무말뚝 사이에서 종이쪽지를 발견한다. 푸시킨이 1826년 12월 감옥에 갇힌 푸신을 위해 쓴 시 〈내 첫 번째 친구〉였다. 1827년 2월 치타에 먼저 도착한 데카브리스트 무라비요프의 부인 알렉산드라가 푸시킨에게서 직접 부탁받은 원본을 1년 넘게 간직하고 있다가 전한 것이었다. 머나먼 시베리아의 동토에 먼저 도착해 그를 기다리고 있던 친구의 시를 읽은 푸신의 감동은 말로 표현할 수 없을 정도였을 것이다.

3년 후인 1830년 9월 치타 인근 지역(페트롭스키 자보드)으로 이감되어 남은 형기를 채우던 푸신에게 푸시킨의 이 시는 고단한 수감생활 내내 큰 위로가 되었다. 그런데 1837년 청천벽력 같은 소식을 접한다.

푸시킨이 결투로 사망했다는 소식이었다. 푸신은 이 소식을 듣고 "내가 만일 그 자리에 있었다면 내 가슴으로 그 총알을 받아냈을 텐데. 무슨 수를 써서라도 나의 시인, 러시아의 자랑을 지켜냈을 텐데…"라고 말하며 탄식했다.

그로부터 20년이 지난 1856년, 페테르부르크로 돌아온 푸신은 결투 입회인이었던 리체이의 동기 단자스를 통해, 푸시킨이 죽기 직전 "푸신이 옆에 있었으면, 좀 더 편하게 죽을 수 있을 텐데"라고 말했다는 이야기를 전해 듣고 오열한다.

그리고 다시 3년이 채 지나지 않은 1859년 어느 봄날, 푸신 역시 친구 푸시킨의 곁으로 떠나는데, 그 짧은 3년이라는 여생도 어쩌면 푸시킨에게 바쳐진 것이라고 말할 수 있다. 우선 푸신은 죽기 2년 전인 1857년 돌연 결혼을 선언하는데, 59세 노총각이 택한 상대 여성은 고인이 된 데카브리스트 폰비진의 부인이었고 이름은 나탈리야였다. 나탈리야는 바로 푸시킨의 최고 걸작 《예브게니 오네긴》의 여자 주인공 '타티아나'의 실제 모델로 알려진 인물이다. 푸신은 푸시킨 작품의 여주인공과 결혼해 푸시킨과의 연을 이어갔던 것이다.

더 놀라운 인연은 바로 나탈리야가 결혼 전인 1850년에 시베리아에 갓 유형 온 청년 도스토옙스키를 만나, 그가 평생을 간직하고 죽음 직전까지 운명의 결정을 맡겼던 것으로 유명한 성경책을 선물한 것이다. 그로부터 30년 후 모스크바에서 푸시킨의 동상 제막식이 열렸을 때 이 성경책을 손에 든 도스토옙스키가 푸시킨을 러시아 최고의 작가로, 그의 여주인공 타티아나를 러시아 영혼의 구현으로 찬양했다.

결혼 후 푸신이 얼마 남지 않은 생애에서 마지막으로 한 일은 푸시킨에 대한 비망록을 작성하는 것이었다. 그 비망록은 전해지지 않지만 그들의 아름다운 우정 이야기는 푸시킨의 작품과 함께 지금도 러시아 사람들의 마음속에 간직되고 있다. 이와 함께 러시아에서 가장 춥고 낙후한 지역인 시베리아의 동쪽 맨 끝 도시 치타도 러시아 역사 속 주인공으로 등장하게 되었다.

역설적인 일이지만, 푸신과 같은 데카브리스트들은 치타를 시베리아의 바이칼 동편 지역의 중심 도시로 우뚝 서게 하는 데 큰 공헌을 했다. 교양과 실사구시의 개혁정신을 고루 갖춘 데카브리스트들은 치타에 머무는 동안 농업과 공업, 광업을 일으켰고 도시계획을 기반으로 도시를 재건설하는 데도 앞장섰다. 그중 대표적 인물인 자발리신이라는 귀족은 유형 형기가 끝난 뒤에도 치타에 남아 그 지역 여인과 결혼해 살면서 도시 건설을 주도했다.

데카브리스트들과 그 부인들 덕분에 마을에 새 건물들이 들어섰고, 주민들의 옷매무새까지 깨끗하게 단장되었다. 또 데카브리스트들은 합창단과 학교를 만들어 농노와 카자크인 등 지역 주민을 계몽하는 일에도 나섰다. 글을 읽지 못하는 농노들을 위해서는 농기계나 종자 그림을 직접 그려서 사용법을 알려주기도 했다. 이렇듯 데카브리스트들의 노력에 힘입어 치타는 물론 토볼스크 등 주변 지역까지 발전해나갈 수 있었다. 그런 점에서 시베리아의 변방 도시 치타와 그 주변 지역은 데카

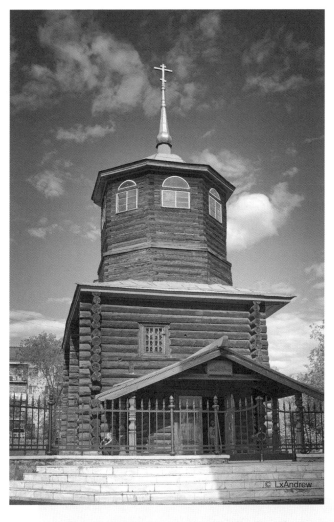

치타의 발전에 기여한 데카브리스트들의 흔적을 느낄 수 있는 대천사 미하일 교회.
현재는 데카브리스트 박물관으로 변신했다.

브리스트 반란의 최대 수혜지라고도 볼 수 있다.

지금도 치타에 가면 데카브리스트들의 흔적을 느낄 수 있는 곳이 많이 남아 있는데, 대표적인 곳이 대천사 미하일 교회이다. 1776년에 세워진 이 교회에서 푸신, 자발리신 등 데카브리스트와 그 부인들이 예배를 드리고 기도를 올렸다. 자발리신은 여기서 결혼식을 올렸고, 소설《전쟁과 평화》의 모델이었던 볼콘스키 공작의 딸, 자발리신의 아내가 여기 묻혀 있기도 하다. 이 교회를 재건축할 때 자발리신과 푸신의 아내 나탈리야가 모금에 참여했다.

1985년 이 교회는 데카브리스트 박물관으로 변신했다. 시베리아횡단열차를 타고 치타에 도착하면 맨 먼저 이 교회로 가서 치타에 얽힌 러시아의 역사에 푹 빠져보는 건 어떨까.

04

러시아, 몽골, 그리고 한반도까지 품은 시원의 땅

✦ 울란우데와 바이칼호 ✦

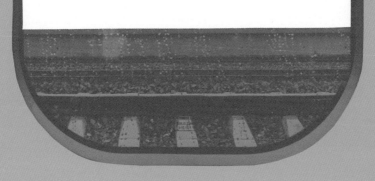

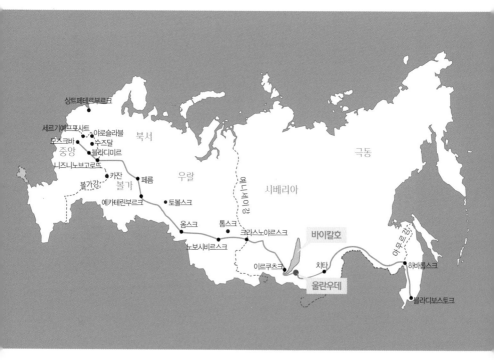

● 시베리아횡단철도 노선

러시아 속
몽골?

데카브리스트의 도시 치타에서 시베리아횡단열차를 타고 서쪽으로 약 10시간을 달리면 부랴트 공화국의 수도 울란우데에 도착한다. 부랴트 공화국은 시베리아 여행의 최고 로망인 바이칼호와 맞닿은 곳이다. 긴 기차 여정에 지친 여행객들도 울란우데역에 도착하는 순간 바이칼호를 볼 수 있다는 기대로 다시 힘과 열정을 회복하게 된다.

하지만 울란우데에서 바이칼호까지의 거리는 약 100km로 자동차로 2시간 정도 더 달려가야 한다. 그러니 바이칼호에 대한 열망은 잠시 접어두고 하루쯤 울란우데에 여장을 풀고 이 도시의 역사와 문화에 젖어보는 것도 나쁘지 않겠다.

러시아 여행객들에게 울란우데는 바이칼호를 여행하기 위한 기착지 정도로만 알려져 있는데, 사실 이곳은 러시아의 그 어느 도시보다도 아픈 역사를 품은 곳이다. 울란우데의 아르바트*라 할 수 있는 레닌

거리에서 가장 눈에 띄는 조형물이 있으니, 이 도시의 깃발에도 사용되는 울란우데의 문장을 형상화한 것이다. 그런데 이 문장을 자세히 보면 전혀 어울리지 않는 두 요소가 합해져 있다. 문장 한가운데에 자리 잡은 것은 두 마리 뱀과 날개로 이루어진 봉, 카두케우스와 각종 과실을 뿜어내는 풍요의 뿔, 코르누코피아이다. 카두케우스는 제우스 신의 전령 헤르메스 신의 상징이고, 코르누코피아는 황소로 변한 강의 신 아켈로오스의 뿔로 풍요를 상징한다. 모두 그리스·로마 신화에서 유래한 지극히 유럽적인 기호라 할 수 있다.

그런데 상단 왕관의 중앙에는 전혀 유럽적이지 않은 도형이 있다. 바로 몽골족을 상징하는 소욤보soyombo의 일부이다. 소욤보의 초승달과 황금 태양은 몽골의 탄생 신화에서 각각 아버지와 어머니, 동시에 빛과 영원성을 상징하고 바로 위의 세 줄기 불꽃은 과거, 현재, 미래 등 무한한 시간 속에서의 번영을 상징한다. 이 도형은 부랴트 공화국의 깃발뿐 아니라 중국 내몽골과 독립국 몽골의 깃발에도 사용되고 있다. 즉 부랴트와 울란우데는 소욤보를 통해 자신들이 몽골의 후예임을 자랑스럽게 드러내고 있는 것이다.

그러나 부랴트 공화국의 소욤보는 온전한 모양이 아니라, 그 일부만 사용하고 있다. 게다가 수도 울란우데의 문장은 몽골과는 무관한 카두케우스와 코르누코피아에 그 중심부를 양보하고 있다. 울란우데의 이

◆ 모스크바 중심가에 있는 보행자 전용 거리.

울란우데 레닌 거리의 조형물(왼쪽)과 도시의 문장.
자료: 〈https://buryatia4guide.touristgems.com/〉.

몽골족의 상징 소욤보(왼쪽)와 몽골 국기. 국기 안에서도 소욤보를 확인할 수 있다.

불완전한 문장에는 부랴트 사람들이 감내하며 살아온 정체성의 비극이 고스란히 담겨 있다. 몽골에서는 부랴트인을 '러시아화한 몽골인', 심지어 애초 몽골족이 아니었던 것처럼 대한다. 러시아인들은 또 러시아인들대로 부랴트 공화국을 '러시아 속의 몽골'이라 여기며 은근히 차별한다. 러시아와 몽골 그 어느 나라에서도 환영받지 못하는 부랴 트 공화국 사람들의 비극은 어디서 어떻게 시작된 것일까?

부랴트 사람들이 겪는 정체성의 비극

지리상으로 부랴트 공화국은 남쪽으로 몽골과 접하고 있다. 10세기 초부터 몽골계 부랴트인들이 이곳에 터를 잡고 살기 시작했는데, 이 들은 1206년 탄생한 몽골제국에 편입되었고 몽골제국 멸망 후에도 17세기까지 그 후신인 북원의 일부에 속했다. 그러나 북원마저 17세 기에 러시아와 청나라에 분할 복속된다. 부랴트인들이 거주하던 지역 은 1627년 러시아에 정복되어 1703년 러시아제국의 영토로, 북원의 나머지 땅은 1644년 순치제에 의해 청나라에 복속된 것이다. 러시아 와 청나라는 1689년 네르친스크 조약으로 아무르강을 기준으로 종 축 경계를 확정한 후 1727년 캬흐타 조약◆으로 횡축 경계선까지 확정 짓는다. 이때 부랴트는 몽골의 본체로부터 완전히 그리고 영원히 분리 된다. 이와 함께 정체성의 분열도 시작된다.

러시아 황실은 부랴트 지역을 중국과 러시아를 연결하는 물류 거점

◆ 캬흐타는 현재 러시아와 몽골의 경계가 되는 지역으로, 당시에는 러시아와 청나라의 경계였다.

으로 활용했다. 특히 울란우데는 러시아가 남쪽으로는 캬흐타를 통해, 동쪽으로는 아무르강을 통해 중국과 이어지는 주요한 분기점에 위치했다. 러시아 정부는 자연스럽게 이 지역에 상권을 조성했고 특히 1786년에 2개의 대규모 시장이 열리면서 울란우데는 동시베리아 상업의 중심지로 부상했다. 그리고 4년 뒤 예카테리나 여제가 이곳에 상업을 주관하는 헤르메스 신의 봉과 풍요의 뿔이 들어간 문장을 하사한다. 이렇게 해서 울란우데 문장은 유럽적인 러시아와 아시아 사이에 낀 부랴트인들의 이중적 정체성을 그대로 반영하고 있다.

20세기 초 청나라와 러시아제국의 멸망은 몽골의 부활과 함께 부랴트와 몽골 본류의 재결합 가능성을 열어주는 듯했다. 혼란의 와중에 부랴트 지역과 중국 내 몽골 지역이 모두 일본과 러시아 백군白軍에 의해 점령된다. 이때 중국령의 남쪽 절반인 내몽골◆은 일본군이 제2차 세계대전이 끝날 때까지 장악했지만, 북쪽 지역 외몽골과 부랴트 지역은 러시아의 적군赤軍과 몽골 독립군이 재수복했다. 그러나 본래 러시아 영토였던 부랴트는 러시아로 다시 복속되고, 몽골 독립군이 주도했던 외몽골은 1924년 몽골인민공화국으로 독립한다. 1947년 내몽골이 중국의 자치주가 되면서 몽골인은 3개국으로 흩어졌고 부랴트인들의 정체성 비극 역시 지금까지도 이어지고 있다.

러시아제국과 마찬가지로 소련도 부랴트인들이 몽골 민족으로서 정

◆ 청나라 강희제는 몽골의 부활을 경계하여 청나라 내의 몽골을 내몽골과 외몽골로 분할 통치하였다.

© Артём Белевич

울란우데 도심 광장에 세워진 세계에서 가장 큰 레닌 두상.

체성을 갖지 못하도록 억압했다. 혁명 초기에는 몽골·부랴트자치주 (1921년), 몽골·부랴트 사회주의 자치공화국(1923년) 등 명칭에 몽골이 포함되었지만, 1958년부터는 몽골을 뺀 부랴트 사회주의 자치공화국으로 재명명되었고 이는 소련이 무너질 때까지 유지되었다. 부랴트 공화국과 수도 울란우데는 온통 러시아와 사회주의혁명의 색깔로 뒤덮였다. 대표적 예가 도심 광장(소비에트광장)에 세워진 세계에서 가장 큰 레닌 두상이다. 레닌 탄생 100주년이던 1971년 6m 높이의 기단 위에 세워진 높이 7.7m, 무게 42t의 거대한 두상은 이 도시의 랜드마크가 되었다.

울란우데에서 볼 수 있는 조형물 중 하나인 부랴트의 젊은이.

강력한 러시아화 정책으로 러시아인이 공화국 인구의 65%를 차지하는 반면 부랴트인은 30%에 불과하게 되었다. 이제 부랴트인들은 대부분은 부랴트어보다 러시아어를 더 편하게 여긴다.

하지만 소련이 붕괴하자 부랴트인들은 자신들의 민족성을 당당하게 표현하기 시작했다. 부랴트의 어머니, 활을 잘 쏘는 부랴트인, 부랴 트의 젊은이 등 지금 울란우데의 곳곳을 채우고 있는 부랴트 몽골인 의 모습은 2000년대 이후 세워진 조형물들이다.

한편 부랴트인들의 전통과 문화는 우리 한민족과 유사한 점이 많 다. 외모도 그렇고 몽고반점, 서낭당, 솟대, 장승, 〈나무꾼과 선녀〉 이야 기와 똑같은 줄거리의 가무극을 갖고 있다는 점, 그리고 샅바씨름 등 일일이 나열하기 힘들 정도로 유사한 것이 많다. 그래선지 시베리아를 기차로 횡단하는 한국인 여행자들에게는 부랴트인들의 정체성 회복 노력이 더 애틋하게 다가온다.

이광수와 박범신이 사랑한
바이칼호

드디어 시베리아 횡단 여행의 최고 백미이자 내륙 속의 바다라 불리 는 바이칼호 이야기다. 바이칼호는 길이 636km, 너비 81km, 전체 면 적 3만 1,500km²로 남한의 3분의 1에 달하는 거대한 크기를 자랑한 다. 넓이는 세계 7위이지만, 담수량으로는 세계 최대 호수이다. 수심이 1,637m에 이르는 바이칼호의 담수량은 약 2만 3,000km³로 미국 5대 호를 다 합친 것과 맞먹는 양이자 전 세계 담수의 5분의 1에 해당하 는 양이다.[1]

바이칼호는 한국을 비롯한 전 세계 여행자들 사이에서 꼭 가고 싶은 곳 중 하나로 꼽히는데, 그 이유는 다양하다. 특히 많은 예술가와 문학가가 이곳에서 영감을 얻곤 한다. 우리나라 작가들 가운데 바이칼호를 사랑했던 이를 몇 꼽자면, 우선 춘원 이광수와 박범신을 이야기할 수 있다. 두 사람 모두 바이칼호를 다녀왔고, 또 바이칼호에 대한 소설을 쓴 것으로 유명하다.

춘원 이광수는 일본 유학 시절 톨스토이 문학과 사상에 심취하여 톨스토이주의자가 되었고 이후 문학의 길을 걷는다. 1910년 메이지 학원을 졸업하고 독립운동가 남강 이승훈의 초청으로 18세의 나이에 평북 정주의 오산학교 교사로 부임했다. 그는 정규 과정에 없는 톨스토이를 틈틈이 가르쳤고 그해 11월 톨스토이가 죽자 추도회까지 열었다. 그러나 이승훈 선생이 1911년 '105인 사건'으로 투옥되면서 학교는 기독교 재단인 오산교회로 넘어갔고 이후 삼위일체, 처녀잉태, 부활 등 기독교의 정통 교리를 모두 부정하는 톨스토이주의가 빌미가 되어 이광수는 1913년에 학교에서 쫓겨난다. 그는 곧장 아시아 대륙 횡단 여행을 결심한다.

상하이에 도착한 이광수에게 독립운동가 신규식이 미국 샌프란시스코에서 발행되는 《신한민보》 주필 자리를 제안한다. 당시 미국으로 가려면 유럽을 거쳐야 했기에 이광수는 1914년 1월 블라디보스토크를 거쳐 치타로 향한다. 그러나 《신한민보》로부터 오기로 했던 여비가 계속 미루어지고 제1차 세계대전까지 발발하자, 결국 미국행을 포기하고 귀국하게 되는데, 그 전에 잠시 치타에 머무를 때 바이칼호를 갔었던 것이다. 사실 이광수가 바이칼호에 간 것은 톨스토이 때문이라고 해도 과언이 아니다. 그리고 바이칼호 여행에서 얻은 영감 덕분에 탄생한 작품이 바로 그의 대표작 《유정》이다.

한편 탐미주의 소설가 박범신이 바이칼호로 간 것은 춘원 이광수와는 전혀 다른 이유이다. 우선 초승달을 닮은 바이칼호 모양에 끌렸다고 한다. 박범신이 실제로 바이칼호에 간 것은 1993년 돌연 절필을 선언하고 3년이 흐른 뒤인 1996년 여름이었다. 그때 읽고 있던 우리 고서 중 하나인 《삼성기三聖記》가 직접적 계기가 되었다고 한다. 그 책에 따르면 역사 이전 한민족의 원조인 천제한님(환인)이 "천해天海 동방 파나류산 밑에 세운 이상적인 나라"가 있는데, 중종 시대 이맥李陌의 《환국본기桓國本紀》서두에서 이 나라는 "순리대로 잘 조화되어… 어려운 자를 일으키고 약자를 구제하여… 어긋나는 자 하나도 없었다"라고 묘사된다고 한다. 박범신은 이 천해가 북해를 말하고 북해란 곧 바이칼호를 칭하는 것이기 때문에 우리 민족이 최초로 이상적인 나라를 세웠던 그곳, 바이칼로 떠났던 것이라고 말한다. 그리고 그곳을 다녀온 후 집필한 소설이 《주름》이다.[2]

흥미로운 것은 이광수와 박범신이 바이칼호에 간 이유는 다르지만 그들이 쓴 소설에 등장하는 주인공들이 바이칼호에 간 이유는 거의 비슷하게 그려지고 있다는 점이다.

이광수의 작품 《유정》의 주인공 최석은 고아가 된 친구의 딸 남정임을 집에 데려온다. 남정임은 그를 사랑하게 되고 최석은 그녀의 마음을 받아들이지 않지만 오해로 인해 결국 가정과 사회로부터 몰염치한 인간으로 몰리게 된다. 그런 그가 향한 곳이 바이칼호이다. 최석이 얼어붙은 호수를 바라보며 쓴 마지막 편지에는 왜 하필 바이칼호인지가 잘 나온다. "나는 이 얼음 위로 걸어서 저 푸른 물 있는 곳까지 가고 싶은 유혹을 금할 수 없소. 더구나 이 편지도 다 쓰고 나니 내가 이 세상에서 할 마지막 일까지 다 한 것 같소. (…) 희미한 소원을 말하면 눈 덮인 시베리아의 인적 없는 삼림지대로 한정 없이 헤매다가 기운 진하는 곳에서 이 목숨을 마치고 싶소." 바이칼호는 바로 그가 죽기 위해 찾은 장소인 것이다. 바이칼호를 찾았을 때 최석은 이미 깊이 병들어 있었고 뒤늦게 찾아온 정임은 최석을 바이칼호에 묻고 자신도 그곳에서 여생을 마무리한다.

박범신의 작품 《주름》에서도 이야기는 크게 달라지지 않는다. 다만 좀 더 파격적이고 에로틱하며 탐미적일 뿐이다. 대기업 CFO였던 주인공 김진영은 《유정》의 최석과 마찬가지로 중년의 나이에 이르러 뒤늦게 가정과 사회에서 철저히 소외된 자신의 모습을 발견한다. "내가 50대가 됐을 때 솔직히 말해 나는 인생의 본문을 다 써버린 것 같은 느낌에 사로잡혔다. (…) 가족들은 나를 다만 돈 버는 사물처럼 취급했고, 또 그렇게 살아온 것 또한 부인할 수는 없었다. 그러나 이제 나는 변화할 생각이었다". 김진영은 어느 비 오는 날 우연히 만난 연상의 여류시인 천혜린에게 모든 것을 다 바친다. 그녀를 위해 회사의 공금을 횡령한 김진영은 결국 말없이 떠난 그녀를 찾아 아프리카, 스코틀랜드, 캅카스산맥, 타클라마칸사막, 톈산산맥, 그리고 마지막으로 시베리아의 바이칼호로 간다. 이미 불치병에 걸린 천혜린은 "나를 태워 바이칼 올혼섬 북단의 들꽃들 위로 유골을 뿌려달라"라는 유언을 남긴 채 죽고 그녀를 따라 김진영도 바이칼호에서 자살에 가까운 죽음을 맞는다.

최석과 남정임, 김진영과 천혜린. 이들은 모두 위선과 허상에 갇힌 사회로부터 자유롭기 위해 죽음을 택한 것인데, 이들에게 바이칼호는 자신들이 잃어버린 근원적인 무엇, 애초에 텅 비어 있던 중심, 언젠가는 죽음으로써 돌아가야 할 탄생의 심연, 자궁과도 같은 곳이었다. 이 텅 빈 중심은 죽음이자 생명의 근원이기에 그들의 죽음은 결코 죽음이 아닌 것이다. 박범신은 김진영의 여행을 "생의 중심이라 할 죽음에의 북진", "사멸의 북행길로 우리를 몰고 와 마침내 북극해 밑 500여 미터, 절대고독의 그 심연으로 우리를 밀어 넣고 만다"라고 묘사한다.

마지막에 김진영은 바이칼호의 심연에서 "죽지 않는 나라가 꿈 같이 펼쳐져 있다"라고 느낀다. 그래서 바이칼을 찾은 김진영의 아들은 "죽음을 향해 부나비같이 뛰어드는 나의 아버지가 그곳에 있었다"라고 말하고《유정》의 최석은 바이칼호야말로 "내가 평소에 이상하게도 그리워하던 곳"이라고 말했던 것이다. 한마디로 바이칼호는 한국 작가들에게 연어가 죽기 전 다시 찾아가 생의 마지막 욕망을 불태우고 장렬히 죽어가는 본향과도 같은 곳이 아닌가 생각한다.

그렇다면 한국의 작가들은 왜 그토록 바이칼호에 대한 시원적 동경을 품게 되었을까. 이제 정말로 바이칼 호수 그 속으로, 그 심연으로 들어가보도록 하자.

바이칼호,
그 풍요로움에 대하여

1996년 유네스코에 의해 세계자연유산으로 지정된, '시베리아의 진주' 바이칼호는 현지어로는 '풍요로운 호수'(부랴트 몽골어) 혹은 '샤먼의 호수'(알타이어)라는 뜻을 가지고 있다.[3] 이 두 가지 모두 언어학적 기원과 함께 바이칼호 자체의 특징을 잘 표현해주고 있다.

세계 최대의 담수호인 바이칼호에는 무려 3,700여 종의 동식물이 서식하고 있는데 그 절반 이상이 다른 곳에서는 볼 수 없는 고유종 Endemism으로, 어류의 경우 61종 가운데 36종이 바이칼호에서만 볼 수 있는 것이다.[4] 그중 '오물Omul'은 이곳을 방문하는 사람이면 반드시 맛봐야 하는 별미 생선으로 인기가 많은데 자작나무 연기로 익힌 훈제요리가 특히 유명하다. 민물고기임에도 영양분이 바닷고기만큼 풍부한데, 그 이유는 바이칼호가 본래 바다의 일부였기 때문이라 한다. 같은 이유로 바이칼호에서 놓치지 말아야 할 구경거리가 바로 전 세계에서 유일하게 민물에 사는 바다표범 네르파다.

세계 최대의 담수호 바이칼호에는 3,700여 종의 동식물이 서식한다.
그중 별미 생선으로 인기가 높은 오물(위)과 세계 유일의 민물 표범 네르파.

이처럼 바이칼호가 풍부한 생물다양성을 보이는 것은 생성된 지 오래된 호수일 뿐 아니라 수심 깊은 곳까지 산소가 공급되고 자체 정화 능력이 뛰어나기 때문이다. 그 물이 얼마나 맑고 투명한지 무려 수심 40.5m까지 육안으로 볼 수 있을 정도라 한다. 또한 호수 주변으로는 온천도 많다. 1990년 미·소합동조사단이 잠수함을 타고 수심 420m에서 뜨거운 물이 솟구치는 구멍을 발견하는 등 지금도 새로운 온천이 발견되고 있다.

이뿐 아니라 바이칼 호수는 300개가 넘는 강과도 연결되어 있는데, 이와 관련해서는 재미난 전설이 있다. 옛날 이곳에 아버지 바이칼과 335명의 아들 그리고 외동딸 안가라가 살았는데 아버지 바이칼이 딸 안가라를 이르쿠트에게 시집보내려 했다. 그러나 안가라는 이미 예니세이라는 남자를 사랑하고 있었기에 집에서 뛰쳐나간다. 이를 본 아버지가 화가 나서 안가라를 향해 바위를 던졌는데, 그 바위에 맞고 죽어가던 안가라가 사랑하는 예니세이를 생각하며 흘린 눈물이 지금의 안가라강이 되었고 이 강이 흐르고 흘러 지금의 예니세이강과 이어지고 있다는 이야기이다. 실제로 바이칼호에 연결된 336개의 강 가운데 유일하게 안가라강만 바이칼호 밖으로 흘러나가 예니세이강을 거쳐 북극해로 빠져나가고 나머지 335개의 강은 모두 바이칼로 다시 흘러들어 세계 최대의 담수호를 형성한다.[5]

바이칼호는 종교인들 사이에선 엄청난 에너지, 즉 기氣를 품고 있는 호수로도 알려져 있다. 문화 연구자들은 동북아시아 고유의 샤머니즘

이 바이칼에 기원을 두고 있다고들 말하는데, 그래서인지 바이칼호 관광 투어는 자연경관과 함께 이 샤머니즘과 관련된 장소로 구성된 경우가 많다. 먼저 안가라강 상류에 가면 '샤먼의 바위'가 있는데, 앞서 말한 전설에서 아버지 바이칼이 던진 바위가 이것이라 한다. 안가라 강변의 부랴트 원주민들은 이 바위를 매우 신성하게 여겨 이 바위에서 샤머니즘 제의를 올렸고 범죄 용의자를 이 바위에 올려놓고는 밤새 물에 쓸려갔는지 여부에 따라 유무죄를 판결했다고 한다. 지금은 안가라 댐으로 인해 수위가 상승해 바위의 윗단만 겨우 볼 수 있다.

샤머니즘만이 아니라 바이칼 호수의 자연경관을 감상한다는 면에서도 최고의 명소는 역시 올혼섬이다. 이 섬은 바이칼을 찾는 관광객이 가장 많이 찾는 최종 목적지이다. 호수에 있는 27개 섬 중 가장 큰 섬이며 길게 누운 초승달 모양이 바이칼호의 전체 윤곽을 그대로 재현한다. 무엇보다도 영험한 기운이 가장 센 곳으로 알려져 '바이칼의 심장'이라 불린다.

이 올혼섬에서도 가장 신비스러운 장소는 바로 '부르한 바위', 특히 이 바위를 관통하는 동굴이다. 이 동굴에는 수많은 전설이 깃들어 있는데, 그중 하나가 칭기즈칸의 수중무덤이 이 동굴 안에 있을 것이라는 이야기다. 이 수중무덤에는 칭기즈칸이 시베리아에서 가져온, 수명을 천년까지 연장할 수 있는 마르지 않는 피를 담은 은그릇이 숨겨져 있어, 언젠가 이 피가 칭기즈칸의 유골에 닿으면 그때 칭기즈칸이 부활한다는 것이다.

© 오세헌

풍요로움과 시원의 상징 바이칼호.
1996년 유네스코 세계자연유산으로 지정된 바이칼호는 '시베리아의 진주'로 불리며,
현지어로는 '풍요로운 호수' 혹은 '샤먼의 호수'라는 뜻을 갖고 있다.

부르한 바위. 바이칼호 최고의 명소인 올혼섬에서도 가장 신비로운 장소로 꼽힌다.

그러나 이 바위에는 무엇보다 우리 민족의 기원과 연관된 이야기가 서려 있다. 우리나라 작가들이 바이칼호에 가고 싶어하는 이유, 즉 바이칼호를 향해 시원적 동경을 품는 까닭이 바로 이 바위와 연관되어 있다. 부르한 바위의 또 다른 전설인 '코리의 탄생설화'가 우리의 〈선녀와 나무꾼〉 이야기와 매우 흡사하기 때문이다.

어느 날 한 무리의 백조들이 이 바위에 내려와 깃털 옷을 벗어놓고 목욕을 했다. 사냥꾼 총각은 깃털 하나를 몰래 숨겼고, 하늘로 돌아가지 못하게 된 어느 백조와 결혼하여 11명의 아이를 낳고 행복하게

© 오세헌

부르한 바위를 관통하는 동굴. 안쪽에 칭기즈칸의 수중무덤이 있다는 옛 이야기가 전한다.

살았다. 그러나 어느 날 사냥꾼은 아내의 간청에 못 이겨 깃털을 내주었고, 아내는 다시 백조가 되어 하늘로 날아가 영영 돌아오지 않았다고 하는데, 이 11명의 아이 중 한 명이 코리였고, 이 코리의 딸인 알랑고아가 몽골족의 시조라는 것이다. 코리는 나중에 한반도로 가서 한민족의 시조가 되었다고 하는데, 그 진위 여부를 떠나 〈선녀와 나무꾼〉이야기와 거의 같은 내용이다.

이렇듯 아름다운 자연경관과 함께 한민족의 기원과 관련된 전설 등 수많은 사연과 이야기를 들려주고 있어선지 우리에게도 바이칼호는 멀고 낯선 이국땅으로만 여겨지지 않는다.

언젠가 한 번쯤 바이칼호에 가서 그 깊은 심연이 선사하는 풍요로움을 만끽해보면 어떨까.

05

아름다운 자연, 숭고함, 첨단기술이 생동하는 도시

† 이르쿠츠크 †

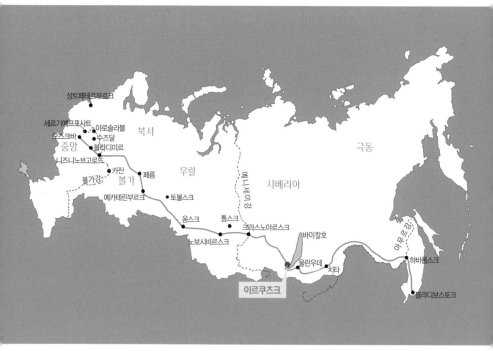

시베리아횡단철도 노선

상트페테르부르크
세르기예프포사트   야로슬라블
모스크바   수즈달   북서
중앙   블라디미르
니즈니노브고로드
카잔   극동
볼가강   볼가   페름   우랄
예카테린부르크   토볼스크   예니세이강   시베리아
옴스크   톰스크
크라스노야르스크   아무르강
노보시비르스크   바이칼호   하바롭스크
울란우데   치타
이르쿠츠크   블라디보스토크

이르쿠츠크를 물들인
사랑 이야기

 바이칼호로 가는 관광객이 거의 반드시 거치는 곳이 있다. 바이칼 서편, 인구 60만 명의 도시 이르쿠츠크이다. 데카브리스트 반란의 지도자 트루베츠코이와, 톨스토이의 7촌 외숙으로 《전쟁과 평화》의 모델이 된 볼콘스키가 살았던 지역으로, 치타와 함께 대표적인 데카브리스트의 도시이다. 흥미로운 것은 이 도시에서 가장 사랑받는 장소가 데카브리스트들이 살았던 집이 아닌 한 여인의 소박한 무덤이라는 점이다.

잠시 데카브리스트 반란이 있기 7년 전인 1818년 러시아제국의 수도 페테르부르크의 크리스마스 무도회로 가보자. 아름다운 네바 강변에 위치한 대저택에서 한 아가씨가 미래 러시아의 황제, 니콜라이와 즐겁게 춤을 추고 있었다. 크고 선하고 총명한 눈을 가진 이 아가씨에게 흠뻑 빠진 왕자는 정중하고 예의 바르게 그녀를 대했다. 또 그녀야

말로 "이 세상에서 가장 계몽된 여인"이라고 극찬했다. 이때만 해도 두 사람 모두 자신들의 다음 만남이 그리도 비극적일 줄은 꿈에도 몰랐다. 과연 이 아가씨는 누구이며 또 그들의 두 번째 만남에는 어떤 비극이 있게 될까.

그녀의 이름은 예카테리나 라발, 당시 18세 소녀였다. 그녀의 아버지는 프랑스혁명을 피해 러시아로 귀화한 궁정 귀족이었고 그녀의 어머니는 러시아 대부호의 상속녀였다. 어머니가 소유한 자산만 해도 농노 2만 명 규모의 대영지 2개와 시베리아 우랄에 금광을 포함해 다수의 대규모 광산이 있었다. 이 집안의 재산은 당시 가치로 약 260만 루블(현재의 원화 가치로 환산하면 약 20조 원)에 달했다. 이들의 대저택은 페테르부르크 사교계의 중심으로 통했는데, 로마 황제 네로와 티베리우스의 궁전에 있던 대리석 모자이크로 바닥을 덮었고 렘브란트와 루벤스 등 당대 최고 수준의 명화들로 벽을 채웠다. 매주 수요일과 토요일에는 러시아 황제를 비롯하여 300~600명의 손님을 초대해 화려한 연회를 열었다.

이런 집안의 장녀로 태어난 예카테리나는 최고의 교육을 받았으며 밝고 쾌활한 데다 성품까지 착해 러시아 최고의 신붓감으로 꼽혔다. 크리스마스 전야 무도회에서 그녀가 미래의 왕과 춤을 추는 장면을 누구도 어색하게 보지 않았다. 그러나 그로부터 2년 뒤인 1820년 봄, 아버지의 나라 프랑스로 여행을 떠난 그녀는 파리에서 운명적 사랑을 만나게 된다. 바로 젊은 러시아인 공작 세르게이 트루베츠코이였다.

프랑스혁명에 대한 이견으로 격론을 벌이는 과정에서 그녀는 트루베츠코이의 내면에 숨겨진 뜨거운 열정을 발견한다. 또한 두 사람 다 "어떤 경우에도 타인의 행복과 피를 대가로 얻은 행복은 비도덕적"이라는 데 공감하고 있음을 확인하면서 점차 깊은 사랑에 빠져들었다. 결국 두 사람은 다음 해인 1821년 5월 결혼했고, 모든 러시아인의 축복을 받으며 부러움의 대상이 된다.

그러나 두 사람의 행복은 그리 오래가지 못했다. 불과 4년 뒤인 1825년 12월 14일 예카테리나를 극찬했던 니콜라이 왕자의 황제 즉위식이 예정되어 있었는데, 바로 그날 입헌군주제를 요구하는 데카브리스트 반란이 일어났고, 반란은 무참히 진압되었다. 반란 현장에는 없었지만 예카테리나의 남편 세르게이 트루베츠코이 또한 반란 주모자로 체포된다. 체포된 모든 귀족을 몸소 취조하던 니콜라이 황제는 드디어 트루베츠코이 차례가 되자 이렇게 격노했다고 한다. "근위대 대령, 트루베츠코이 공작! 당신이 어떤 가문인데 이런 일에 연루되었단 말인가. 게다가 부인은 또 얼마나 훌륭한 분인가. 당신은 당신의 아내를 파멸시킨 것이오!"

결국 황제는 이후 정식재판을 통해 그에게 사형을 언도했지만 곧바로 시베리아 유형으로 감형한다. 그의 감형이 아내 예카테리나 덕분이라는 사실은 취조 현장에서 황제의 명령으로 트루베츠코이가 아내에게 쓴 편지에 잘 나타난다. "… 나의 불행한 벗이여, 난 당신을 파멸시켰소. … 황제께서 내 옆에 서서 '내가 살아 있으며 앞으로도 건강할

이르쿠츠크를 물들인 러브스토리의 주인공 예카테리나와 트루베츠코이의 초상화.
예카테리나는 스스로 선택한 사랑에 평생 헌신하며 아름다운 이르쿠츠크에 숭고한
정신을 새겼다. 초상화를 그린 니콜라이 베스투제프도 데카브리스트였다.

것'이라고 쓰라고 하시는군요. 신께서 당신을 구원하시기를. 나를 용
서하시오. 당신의 영원한 벗, 트루베츠코이가."

　데카브리스트 반란자들에 대한 재판이 끝난 후 러시아 정부와 정
교회에서는 반란자들의 아내들을 공식적으로 과부로 인정했으며, 재
혼을 허용한다고 발표했다. 남편들이 비록 육체적으로는 살아 있으나
정치적으로는 이미 사망자라는 이유였다. 실제로 많은 부인이 남편을
포기하고 새로운 인생을 시작했다. 그러나 예카테리나는 남편을 따라
시베리아로 떠나기로 그 누구보다 먼저 결심하고 황제의 허락을 얻기

위해 면담을 요청한다. 두 번째 만남이 성사된 것이다. 다만 첫 만남과는 달리 둘 다 이미 결혼한 몸이었고, 전혀 다른 이유에서 비롯된 만남이었다. 그녀를 한사코 만류하던 황제는 다음과 같이 말한다. "당신에게 이 따위 트루베츠코이가 뭔 말이오? 공작부인, 당신은 자유의 몸이요. 수형자 트루베츠코이와의 부부 연은 이미 사라졌소. 우리 모두 그것을 원하오. 이것이 나의 명령이오!" 그러나 그녀의 완강한 고집을 꺾을 수 없었던 황제는 결국 허가서를 내준다.

이렇게 예카테리나는 데카브리스트의 부인들 중 가장 먼저 남편을 따라 시베리아로 떠났다. 그 첫 번째 기착지가 바로 이르쿠츠크였다. 러시아 최고의 귀족부인으로서 누릴 수 있는 화려한 삶을 포기하고 오로지 남편과 함께하겠다는 마음으로 동토의 땅 시베리아로 떠난 예카테리나, 이후 그녀에게는 어떤 일이 벌어졌을까? 그리고 그녀는 왜 고향으로 돌아오지 못한 채 이르쿠츠크에 잠들어야만 했던 걸까?

얼음의 땅을 녹인 예카테리나의 헌신

트루베츠코이가 떠난 바로 다음 날인 1826년 7월 24일, 언제 돌아올지 모르는 길을 떠나는 딸에게 아버지 라발 백작은 거금과 함께 자신의 스위스인 비서 칼 보슈를 딸려 보내며 눈물을 흘렸다. 우는 아비를 내버려두고 떠나는 딸의 시베리아행도 순탄치만은 않았다. 그녀는 심한 감기에 걸렸고 마차마저 망가진 데다, 수행하던 칼 보슈는 자신의 발병을 핑계로 돌아가버렸다. 혼자 남은 그녀가 우편마차를 전전하며 천신만고 끝에 5,000km 너머의 이르쿠츠크에 도착한 것은 무려 7주가 지난 9월 중순이었다. 그녀의 남편은 이르쿠츠크 근교의 포도주 공장에서 노역을 하고 있었다.

남편을 만나기는 쉽지 않았다. "무슨 수를 써서라도 데카브리스트의 부인들이 되돌아가도록 만들라" 하는 황명을 받은 이르쿠츠크 주지사는 한 달이 지나도록 그녀가 남편을 만나지 못하게 했다. 급기야 10월 8일 남편과 나머지 7명의 데카브리스트를 실은 마차가 비밀리에 다른 유형지를 향해 출발했고, 뒤늦게 이 소식을 듣고 달려갔으나 예카테리나의 눈앞에서 마차가 막 떠나고 있었다. 그러나 다행히도 마지막 순간 그녀를 발견한 트루베츠코이가 달리는 마차에서 뛰어내린다. 짧지만 뜨거운 눈물로 두 사람이 포옹하고, 그녀는 곧바로 기차를 타고 그를 따라잡겠다고 말했다. 하지만 그녀는 다시 4개월을 이르쿠츠크에 붙잡혀 있어야 했다. 주지사의 허가가 떨어지지 않았기 때문이다.

결코 자신을 뜻을 굽힐 수 없었던 예카테리나는 "남편에 대한 깊은 사랑과 신이 맺어준 부부의 연을 포기할 수 없다"라는 내용의 애절한 편지로 주지사와의 면담을 성사시킨다. 1827년 1월 19일 면담에서 그녀는 주지사가 제시한 조건, 즉 "귀족의 직위와 특권을 포기하며 시베리아에서 태어날 자식은 부역 농노가 될 것"이라는 조건을 주저 없이 수락한 뒤 그다음 날 700km 떨어진 남편의 유형지로 떠날 수 있게 된다. 그때부터 그녀는 이전과는 완전히 다른 삶의 길을 가야 했다. 수중의 돈과 귀중품은 모두 국고로 넘어갔고, 어떤 특별 보호막도 없이 흉악범을 포함해 500명이나 되는 죄수들 무리에 섞여 남편이 있는 곳으로 갔다.

온갖 말 못할 고초를 겪어내고 예카테리나는 마침내 남편이 있는 광산 마을에 도착한다. 그녀가 빌린 농노의 거처는 "누우면 머리가 벽에 닿고 발이 문에 걸칠" 만큼 작고 초라했다. 겨울 아침, 잠에서 깨어 보면 머리카락이 나무기둥에 붙어 얼어 있고 눈썹 사이에 얼음이 맺혀 있었다.

드디어 유형소의 울타리 틈으로나마 남편을 보러 간 날, 그녀는 무거운 쇠고랑을 끌며 다 해어진 넝마를 걸치고 자랄 대로 자란 턱수염에다 몰라보게 여위고 수척해진 남편을 보고는 그 자리에서 의식을 잃고 말았다. 그나마 광산 마을로 오는 길에 만난 또 한 명의 유명한 데카브리스트 볼콘스키의 부인 마리야가 곁에 있어 다행이었다.

그날부터 그녀는 빈한한 시베리아 농노, 그것도 옥바라지를 하는 농노의 삶을 시작한다. 태어나 처음으로 직접 물을 긷고 빨래하고 페치카를 피우고 음식을 만들고 남편에게 입힐 옷을 기웠다. 돈이 없어 저녁을 굶어야 했고 감옥에서 남편을 접견하고 나면 빈대를 없애려고 옷을 털어야 했다. 가까운 곳에 남편이 있다는 생각으로 그녀는 이 어려움을 버텨냈다. 잠시라도 남편을 더 보고 싶어 산비탈에 올라가 울타리 너머로 남편의 모습을 좇았고 죄수들이 노역이나 산책을 나오면 몰래 숨어 훔쳐보았다. 트루베츠코이가 꽃을 꺾어 길에 던져두면 예카테리나는 간수 몰래 그 꽃을 집어 오곤 했다.

그 와중에 그녀는 남편뿐 아니라 다른 죄수들을 돕는 일까지 시작했다. 자신이 입고 왔던 따뜻한 옷들을 나눠주었고 신고 있던 가죽장화로 모자를 만들어 한 죄수에게 선물하기도 했다. 정작 자신은 다 떨어진 장화를 신고 다니다 동상에 걸려 오랫동안 고생했다. 그녀와 마리야는 틈만 나면 죄수들에게 음식을 만들어 날랐고 그들 가족과의 연락책이 되어주었다. 한꺼번에 30통의 편지를 대신 써주기도 했다. 어느새 그녀는 마리야와 함께 모든 유형수의 아내이자 어머니가 되었다.

얼마 후 남편의 유형지가 치타로 옮겨지고 나서 그곳의 한 경비원이 그녀를 울타리 멀리로 쫓아내려다 주먹으로 때리는 사건이 발생했고, 그러자 감옥에선 거의 폭동이 일어날 뻔했다. 이제 그 숫자가 더 늘어난 데카브리스트들의 부인들은 황제에게 투서를 보냈고 예카테리나는 감옥 문 앞에서 시위를 벌인다. 그 덕분일까? 1829년 9월 니콜라이 황제는 데카브리스트들에게서 6kg의 쇠고랑을 벗겨주라고 명령한다. 그리고 새로 옮긴 유형지에서는 감옥에서나마 부부가 함께 살 수 있도록 허용했다. 이때의 감동과 행복 그리고 그녀가 직접 경험한 감방 체험을 기록한 편지는 페테르부르크 귀족사회를 눈물바다로 만들었다.

1835년 오랜 감옥 생활 끝에 트루베츠코이는 석방된다. 하지만 황제는 그의 가족이 동시베리아를 떠나는 것을 금해 그녀의 가족은 이르쿠츠크에 정착한다. 이곳에서 예카테리나는 도시의 모든 가난한 이를 도우며 살았다. 돈 없고 병든 이들이 그녀의 집 앞에 줄을 섰고 이 소식이 페테르부르크에 알려지자 구호품이 쏟아져 들어왔다. 예카테리나는 전全 시베리아의 어머니이자 후원자가 된 것이다.

예카테리나는 53세가 되던 1854년 폐병에 걸려 남편의 품에서 사망한다. 그녀가 예배를 드리고 후원도 했던 즈나멘스키 수도원에서 이루어진 장례식에는 거지부터 주지사까지 수많은 군중이 줄을 이었다고 한다. 사랑을 위해 모든 것을 포기한 그녀는 과연 행복했을까? 황제에게 보낸 한 편지에서 그녀는 말한다. "전 매우 불행합니다. 그러나 만약 다시 이 일을 겪을 운명이라 해도 똑같이 행동할 겁니다."[1]

항공 산업의 메카,
이르쿠츠크

신비한 바이칼 호수와 러시아 여인의 아름다운 사랑 이야기, 즉 천혜의 자연환경에 문화적 유산까지 모두 갖춘 이르쿠츠크는 그야말로 시베리아 여행의 백미가 될 만한 도시이다. 그래서 우크라이나 사태로 인한 경제제재와 유가 급락으로 러시아 경제가 급격히 무너졌던 2014년에도 이르쿠츠크주州를 방문한 외국인 관광객은 전년 대비 85% 늘어 났다는 사실도 그리 놀랍지 않다. 당시 외국인 방문객 수(14만 6,900명) 는 그해 도시 인구(61만 2,973명)의 4분의 1에 해당하는 수치였다.[2]

그럼에도 불구하고, 이르쿠츠크를 관광도시로만 기억하는 것은 코 끼리를 그 코로만 기억하는 것과 마찬가지다. 왜냐하면 '관광'은 이 놀 라운 도시를 설명하는 극히 일부에 지나지 않기 때문이다. 예를 들어 2018년 이르쿠츠크의 총생산에서 여행과 직결된 호텔이나 식당 업종 이 차지하는 비중은 0.7%에 불과하다. 가장 많은 비중을 차지하는 것 은 도시민들의 소비 규모를 나타내는 도소매 등 유통(차량·일용품 수리 포함, 47.3%)이고 그다음이 공업 생산(25.5%)[3]이다. 한마디로 말해, 생 산 측면에서 보면 이르쿠츠크는 주로 공업에 종사하는 시민들의 소비 지출로 유지되는 공업도시다.

더 놀라운 것은 이르쿠츠크의 공업 생산에서 자원과 관련된 부분 은 0.07%에 불과하고 제조업의 비중이 무려 92.1%에 이른다는 점이 다. 러시아 전체 산업의 대부분이 천연자원에 의존한다는 점을 감안 하면 이는 놀라운 수치이다. 더욱이 제조업 중에서도 제조업의 꽃이 라 할 수 있는 기계 설비 제작이 거의 절반을 차지한다. 광활한 시베리 아의 한가운데에 위치한 시원의 호수 바이칼 연안에서 과연 어떤 기 계 설비를 만들고 있는 것일까?

2017년 5월 29일 자《뉴스1》에는 "러, 항공기 시험비행 성공… 보 잉·에어버스에 '도전장'"이라는 제하의 기사가 실렸다. 미국의 '보잉

737'과 프랑스의 '에어버스 A320'과 경쟁하는 이 러시아 비행기는 163명의 여객을 수용할 수 있는 MC-21이었다. 그런데 그 시험비행이 이루어진 곳이 뜻밖에도 이르쿠츠크였고, 비행기가 만들어진 곳도 이르쿠츠크였다. 즉 바이칼의 도시 이르쿠츠크에서 제작되고 있는 기계 설비는 다름 아닌, 현대과학의 꽃이라 일컫는 항공기다.

러시아는 일찍이 우주선과 전투기 제조에서는 미국과 양강 구도를 이루어왔지만 민간 항공기, 특히 세계 민간 항공기 시장의 70% 이상을 차지하는 100석 이상의 대형 여객기 제조[4] 분야에서는 현격하게 도태되어 있었다. 그동안 아에로플로트 등 러시아의 여객 항공사들은 주요 항로에 사용하기 위한 대형기를 보잉과 에어버스로부터 수입해야 했다. 이는 소련 시기 이후 글로벌 항공우주산업을 선도해온 러시아로서는 매우 자존심 상하는 일이었다.

1990년대의 혼란기를 끝내고 2000년대 유가 상승과 함께 고도성장을 이루어낸 푸틴 정부는 2006년 드디어 러시아의 자존심 회복에 나서 러시아 최초의 대형 여객기 MC-21 생산 프로젝트를 마련했다. MC-21◆은 번역하면 '21세기 주요 항로 비행기Mainline Aircraft of 21stCentury'라는 뜻이다. 이는 20세기에 빼앗긴 주요 항로의 주도권을 21세기에는 반드시 되찾겠다는 러시아 정부의 강력한 의지를 반영하는 것이다. 그리고 그 의지를 실현할 곳으로 이르쿠츠크가 선택된 것

◆ 러시아어 Магистральный Самолёт 21век의 약자.

이며, 이는 이르쿠츠크의 항공기 제조 능력을 인정했다는 의미이다. 그런데 시베리아 한복판에 위치한 이르쿠츠크에서 어떻게 세계 최고 수준의 항공기 제조업이 발달할 수 있었던 것일까?

이르쿠츠크에 항공기 제조 공장이 들어선 것은 1930년대이다. 당시 서쪽에서는 독일이, 동쪽에서는 일본이 전쟁을 준비하고 있었다. 스탈린은 동서 양 전선에 전투기를 안정적으로 공급하기 위해 모스크바를 시발로 시베리아횡단철도로 연결된 도시들, 즉 서시베리아의 노보시비르스크, 크라스노야르스크, 동시베리아의 이르쿠츠크, 울란우데, 콤소몰스크 등에 전투기 제조 공장 건설을 명령했다. 그중 이르쿠츠크는 횡단철도만이 아니라 바이칼에서 발원하는 안가라강을 통해 러시아 전역은 물론 몽골과 중국까지 이어지는 광역의 수륙 복합 물류를 갖추어 매우 안정적인 생산이 가능했다.

제2차 세계대전이 발발하여 독일이 모스크바 공습을 본격화하자 스탈린은 모스크바의 비행기 공장을 이르쿠츠크로 분산시켰는데, 종전 후에도 계속 이르쿠츠크에 남아 현지 공장과 통합되면서 항공기 제조업이 또 한 번 업그레이드되는 계기로 작용했다. 소련이 무너진 뒤 러시아의 많은 제조 기업이 개점휴업에 들어갔지만 이르쿠츠크의 비행기 제조 공장은 민영화와 서구화를 적극 추진하며 글로벌 시장에 진출하고자 노력했다. 그 결과 1997년 러시아 최초로 세계표준 ISO 9002를 취득했으며 모회사 이르쿠트 사는 2004년 러시아 군산 업체 중 최초로 IPO에 성공했다. 최고의 기술 수준이 글로벌 차원에서, 그리고 민간 자본시장에서 인정을 받은 것이다.

이후 세계 최고의 대형 민항기 제작사인 프랑스 에어버스에 부품을 조달하기 시작했고 그 덕분에 2006년 이르쿠츠크에서 러시아의 자존심이 걸린 MC-21 프로젝트가 탄생했다. 약 10년간의 시행착오 끝에 2017년 5월, 30분간의 시험비행에 성공하자 CNBC는 세계 항공 산업계를 놀라게 할 사건이라며 대서특필했다. 이 비행기에는 탄소섬유 기술 등 세계 최신의 재료, 엔진, 전자공학 및 시스템 기술을 적용해 보잉과 에어버스의 경쟁 기종에 비해 운항 비용을 12~15% 절감시킨다는 강점이 있었다. 그리하여 이 항공기는 미처 생산도 되기 전에 이미 185대의 납품 계약이 체결된 상태이다.

사실 이르쿠츠크는 MC-21 프로젝트가 시행되기 전에도 명실상부한 러시아 항공 산업의 메카였다. 1936년부터 2016년까지 전투기 및 민항기 7,000대를 제조하여 중국·이집트·베트남·인도 등 세계 137개국으로 수출한 것이 그 예다. 신비한 바이칼호의 자연미, 데카브리스트 부인들의 숭고미, 거기에 항공과학의 첨단미까지 갖춘 팔방미인 이르쿠츠크의 매력에 놀라지 않을 수 없다.

이제 우리는 바이칼의 도시 이르쿠츠크를 떠나 다시 서쪽으로 향하여 크라스노야르스크로 간다.

06

카자크족의 후예들, 러시아의 중심 도시를 세우다

✝ 크라스노야르스크 ✝

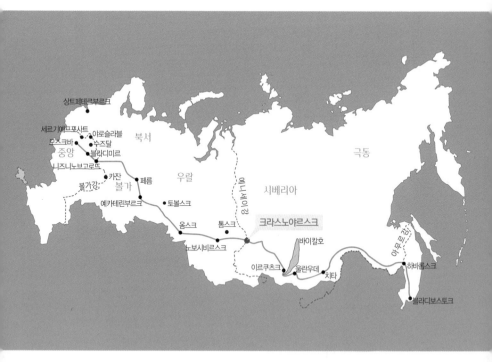

— 시베리아횡단철도 노선

상트페테르부르크
세르기예프포사트
모스크바
중앙
니즈니노브고르트
볼가강
카잔
볼가
야로슬라블
수즈달
블라디미르
북서
극동
시베리아
예니세이강
페름
우랄
예카테린부르크
토볼스크
옴스크
톰스크
크라스노야르스크
노보시비르스크
바이칼호
이르쿠츠크
울란우데
치타
아무르강
하바롭스크
블라디보스토크

2014년,
러시아의 중심이 된 도시

2014년 3월 러시아가 우크라이나의 크림반도를 병합한 사건이 있었다. 이에 반발한 미국과 EU가 즉각 러시아에 대한 경제제재를 단행했다. 같은 해 7월 말레이시아 여객기 MH-17이 우크라이나 동부지역에서 격추되자, EU는 8월 초부터 경제제재의 수위를 한층 강화했다. 러시아 재무부 장관은 그해 11월 경제제재로 인한 러시아의 손해가 400억 달러에 이른다고 볼멘소리를 했다.

EU가 경제제재를 강화하던 2014년 8월 초, 우크라이나 사태의 진앙지인 키예프나 모스크바로부터 수천 킬로미터 떨어진 시베리아의 타이가 지대에서는 흥미로운 일이 벌어졌다. 인적 없는 타이가의 거대한 호수인 비비호의 서남부 호변에 일군의 러시아정교회 신부들, 지방 관료 및 지리학자 들이 헬리콥터를 타고 모여들었다. 이들은 정교회 십자가를 세운 다음 엄숙하게 의식을 치르고는 홀연히 그곳을 떠났다. 그들은 무엇을 한 것일까?

이 장면을 방송한 TV 뉴스의 제목은 "크림반도가 러시아의 지리적 중심을 야생지대로 옮겼다"였다. 1992년 러시아 지리학계는 광활한 러시아 땅의 중심을, 동경 94°15′, 북위 66°25′에 위치한 시베리아의 작은 언덕으로 확정하고 이곳을 정비하여 작은 교회와 십자가를 세웠었다. 그런데 2014년 크림반도 병합으로 러시아의 영토가 남서부까지 확장되자 그 중심 역시 바꿀 필요가 있다는 주장이 제기되었다. 그렇다 해도 본래 위치에서 서남쪽으로 겨우 몇 미터 옮겨가는 수준인데 군이 이것을 표시하겠다며 정비도 안 된 야생의 풀밭에 십자가를 새로 세우고 서둘러 의식을 치른 것이다. 교회와 정계와 학계가 단합하여 크림반도 병합이 러시아인에 의해 지리적으로는 물론이고 정신적으로도 공인되었음을 선포한 것이다.

그렇다면 이렇게 확정된 러시아의 중심은 어디일까? 그 중심은 크라스노야르스크주에 위치하고 있으며, 이 주의 주도가 바로 크라스노야르스크이다. 이 도시는 새로 정한 러시아의 중심과 경도가 거의 같다(동경 92°52′, 북위 56°00′). 한마디로 크라스노야르스크는 러시아의 지리적 중심에 위치하고 있다는 것이며, 그 점에서 러시아인들에게 상징적 의미가 큰 도시이다. 러시아의 지폐 아홉 종류 중 최소 단위인 5루블권에는 러시아 최초의 수도 노브고로드가 등장하며, 그다음 단위인 10루블권*에는 모스크바도 상트페테르부르크도 아닌 크라스노야르스크가 묘사되어 있다. 러시아의 못다 한 동방 진출의 꿈을 상징

10루블 지폐의 뒷면. 크라스노야르스크의 파라스케바 기도소와 예니세이강의 코뮤날 다리가 담겨 있다.

하는 시베리아 동쪽 끝 도시 하바롭스크가 최고액권인 5000루블에 담긴 것처럼, 시베리아 한가운데에 위치한 크라스노야르스크 역시 지폐 디자인에서 비중 있게 다뤄지고 있는 것이다.

크라스노야르스크의 젖줄, 예니세이강

러시아를 횡단하는 사람들은 모두 중간 기착지 크라스노야르스크에서 쉬었다 간다. 1790년 러시아 최초의 저항 작가 알렉산드르 라디셰

◆ 2001년 5루블권 발행이 중단되면서 이젠 10루블권이 기본 단위 지폐 역할을 하고 있다.

프를 비롯하여 수많은 러시아 위인이 이곳을 거쳐갔다. 1890년에는 유명 작가 안톤 체호프가 사할린으로 가는 길에, 1891년에는 마지막 황제가 될 운명인 줄도 모른 채 황태자 니콜라이가 블라디보스토크에서 페테르부르크로 가는 길에, 1897년에는 20년 후 사회주의혁명의 주인공이 될 레닌이 유형지로 가는 길에 여기 들러 자취를 남겼다. 러시아를 여행한 외국인도 예외는 아니었다. 노르웨이의 북극 탐험가이자 노벨평화상 수상자인 프리티오프 난센도 1913년 이 도시에 머물렀다.

흥미로운 것은 이들이 크라스노야르스크에 대해 남긴 인상 대부분이 이 도시를 관통하는 예니세이강 이야기라는 점이다. 길이가 5,550km에 달하는 예니세이강은 러시아에서 가장 긴 강이다. 세계에서는 나일강, 아마존강, 양쯔강, 미시시피강 등에 이어 다섯 번째로 길다. 바이칼호에서 유일하게 유출되는 강으로, 안가라강이 시집왔다는 예니세이강은 바이칼호 등 시베리아 남부의 수원을 흡수하여 북극해로 내보내는 역할을 한다. 러시아의 지리적 중심인 비비호와 크라스노야르스크를 남북으로 이어주고 있으니, 한마디로 예니세이강을 중심으로 러시아가 반으로 접힌다고 생각하면 된다.

크라스노야르스크에 와본 이들은 이 예니세이강에서부터 정말로 시베리아다운 풍경이 시작된다고 입을 모은다. 라디셰프는 〈시베리아로부터의 여행〉◆에서 서부 러시아에선 볼 수 없는 풍경, 즉 평야가 아

◆ 라디셰프 전집에 실린 일기이다.

크라스노야르스크 동북쪽에서 바라본 예니세이강.
강변을 따라 형성된 시베리아의 남성적 산세를 만끽할 수 있는 풍경이다.

니라 깊은 협곡과 기암절벽 사이를 지나가는 예니세이강의 강렬한 풍경이 마치 알프스에 온 느낌을 준다고 말했다.[1]

100년 뒤 체호프는 크라스노야르스크는 시베리아에서 가장 아름답고 인텔리한 도시이며 평생 예니세이강처럼 위대한 강을 본 적이 없다고 말했다. 러시아 서부 평야를 흐르는 볼가강이 얌전하게 정장을 한 수줍고 슬픈 미인이라면 예니세이강은 강하고 야성미 넘치는 장군이며, 볼가강이 호기롭게 시작해 신음하며 끝나는 러시아의 비관주의라면, 매서운 북빙양(북극해)으로 힘차게 흘러나가는 예니세이강은 신음으로 시작해 호기롭게 끝나는 시베리아의 캅카스라고 말했다.[2] 러시아인들이 볼가강을 어머니 강으로, 예니세이강을 아버지 강이라 부르는 이유도 같은 맥락일 것이다.

크라스노야르스크는 풍경뿐 아니라 도시의 거의 모든 것을 이 아버지 강인 예니세이강에 의존하고 있다고 해도 과언이 아니다. 모스크바 등 서쪽에서 동쪽으로 이어지는, 인구 100만 명 이상의 도시 중에서 크라스노야르스크가 그 마지막 도시가 될 수 있었던 것은 예니세이강이 아름다운 풍경만 제공한 것이 아니라 러시아 어느 곳에서도 볼 수 없는 풍요로운 지층을 가지고 있기 때문이다. 즉 이 도시는 예컨대 미국 캘리포니아와 똑같은 지층이 형성되어 있어 19세기 러시아판 골드러시의 중심지가 되었고, 지금도 러시아 최대 금 생산지이다.

그뿐만이 아니다. 오늘날에는 금보다도 중요한 산업자원으로 여겨지는 알루미늄 광맥까지 갖추고 있어, 세계 최대의 알루미늄 생산 기업 '루살'의 러시아 최대 규모 공장이 이 도시에 자리를 잡고 있다. 알루미늄 공장은 알루미늄 원석은 물론이고 전기 공급도 필수불가결한 건설 조건인데, 예니세이강이 바로 그 문제까지 해결해주고 있어서다. 러시아에는 1,000MW 이상의 수력발전소가 13개 있는데 이 중 규모 1, 2위의 초대형 수력발전소가 모두 예니세이강에 위치하고 있다. 특히 생산 규모 2위인 크라스노야르스크 수력발전소(6,000MW)가 생산하는 전력의 70%가 이곳 알루미늄 공장에서 소비되고 있다. 이처럼 크라스노야르스크는 지리적 측면만이 아니라 자원 면에서도 러시아의 중심이라 할 만한 가치를 충분히 지니고 있다.

이제 아름다운 예니세이강이 흐르는 크라스노야르스크에서 전 세계 관광객들을 사로잡은 명소를 함께 누벼보자.

'붉은 요새'로 시작된 도시

우선 러시아의 지리적 중심이자 시베리아에서 가장 아름다운 도시로 꼽히는 크라스노야르스크를 한눈에 감상할 수 있는 전망대로 올라가보자. 이 전망대는 도시의 북쪽을 감싸고 있는 높이 225m의 낮은 산 정상에 자리하고 있는데 러시아 10루블 지폐에 나오는 8각형 지붕의 '파라스케바 기도소(높이 15m)'도 바로 붙어 있다.

크라스노야르스크를 한눈에 볼 수 있는 전망대에 위치한 파라스케바 기도소.

이 전망대는 멀리 예니세이강 남쪽 상류로부터 쳐들어오는 적들의 동태까지 감지할 수 있는 중요한 곳이었다. 파라스케바 기도소 자리에는 본래 경비용 망루가 서 있었고 이 낮은 산의 이름인 '카라울나야'도 경비라는 뜻의 러시아어 '카라울'에서 나왔다. 기도소의 이름 '파라스케바'도 언덕 비탈에서 적의 습격을 알려 도시를 구하고 순교한 여인의 이름에서 연유한다고 전한다. 또한 기도소 건물은 1805년 이 도시의 거상 노피코프가 예니세이강의 소용돌이에 빠져 죽어가던 자신을 구해준 신에게 바치려고 지은 것이라 한다.

앞서 언급했듯 러시아는 16세기 말 처음으로 우랄산맥을 넘어 시베리아로 진출했으며, 17세기 초 예니세이강의 북쪽 하류에 다수의 기지를 건설했다. 당시 러시아 정부는 예니세이강 남쪽 상류에서 몽골 등 호전적 원주민들의 잦은 공격으로부터 이 요새들을 지키기 위해 남방 전진기지를 구축하는 일이 급선무였다. 그래서 찾아낸 곳이 예니세이강 남쪽 상류와 그 지류인 카차강이 만나는 지점이었다.

두 강이 만나며 만들어지는 뾰족한 '곶' 지형의 한 지점에 이 도시의 첫 요새가 만들어지는데, 이 임무를 수행한 러시아 장군 안드레이 두벤스키가 1624년 바로 이 산 정상에서 도시 전체의 설계도를 그렸다. 그로부터 4년 뒤인 1628년 요새가 완공되어 크라스노야르스크의 도시 역사가 시작된다. '크라스노야르스크'라는 이름도 예니세이 강변의 붉은 진흙을 보고 두벤스키가 붉은 요새(Krasny Yar, 크라스니 야르)라고 지은 데서 비롯되었다고 한다.

이 도시의 건설 및 형성의 역사는 러시아의 시베리아 영토 확장 및 유지 비결의 전형을 보여주고 있어 아주 흥미롭다. 우선 신속한 요새 건설과 주민 정착이 이루어졌다. 1628년 8월 300여 명의 카자크 군사를 16척의 배에 태우고 도착한 두벤스키는 단 12일 만에 이곳에 거대한 나무요새를 건설하는 데 성공한다. 요새 담장의 높이는 3.4m, 둘레는 410m에 달하는 데다 높이 18~20m에 이르는 5개의 거대한 탑이 세워졌으며, 요새 서쪽 담 옆으로는 넓이 10m, 깊이 3m의 마른 해자를 만들었다. 요새 내부에는 정교회 성당, 감옥, 화약창고, 카자크인 거주지까지 조성했다.

이렇듯 신속한 건설을 가능케 한 비결 중 하나는 벌목 시간을 벌기 위해 타고 갔던 목선을 해체해 그것을 자재로 사용한 데 있었다. 러시아 정부가 카자크 군대의 귀로를 원천적으로 차단함으로써 이곳에 필요 인원을 강제적으로 정착하게 한 것이다.

두 번째 비결은 각 요새의 정복자에게 권한을 전적으로 위임하고 그들 간에 경쟁을 유도했다는 점이다. '보예보다Voevoda'라 불린 당시 카자크 군대를 이끈 장군들에게는 군권과 함께 행정수반권까지 넘겨 주었는데, 장군은 중앙정부에 조공을 보내면서 그 일부를 떼어 자신의 재산으로 축적할 수 있었다. 이러한 권한 위임과 재산 축적은 보예보다들이 자발적으로 그리고 경쟁적으로 더 넓은 영토를 정복하도록 만드는 동기를 제공했다. 때로는 이 경쟁이 보예보다 간의 모함으로 과열되기도 했다.

크라스노야르스크 요새를 세운 안드레이 두벤스키가 이러한 모함과 경쟁의 대표적 피해자였다. 이웃한 예니세이스크 요새의 보예보다가 자신은 연간 5,000루블의 조공을 바치는데, 안드레이가 바친 조공은 170루블에 불과하다며 횡령죄를 덮어씌운 것이다. 나중에 누명은 벗었지만 이미 치명적인 정치적 내상을 입은 뒤였다. 1997년에야 이 도시에 창건자 두벤스키의 동상이 세워졌는데, 자신이 건설한 요새를 향해 손을 뻗고 있는 그의 모습은 어쩐지 애처로워 보인다.

세 번째 비결은 주민들의 청원권을 활용한 중앙정부의 보예보다 견

크라스노야르스크의 창건자 두벤스키의 조각상

제이다. 도시의 창건자 안드레이 두벤스키가 떠난 후 도착한 보예보 다들의 전횡을 견디지 못한 도시 주민들이 1695년 5월 반란을 일으 킨다. 이들은 보예보다를 체포하고 자체 재판을 연 후 교체 청원서를 중앙정부에 조공과 함께 보낸다. 중앙정부는 이를 반영하여 새로운 보예보다들을 보내는데, 이들마저 전횡을 행사하자 지역 주민들이 차 례로 그들을 쫓아낸다. 그중 한 명은 몸이 묶인 채 예니세이강에 수장 될 뻔했으나 마지막 순간 배에 실려 강 하류로 떠내려갔다. 5월 반란 은 10년이 지나서야 모스크바로 돌아간 보예보다들이 체포되면서 해 결되고 마침내 크라스노야르스크도 안정을 찾게 된다. 지역 문제를 중앙의 문제로 번지지 않게 하는 러시아 정부의 노련함이 발휘된 사례라 하겠다.

수많은 전설과 사연이 얽힌 요새는 사라지고 이제 크라스노야르스크에는 그 흔적만 남아 있다. 요새 터는 러시아 어느 도시에나 있는 '평화의 광장'으로 바뀌었고, 요새 탑 중 하나였던 구세주탑 자리에는 2003년에 도시 창건 375주년을 기념하는 개선문이 세워졌다. 옛 성당 자리에는 콘서트홀이, 그리고 5월 반란을 일으킨 지역 주민들이 체포한 보예보다가 떠내려간 예니세이 강변에는 1961년 2,300m 길이의 세계 최장 보행자 전용 다리가 건설되었다. 10루블 지폐에 그려진 다리가 바로 이 다리다.

이 외에도 크라스노야르스크에는 니콜라이 황태자가 탔던 배를 보관한 박물관과 크라스노야르스크의 영혼이라 불리는 스톨비 자연유적공원 등 다양한 볼거리가 있다. 이 도시가 시베리아에서 가장 아름다운 도시로 손꼽히는 것은 천혜의 자연경관과 함께 역사적 흔적과 이야기 덕분이 아닌가 싶다. 산 위 전망대와 평범한 다리, 흐르는 강물에도 사연을 담고 있는 도시 크라스노야르스크에서 인간의 이야기가 빚어내는 진정한 아름다움을 느껴보기를 권한다.

러시아 최고의 역사화가
수리코프를 낳은 도시

이제 이 모든 이야기를 그림으로 형상화해낸 화가에 대해 소개하면서 크라스노야르스크를 떠나려고 한다.

바실리 이바노비치 수리코프는 크라스노야르스크가 낳은 19세기 러시아 최고의 역사화가이다. 모스크바의 트레티야코프 미술관과 상트페테르부르크의 국립 러시아 미술관에 전시된 수리코프의 역사화들은, 러시아를 방문한 외국인들에게 가장 기억에 남는 그림들로 손꼽힌다. 우선 이 그림들은 그 크기에서 관람객을 압도한다. 1881년 작 〈총기병 처형의 아침〉은 세로 218cm 가로 379cm, 1887년 작 〈대귀족부인 모로조바〉는 세로 304cm 가로 587.5cm, 1895년 작 〈예르마크의 시베리아 정벌〉은 세로 285cm 가로 599cm, 1899년 작 〈알프스산을 넘는 수보로프〉는 세로 495cm 가로 373cm의 대작이다.

특히 가장 큰 〈예르마크의 시베리아 정벌〉은 1580년대 초 이반 뇌제의 명령으로 러시아 역사상 처음으로 시베리아 정벌 전쟁을 시작할 때의 전투 장면을 그린 것이다. 시베리아를 횡단하는 여행객들에게는 특히 흥미진진한 그림인데, 승자의 관점에서 그린 역사화 장르의 특징이 구도와 색채에 잘 반영되고 있다. 깃발 아래에서 투구를 쓰고 팔을 앞으로 뻗어 진두지휘하는 예르마크 장군을 필두로 적군을 향해 거침없이 나아가는 러시아 군대가 거대하고 상세하게 묘사되어 있다. 반면

바실리 수리코프.
〈예르마크의 시베리아 정벌〉.
1895년.
285 x 599cm.
국립 러시아 미술관.

오른쪽에는 당시 시베리아에 잔존하고 있던 옛 몽골의 거의 마지막 칸 중 한 사람인 쿠춤과 그가 이끄는 원주민들이 엄청난 숫자에도 불구하고 후경으로 밀려나면서 얼굴의 형체를 알아보기 힘들 정도로 작고 낮게 그려져 있다.

그러나 조금 더 자세히 보면 통상적인 영웅전쟁화와는 다른 특징을 발견할 수 있다. 이 그림의 제목은 〈예르마크의 시베리아 정벌〉로 예르마크라는 1인 영웅을 강조하고 있지만 실제 그림에서 예르마크는 러시아 군인들 사이에 파묻혀 그다지 두드러지지 않는다. 오히려 이름이 알려지지 않은 부하들이 그림 전면에 더 크고 뚜렷하게 부각되어 있다. 특히 엎드려 총을 겨누고 있는 병사는 유일하게 빨간색 옷을 입고 있어 이 그림에서 가장 눈에 띄지만 얼굴은 보이지 않는다. 19세기 전제군주의 시대에 작가 수리코프는 시베리아 정벌이 어느 한 영웅에 의해서가 아니라 이름 없는 영웅들, 즉 집단 주인공들에 의해 이루어졌음을 대담하게 강조하고 있는 것이다.

이 이름 없는 주인공들이 바로 크라스노야르스크 요새를 세운 카자크들이다. 이 그림에도 나오는 것처럼 부리부리한 눈에 멋진 콧수염을 자랑하는 카자크족은 주로 러시아 남부 변방에 사는 호전적인 부족으로 전투에 능해 늘 러시아 군대의 최선봉에서 작전을 이끌었다. 영화 〈대장 불리바〉에 나오는 불리바(율 브리너 분)의 부족이 바로 카자크족이다.

이들은 전쟁을 할 때는 매우 유용한 군사력이었지만 정체성과 독립심이 강하고 도전적이어서 러시아 정부에서도 다루기가 쉽지 않은 세력이었다. 카자크 군대가 이처럼 그림의 주인공으로까지 등장한 것은 19세기 말 혁명의 기운이 만연했던 당시 러시아의 진보적 지식인들의 이념적 지향을 반영한다. 그렇지만 수리코프가 카자크족을 강조하는 데는 또 다른 개인적 이유가 있다. 바로 그 자신이 크라스노야르스크에 정착한 카자크 집안 출신이기 때문이다. 특히 예니세이강에는 카자크 군대의 대장, 즉 아타만◆이었던 수리코프 종조부의 용맹을 기려 그 명칭을 붙인 아타만이라는 섬이 있었다.

크라스노야르스크에서 태어나고 자란 수리코프는 러시아의 유명 화가로 페테르부르크와 모스크바에 정착한 뒤로도 자신의 카자크 혈통, 특히 자유로운 저항정신에 대한 자부심을 숨기지 않았다. 〈예르마크의 시베리아 정벌〉 외에도 앞서 언급한 모든 그림에 카자크 군인의 모습을 직접 그려 넣거나, 최소한 간접적 묘사를 통해서라도 그 저항정신을 담아냈다.

세계에서 가장 추운 시베리아와 세계에서 가장 독립정신이 강한 카자크족의 결합은 21세기 관광객들의 눈에는 한없이 멋져 보이지만, 사실 그들 자신과 그 주변 사람들에게는 엄청난 희생이 요구되는 과정이었다. 그런 면에서 수리코프의 그림 중 러시아인들에게 잘 알려진

◆ 터키계 사회에서 지도자를 뜻하는 말로, 어원에 대해서는 여러 가설이 있는데 '아버지', '용사' 등에서 유래했다고 한다.

그림을 하나 더 감상해보자.

1883년 작 〈베료조프의 멘슈코프〉는 세로 169cm 가로 204cm로 작가의 작품 중에는 비교적 소품이지만 비극적 파토스는 가장 강하게 배어 있는 작품이다. 주인공 멘슈코프는 붉은광장에서 빵을 팔던 소년에서 일약 표트르 대제의 오른팔로 부상한 살아 있는 전설이다. 특히 그가 스웨덴과의 전쟁에서 전리품으로 데려와 관비로 부리던 여인 예카테리나가 표트르 대제의 왕비가 되고 표트르 대제가 죽은 뒤에는 급기야 여황제로 등극하면서, 그의 기세는 하늘을 찔렀다.

하지만 그는 만족하지 못했다. 처음에는 딸 마리야를 예카테리나가 가장 아끼는 총신과 약혼시켰다가 일방적으로 파혼한다. 예카테리나가 죽은 뒤 표트르 대제의 손자인 어린 표트르 2세가 새 황제로 등극하자 그녀를 다시 그와 약혼시킨다. 첫 정혼남을 사랑했던 마리야는 자신보다 훨씬 어린 표트르 2세를 받아들이기 어려웠지만 그것은 거역할 수 없는 숙명이었다.

그런데 멘슈코프가 건강 문제로 일선에서 물러난 사이 경쟁자들이 어린 황제를 설득해 그를 실각시켰다. 멘슈코프와 그의 가족은 졸지에 시베리아 유형을 떠나게 된다. 시베리아로 가는 길에 아내는 스트레스를 이기지 못해 병사하고 남은 두 딸, 아들과 함께 시베리아 베료조프의 작은 오두막집에 도착한다. 수리코프의 그림은 오두막집 안에 모여 앉은 멘슈코프의 큰딸 마리야(18세), 둘째 딸 알렉산드라(17세), 막내아들 알렉산드르(15세)의 슬픈 모습을 그린 것이다. 검은 털옷을

바실리 수리코프.
〈베료조프의 멘슈코프〉.
1883년.
169×204cm.
트레티야코프 미술관.

덮어쓰고 아버지에게 붙어 앉아 있는 여자아이가 바로 큰딸 마리야인
데, 시베리아로 오기를 두려워했던 그녀는 아버지가 걸린 천연두에 이
미 전염된 상태이다. 결국 시베리아에 도착한 지 1년여 만에 멘슈코프
와 마리야는 한 달 보름 간격으로 사망했다.

 흥미로운 점은 이 그림 속에 수리코프와 아내 엘리자베타의 미래
운명이 묘하게 중첩되어 있다는 것이다. 그림 속 마리야의 모델을 서

준 사람은 결혼 5년 차인 25세의 엘리자베타였다. 그녀는 프랑스인 아버지와 러시아의 귀족 가문 어머니 사이에 태어났다. 사실 혈통으로 보자면, 시베리아 카자크족 출신인 수리코프와는 매우 이질적이었다. 그녀는 그림 속 마리야처럼 수리코프의 고향 시베리아로 가는 것을 몹시 꺼렸는데, 그곳의 추운 날씨와 그녀를 외국인 취급하는 카자크족 시어머니가 부담스러웠기 때문이다.

그러나 〈베료조프의 멘슈코프〉를 그리고 5년이 지난 1888년 여름 수리코프는 가족을 이끌고 크라스노야르스크행을 감행했고, 결국 돌아오는 길에 엘리자베타는 건강이 악화되어 그해 겨울 사망한다. 멘슈코프의 장녀 마리야가 두려움 속에 시베리아로 끌려가 병사한 것처럼 그림 속 마리야의 모델이었던 수리코프의 아내 엘리자베타도 내키지 않던 시베리아행에서 얻은 병으로 사망한 것이다. 조금 엉뚱하지만, 시베리아라는 숙명을 피할 수 없었던 카자크인 아내와 마리야 사이에 150년 간극의 평행이론이 그림을 매개로 실현된 것은 아닐까 생각해본다.

현재 크라스노야르스크는 수리코프 생가와 박물관, 수리코프 미술관, 그의 이름을 딴 거리와 학교, 건물, 증기선 등 곳곳에 수리코프에 대한 기억이 가득 차 있다. 그의 그림과 흔적을 보며 시베리아 카자크인들의 삶과 애환을 느껴보는 것도 시베리아 여행을 즐기는 또 하나의 묘미가 될 수 있을 것이다.

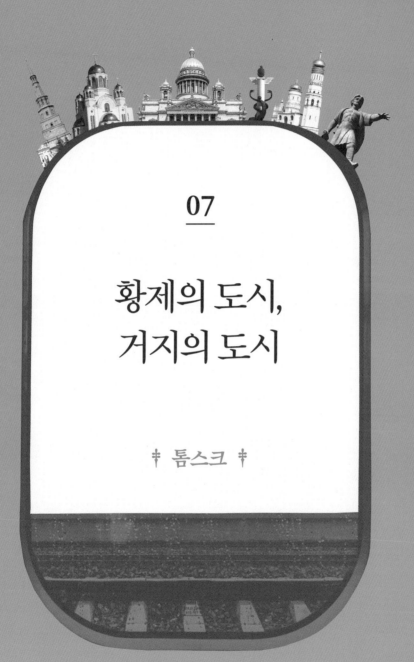

07

황제의 도시,
거지의 도시

✝ 톰스크 ✝

●━━━ 시베리아횡단철도 노선

상트페테르부르크

세르기예프포사트
모스크바   야로슬라블
중앙   수즈달
니즈니노브고로드   블라디미르

볼가강   카잔   페름
볼가

예카테린부르크   토볼스크
옴스크   톰스크

노보시비르스크   크라스노야르스크

북서

우랄

시베리아

극동

예니세이강

바이칼호
이르쿠츠크   울란우데   치타

아무르강
하바롭스크

블라디보스토크

알렉산드르 1세의
갑작스러운 죽음

이제 우리는 러시아의 지리적 중심인 크라스노야르스크를 벗어나 서편으로 이동한다. 시베리아횡단열차의 다음 정차역은 노보시비르스크이지만 가는 길에 잠깐 지선을 타고 들러야 할 곳이 있다. 인구 57만 명의 소도시 톰스크이다. 이곳에는 러시아 역사 애호가들에게 가장 유명한 묘지 중 하나가 있다. 묘지의 주인은 표도르 쿠즈미치라는 인물이다. 그의 무덤에 어떤 사연이 있는 것일까.

이 묘지에 얽힌 이야기는 18세기 말 발생한 러시아 황실의 비극적 사건으로부터 시작된다. 러시아 역사상 가장 위대한 황제라 불리는 표트르 대제가 사망한 1725년 이후부터 1796년까지는 여황제의 시대라고 불린다. 표트르 대제가 본처에게서 얻은 장남 알렉세이 대신 후처의 자식인 표트르에게 황위를 물려주기 위해 장자 계승의 원칙을 폐기했기 때문이다. 결국 아들이 모두 사망한 상태에서 표트르 대제가 죽자 아내 예카테리나 1세가 황위를 계승했고 이후 1796년 표트르 대제의 손자며느리뻘인 그 유명한 여제 예카테리나 2세가 사망할 때까지 러시아의 황위는 거의 여성들 차지였다.

독일에서 표트르의 손자 표트르 3세에게 시집온 예카테리나 2세는 남편이 즉위한 지 반년 만에 쿠데타를 일으켜 남편을 암살하고 황위를 빼앗은 뒤 무려 35년간 권력을 놓지 않았다. 그런데 어머니가 아버지를 몰아내는 것을 지켜보고 오랜 기간 황태자의 자리에서 어머니를 원망하며 복수의 칼을 갈던 아들이 있었으니, 바로 "러시아의 햄릿"이라 불리는 파벨이다. 그는 42세가 되던 1796년에야 어머니의 사망으로 황제에 등극하는데, 가장 먼저 한 일이 장자 계승제를 부활시켜 여황제 시대를 끝내는 것이었다. 그다음으로는 아버지 암살에 가담했던 주요 각료들에 대한 복수를 단행했다. 황제의 격에 맞지 않게 내버려진 아버지의 시신을 황실 전용 공동묘지인 페트로파블롭스크 성당으로 옮길 때 이 각료들로 하여금 직접 관을 옮기도록 한 것은 유명한 일화다.

하지만 당대 러시아의 실세였던 각료들이 가만있을 리 없었다. 각료들은 쿠데타를 모의했고 파벨의 아들 알렉산드르 1세에게 사전 황위 수용을 제안한다. 황위에 대한 욕심이 거의 없었던 그는 아버지를 살려달라는 조건으로 제안을 받아들인다. 그러나 1801년 봄 쿠데타를 일으킨 각료들은 파벨을 잔인하게 암살한다. 알렉산드르 1세는 이후 나폴레옹전쟁에서 러시아의 승리를 이끌고 자유주의 개혁을 실시하는 등 위대한 업적을 이룬 황제로 추앙받지만, 자신이 아버지의 죽음을 초래했다는 죄책감에 시달렸다. 특히 통치 후기에는 정무에 거의 관심을 두지 못할 정도로 심각한 정신적 압박에 시달렸다고 한다.

1825년 겨울, 러시아의 남부 타간로크라는 곳에서 알렉산드르 1세가 갑작스럽게 서거한다. 당시 그의 나이는 48세였다. 문제는 그때까지 앓아누운 적이 없을 정도로 매우 건강하던 황제가 감기에 걸려 급사했다는 것이었다. 러시아 전국에 황제가 자신이 사망한 것으로 꾸미고 순례 여행을 떠났다는 소문이 빠르게 퍼져나갔다. 황태자 시절부터 알렉산드르 1세는 즉위하고 나면 국민에게 헌법을 만들어주고 자신은 뒤로 물러나 라인 강변에서 살고 싶다고 늘 말했고, 죽기 전에 자주 황위의 이양 의사를 피력했으며, 무엇보다 황제의 장례식에서 기존의 전통을 깨고 관을 개봉하지 않았다는 점이 소문에 신빙성을 더해주었다.

성스러운 유형수,
표도르 쿠즈미치

알렉산드르 1세의 죽음으로부터 12년 뒤인 1837년 시베리아의 톰스크에 도착한 유형수들 중 한 노인이 이목을 끌었다. 그의 이름은 표도르 쿠즈미치. 공식적으로는 고향도 기억 못하는 부랑자였지만 유형지로 오는 길에 그가 베푼 선행과 정신적 위로에 죄수들만이 아니라 간수들까지 감동하였고, 그 덕분에 유형수들 중 유일하게 쇠고랑을 차지 않은 상태로 톰스크에 도착한 사람이었다. 톰스크에서는 문맹인 아이들에게 글자와 성경 읽기를 가르쳤고 그 대가로 오직 생명 유지에 필요한 양만큼만 음식을 받았을 뿐 돈은 받지 않았다. 또 진정한 삶에 대한 설교와 함께, 일상의 사소한 문제에 대한 상담도 주저하지 않아 톰스크 주민과 유형수 모두의 사랑과 존경을 받았다.

그를 만나본 사람들 사이에서 그가 바로 알렉산드르 1세라는 소문이 퍼지기 시작했다. 알렉산드르 1세와 나이가 같을 뿐 아니라 외모도 똑같다는 것이었다. 실제로 페테르부르크에서 황제를 여러 번 알현한 적이 있는 카자크인들의 증언이 이어졌고, 특히 시도로프라는 카자크인은 노인이 대화 중에 크라스노야르스크 시정부를 못마땅해하며 "페테르부르크에서 내가 한마디만 하면, 온 크라스노야르스크가 벌벌 떨게 될 것이다"라는 말을 했다고 전했다. 황제라는 의혹이 퍼지자 노인은 한동안 거처에 칩거했다. 이후 도시 간 이동의 자유를 얻어 톰스크를 떠난 노인은 시골 마을을 전전하다 1843년부터는 예니세이 강변의 타이가 지대 금광 지역에 자리 잡았다.

그러나 이때부터는 더더욱 그가 알렉산드르 1세라는 의혹이 대중들 사이에서 강하게 굳어진다. 이르쿠츠크의 대주교가 그를 접견했는데 서로 프랑스어로 대화했고, 1850년경에는 톨스토이가 방문하여 그와 종일 대화를 나누고 돌아가기도 했다. 심지어 알렉산드르 1세의

표도르 쿠즈미치의 묘지를 덮고 있는 기도소, 성 쿠즈미치 예배당.

황위를 이어받은 니콜라이 1세와 암호 가득한 서신을 교환했고, 1855년 니콜라이 1세가 서거하자 직접 요청한 장례미사에서 오랫동안 기도하며 울었다는 이야기가 전해지기도 했다.

1858년 상인 흐로모브의 제안으로 다시 톰스크의 작은 집으로 이주한 후에도 그는 알렉산드르 1세의 명명일♦을 특별히 챙겼고 페테르부르크에서 열리는 화려한 명명일 행사, 나폴레옹전쟁에서 이룬 승리와 그 주역인 장군들에 대한 이야기를 즐긴 것으로 알려졌다. 그는 1864년 1월 사망할 때까지 절제와 기도와 선행의 계율을 끝까지 지켰는데 그가 사망했을 때 보니 오랜 고행과 기도 탓인지 티눈이 무릎을 뒤덮고 있었다고 한다. 1984년 러시아정교회에서는 그를 성인으로 추대했고, 지금도 톰스크의 주요 성인으로 모신다.

그의 묘지는 유언에 따라 톰스크의 성모-성 알렉세이 수도원의 담벼락에 마련되었다. 그가 알렉산드르 1세인지 아닌지는 여전히 불확실하지만, 톰스크 시민들은 그 묘지를 작은 기도소 건물로 덮어 소중히 간직하고 있으며 오늘날 이곳은 러시아인들의 성지 순례와 역사 순례의 필수 코스가 되고 있다.

표도르 쿠즈미치는 과연 알렉산드르 1세일까? 최근의 실증적 연구는 긍정적인 대답으로 기울고 있는 듯하다. 당시 유형자 관련 문서에

♦ 러시아인들은 자신과 동명인 수호성자의 축일을 명명일이라 부르며 이날을 생일처럼 챙긴다.

상인 흐로모브가 제작을 의뢰한
쿠즈미치의 초상화. 작자 미상.

영국 초상화 화가 조지 도우가
그린 알렉산드르 1세의 초상화.

서 쿠즈미치의 키(178cm)가 알렉산드르 1세와 똑다는 사실이 확인되었고, 2015년 7월에는 두 사람의 필적이 일치한다는 감식 결과가 발표되었다.[1] 참으로 흥미로운 이야기가 아닐 수 없다.

이제 두 사람의 초상화를 직접 비교해보라. 독자들의 생각은 어떠한가. 누구도 확실한 답을 내릴 수는 없겠지만, 비극적 삶을 딛고 많은 업적으로 위대한 황제가 된 알렉산드르 1세도, 힘든 유형살이 속에서 남을 먼저 생각한 쿠즈미치도 우리가 러시아와 시베리아를 여행해야 할 이유를 더 풍성하게 해줄 인물임에는 틀림이 없을 것이다.

08

'새로운 시베리아'와
그 보물들

✚ 노보시비르스크 ✚

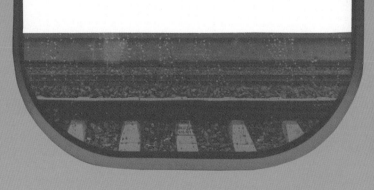

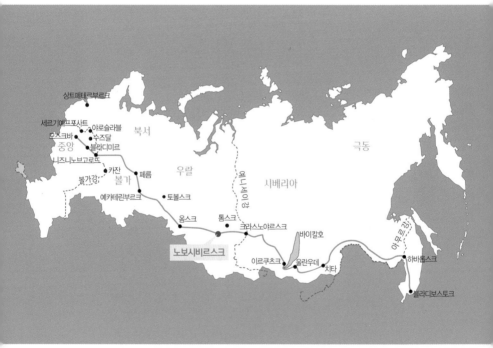

● 시베리아횡단철도 노선

상트페테르부르크

세르기예프포사트 아로슬라블 북서
모스크바 수즈달
중앙 블라디미르
니즈니노브고로드 극동
카잔
볼가강 페름
볼가 우랄
예카테린부르크 토볼스크 예니세이강 시베리아
옴스크 톰스크
크라스노야르스크 아무르강
노보시비르스크 바이칼호
이르쿠츠크 울란우데 하바롭스크
치타
블라디보스토크

시베리아의 실리콘밸리, 아카뎀고로도크

블라디보스토크를 출발한 시베리아횡단열차가 어느덧 시베리아의 한복판 노보시비르스크에 도착했다. 모스크바까지 총 9,288km의 여정 중 이제 남은 거리가 3,191km이니 거의 3분의 2를 지나온 셈이다.

'새로운 시베리아'라는 뜻의 노보시비르스크는 인구가 161만 명이 넘는 대도시로 모스크바, 상트페테르부르크에 이어 러시아 제3의 도시이다. 시베리아 한복판에 어떻게 이런 대도시가 만들어질 수 있었을까?

이 도시는 인구만 많은 게 아니라, 산업·교육·문화 등 다방면에서 일찍부터 세계적 수준을 자랑해왔다. 1959년 소련 서기장 흐루쇼프의 초청으로 노보시비르스크를 방문한 미국 부통령 닉슨은 오페라발레극장에서 공연을 감상한 후 "이 먼 시베리아 땅에 이런 극장이 6개나 있는데 미국 워싱턴에는 단 하나도 없다니" 하며 탄식했다고 한다.[1]

당시 한국은 전쟁의 상흔이 채 가시지 않았던 시점이다.

노보시비르스크는 도시가 큰 만큼 품고 있는 이야기도 많다. 먼저 이 도시가 가장 자랑하는 보물 '아카뎀고로도크'로 가보자.

아마 '스푸트니크 쇼크'라는 말을 들어본 적이 있을 것이다. 1957년 10월 4일 소련은 세계 최초로 인공위성 스푸트니크 1호 발사에 성공했다. 그동안 "수소폭탄을 장착한 대륙 간 탄도 미사일을 보유하고 있다"라는 소련 서기장의 말을 허풍이라 치부하던 미국과 서방은 엄청난 충격을 받았다. 인공위성 기술을 군사적으로 쓰면 그것은 소련이 대륙을 넘어 미국 본토를 선제공격할 수 있는 기술이 되기 때문에 미국 전체가 공포에 사로잡혔다. 이것을 '스푸트니크 쇼크'라고 부른다. 스푸트니크 쇼크는 냉전시대 미국과 소련 간의 우주 방위산업뿐 아니라 과학과 교육 체계 전반에서 펼쳐질 치열한 경쟁의 촉발점이 되었다.

곧바로 1년 뒤 미국은 NASA(미 항공우주국)를 창설했고 그로부터 약 10년 뒤인 1969년 아폴로 11호가 달에 착륙했으며, 무선 데이터 통신망을 활용한 '최초의 인터넷' 아파넷ARPANet, Advanced Research Projects Agency Network이 개발되었다. 무엇보다 흥미로운 것은 지금 우리가 알고 있는 미국의 실리콘밸리가 오늘날과 같은 모습으로 발달할 수 있었던 것도 바로 이 스푸트니크 쇼크 덕분이라는 것이다. 소련의 미사일에 대응하기 위한 장거리 신형 폭격기에 탑재할 컴퓨터용 고성능 실리콘 트랜지스터 개발이 최우선 과제로 떠올랐는데 마침 스푸트니크호 발사 2주일 전 창업한 '페어차일드 반도체'가 정부의 집중 투자를 받게 되었고 그때부터 이 회사 주변에 이른바 반도체와 전자 부문 기업이 몰려들면서 지금의 실리콘밸리로 성장하기에 이른 것이다.[2]

노보시비르스크의 보물 '아카뎀고로도크'도 바로 같은 시기 미국과의 경쟁 과정에서 만들어진 것이다. '아카뎀'은 아카데미아의 준말이고 '고로도크'는 러시아어로 '작은 도시'를 의미한다. 한마디로 '과학도시'라는 뜻이다. 흔히 시베리아의 실리콘밸리라고도 불린다. 1957년 기네스북에 세계 최초로 '계획'에 의해 만들어진 연구단지로 등재되었으며, 이 도시를 모델로 1968년 일본 쓰쿠바 학연도시와 1973년 대덕연구단지가 건설되었다. 이를 연유로 대덕단지가 있는 대전시가 2001년 노보시비르스크와 자매결연을 맺었고 2016년 6월에는 '국제협력 강화협정'을 체결하기도 했다.

노보시비르스크 시내로부터 약 30km 떨어진 아름다운 숲속에 자리한 아카뎀고로도크는 소련 각지에서 선발된 최고 과학자들이 최상의 대우를 받으며 학문에만 전념할 수 있는 곳이다. 1959년 닉슨 부통령이 노보시비르스크를 방문했을 때 흐루쇼프는 아카뎀고로도크 공사 현장에도 부통령을 초대했다. 이곳이 냉전시대 경쟁국에 보여줄 얼마 안 되는 자랑거리 중 하나였던 것이다.

여의도 반만 한 이 작은 단지에 세계 수준의 기초 과학기술 연구소가 즐비하다. 특히 핵물리, 이론 및 응용역학, 반도체물리, 무기화학, 고체화학 및 기계화학, 자동화 및 전자계측, 유기화학, 레이저, 촉매 연구소 등이 유명하다. 단지 내에 40여 개의 연구기관이 있고 거주 인구

10만 명 중 러시아 최고의 학자로 인정받는 아카데미 회원 약 130명, 국가 박사 약 1,500명, 일반 박사 5,000여 명 등 연구원이 약 2만 7,000명에 이른다. 입자물리학 분야에서 세계를 선도하는 핵물리연구소INP에는 연구원만 2,800명이 근무하고 있다(2019년 기준). 이 연구소는 이미 오래전부터 입자가속기와 전자냉각기, 광충돌장치 등 세계적 수준의 첨단기술을 보유하며 최신의 실험 결과를 연이어 발표했다.[3]

정부의 전폭적 지원을 받던 아카뎀고로도크에도 위기는 있었다. 소련 붕괴 후 정부의 지원이 대부분 끊기면서 연구원들 스스로 생계를 해결해나가며 연구를 해야 했던 것이다. 사정이 너무 나빠져 연구와 관련된 자재를 외국 기업에 헐값으로 팔 정도였으며 많은 동료가 해외 연구소나 기업으로 떠나는 것을 바라봐야 했다. 그러나 2000년대 들어서면서 아카뎀고로도크의 잠재력을 간파한 인텔 등 글로벌 업체들의 투자가 시작되었다. 그중 핵물리연구소의 경우, 1997년에는 1,000만 달러에 불과하던 투자 유치액이 2006년에는 1억 5,000만 달러로 급증했다. 한국에서도 삼성중공업이 가속기 6대를 매입하고[4] 포항공대와 한국원자력연구원과도 협력 관계를 유지하는 등 아카뎀고로도크에 대한 관심이 지속적으로 이어지고 있다.[5] 우리나라 중소기업진흥공단에서는 이미 2000년대 중반에 아카뎀고로도크로부터 161건의 이전 가능 기술을 발굴하여 국내 중소기업에 소개하기도 했다.[6]

무엇보다 아카뎀고로도크의 매력은 뛰어난 러시아인들의 창의력이 집적된 도시라는 데 있다. 인텔의 러시아 지사장은 한 언론에서 "복잡

© Elya

하늘에서 본 아카뎀고로도크.

한 문제가 있으면 미국에 보내고, 어려운 문제가 있으면 인도에 보내지만, 도저히 풀 수 없는 문제가 있으면 러시아(아카뎀고로도크)에 보내라"[7]라고 말하기도 했다. 게다가 아카뎀고로도크를 중심으로 하는 이른바 시베리아학파는 학제 간 통합연구 전통으로도 유명하다. 이 학파에서는 예컨대 바이칼호를 연구한다면 지질학뿐 아니라 생물학·사학·고고학 분야 학자들이 공동으로 연구를 진행한다. 대표적 학자가 1975년 〈자원의 효과적 분배 연구〉로 노벨경제학상을 받은 레오니드 칸토로비치 박사로 그가 고안해낸 'TPC접근법(생산력 분배에 대한 일반이론)'도 시베리아의 자원을 어떻게 효과적으로 배분할지에 관한 통섭적 연구의 산물이다.

황량한 시베리아 동토에 이런 보물이 숨겨져 있었다니 놀라울 따름이다. 과연 이 노보시비르스크에 이런 보물이 건설되기까지 어떤 숨은 배경이 있었는지, 그리고 이 도시는 또 어떤 자랑거리를 가지고 있는지 못다 한 이야기를 이어가보자.

"시베리아의 볼쇼이", 노보시비르스크의 오페라발레단

세계 최초의 계획적인 과학도시 아카뎀고로도크는 왜 노보시비르스크에 건설된 것일까? 제2차 세계대전을 겪으며 과학도시를 건설하려면 안전한 후방 지역인 시베리아에 자리를 잡아야 한다는 것이 기본 전제로 여겨졌다. 그러나 과학도시 건설 프로젝트에 착수하면서 과연 시베리아 어디에 만들까 하는 문제가 다시금 대두되었다.

당시 이 프로젝트는 소련 과학의 아버지라 추앙받는 미하일 라브렌티예프를 비롯한 3명의 과학자*가 이끌었다. 부지 선정을 위해 모스크바에서 특파된 이들은 노보시비르스크를 과학도시 입지로 꼽으며 대규모의 산업 및 문화 중심지, 시베리아횡단철도와 공항 등 발달한 교통 인프라를 그 선정 근거로 들었다. 그런데 흥미로운 점은 이 도시 사람들이 보여준 관심과 세계 최초의 과학도시 유치에 대한 매우 적극적인 태도가 가장 큰 선정 이유라고 밝힌 것이다. 다른 후보 도시였던 이르쿠츠크에서는 새로운 과학도시 건설에 대한 부담감과 불평이 나왔고 도시 내 부지 한곳을 제안하는 데 그쳤다. 그러나 노보시비르스크는 특유의 젊은 에너지로 3명의 과학자를 따뜻하게 맞이하며 과감하게 도시 경계 밖의 넓은 나대지를 마음껏 사용하라고 했다.[8] 새로운 것을 수용하여 단박에 도약하려는 의욕적인 자세가 모스크바에서 온 과학자들을 감동시켰다.

실제로 노보시비르스크 사람들은 자신들의 도시에는 창건 이래 대대로 전해지는 혁신의 DNA가 있다고 주장한다. 시베리아 대부분의 도시들이 16, 17세기에 창건되었지만 노보시비르스크는 19세기 말인

---

* 3명의 과학자는 수학자이자 기계공학자인 미하일 라브렌티예프, 수학자인 세르게이 소볼레프, 기계공학자인 세르게이 흐리스티아노비치를 말한다.

1893년에야 만들어진 그야말로 신생 도시다. 그러나 발전 속도는 그 어느 도시보다 빨랐다. 그래서 많은 작가가 이 도시를 '아메리카'와 비교했고 심지어 '시베리아의 시카고'라고 부르기도 했다.[9] 늦은 만큼 서둘러 다른 도시들을 따라잡으려고 했던 도시민들의 의지가 혁신에 대한 빠른 수용으로 발현되었고 이것이 20세기를 거쳐 지금까지 도시의 전통으로 이어져오고 있다.

2010년 밴쿠버 동계올림픽 폐막식에서 차기 개최지 러시아 소치를 소개한 발레단을 혹 기억하는가. 모스크바의 볼쇼이 발레단도, 상트페테르부르크의 마린스키 발레단도 아닌, 바로 노보시비르스크 국립 오페라발레단이었다. 그해에 이 발레단은 러시아 정통 발레인 〈백조의 호수〉의 새로운 버전을 파리와 마드리드 등지에서 선보여 큰 인기를 끌었다. 2006년에 발레 예술감독으로 영입된 러시아 최고 남성 무용수 출신의 이고르 젤렌스키는 "노보시비르스크를 발레의 수도로 만들겠다"라는 목표를 내세우며 〈백조의 호수〉의 문법과 무대를 파격적으로 혁신했다.[10] 우선 백조 오데트와 흑조 오딜을 동시에 연기하는 여성 무용수 중심의 전개에서 지그프리드 왕자 역을 맡은 남성 무용수에게도 비중을 실어줌으로써 새로운 해석을 더했다. 또한 프리마돈나를 여러 명 등장시켜 각기 개성에 따라 다른 안무를 선보였다. 무대 의상도 꽃부터 헬멧까지 폭넓게 활용하여 기존과는 다른 스타일로 바꾸었고 다양한 첨단기술을 적용하여 생동감 넘치는 무대를 연출했다. 2012년과 2014년에는 서울에서도 이 새로운 〈백조의 호수〉를 공연해 뜨거운 갈채를 받았다.

노보시비르스크 국립오페라발레단은 〈백조의 호수〉 외에도 30개 이상의 오페라와 발레 레퍼토리를 보여주는데 젊고 새로운 프리마돈나와 솔리스트들을 내세워 러시아 정통 발레에 활기를 불어넣고 있다는 평가를 받는다. 한마디로 러시아 3대 발레단 가운데 가장 혁신적인 발레단이 바로 노보시비르스크 발레단이라 할 수 있겠다.

그런데 이 혁신의 전통은 발레단의 레퍼토리뿐 아니라 이 발레단의 거점 극장인 노보시비르스크 오페라발레극장◆ 건축에서도 잘 나타난다. 뜻밖에도 러시아에서 가장 큰 오페라발레극장은 볼쇼이나 마린스키가 아니라 노보시비르스크 오페라발레극장이다. 극장의 규모만 놀라운 것이 아니다. 1931년부터 1945년까지 15년에 걸쳐 건설된 이 극장은 실험적 건축 기법을 적용한 것으로도 유명하다. 그 결과 이 건물의 미니어처 모델이 1937년 파리 세계박람회에서 최고상인 그랑프리를 수상하기도 했는데 그 백미는 높이 35m, 지름 60m에 달하는 둥근 돔dome이었다.

일반적인 돔 건축에서는 이 극장 건물처럼 가운데 부분이 아래로 완전히 개방된 넓은 돔을 지지시키기 위해 외곽에 별도의 지지 기둥인 버트레스buttress를 세우거나 돔 자체의 뼈대 구조를 자체 지지력을 가진 삼각 구조물의 연결 형태, 즉 트러스truss로 만드는 방법을 사용

◆ 정확한 명칭은 노보시비르스크 주립 오페라 극장 및 발레 극장이다.

정면에서 본 노보시비르스크 오페라발레극장. 별도의 지지기둥이 없는 돔 건축을 유럽 최초로 성공시켜 혁신도시의 면모를 보여준 사례로 꼽힌다.

공중에서 본 노보시비르스크 오페라발레극장의 둥근 돔.

한다. 그러나 노보시비르스크 극장은 유럽 최초로 버트레스도 트러스도 사용하지 않고 철근콘크리트 단일판만으로 돔을 만들어 올리는 데 성공했다. 성공의 관건은 단일판의 두께였는데 이것은 불과 8cm로, 껍질 두께와 지름의 비율이 250분의 1인 달걀보다 훨씬 더 작은 750분의 1이었다.[11]

이어지는
혁신의 끈

과학에서 문화로 이어진 노보시비르스크의 혁신 전통은 산업 분야에서도 발견된다. 1912년 제정러시아 정부는 시베리아횡단철도에 남부 알타이로 연결되는 지선을 추가하기로 결정한다. 알타이 지구가 러시아·몽골·중국 3국의 접경 지역이었기에 지선 연결은 곧 국제적 복합 운송 회랑이 형성된다는 의미이기도 했다. 노보시비르스크(당시 명칭은 '노보니콜라옙스크')는 횡단철도상에 위치한 어느 도시보다도 발 빠르게 이런 변화에 대응했고 그 결과 알타이 지선과 시베리아횡단철도의 연결역으로 지정되었다. 이로써 1만 명도 채 되지 않던 도시의 인구가 1915년에는 7만 명을 넘어섰고 은행도 7곳 새로 생겨나는 등 시베리아 최대의 도시로 성장하는 발판을 마련했다.

발달한 교통 인프라 덕분에 러시아혁명 이후에도 노보시비르스크는 공업을 중심으로 혁신의 전통을 이어갔다. 1936년에는 세계 최초로 초고속 신형 전투기 'I-16'의 생산을 시작했다. 이 전투기는 이륙과 함께 랜딩기어가 곧바로 비행기 내부로 격납되어 비행 속도를 최대화할 수 있게 만든 것이었다. 제2차 세계대전 당시 러시아는 'I-16'을 비롯해 하루 17대의 전투기, 전쟁 기간 동안 총 550편대의 전투기를 생산하여 독일과의 공중전에서 승리하는 데 일조했다. 또한 미국과 핵무기 경쟁이 치열하던 1940년대에는 바로 이 도시 노보시비르스크에 우라늄을 생산하는 비밀 공장이 만들어졌고 이것이 1958년에 과학 도시 아카뎀고로도크의 핵심 연구소인 핵물리연구소가 만들어지는 기반이 되었다.

노보시비르스크가 이렇듯 혁신에 적극적이고 열성적이었던 것은 사실 시베리아에서 가장 역사가 짧은 도시라는 콤플렉스 때문이다. 시베리아횡단철도가 건설되던 1893년 작은 역마을 노보니콜라옙스크로 시작하여 1903년에야 도시로 승격한 이곳의 시민들은 그 짧은 역사를 만회하고자 발전과 혁신에 남다른 정성과 열정을 쏟았다.

시베리아 한복판에 자리하면서 콤플렉스를 발전의 자양분으로 승화시킨 노보시비르스크는 요즘도 이 도시를 찾는 방문객들에게 언제나 놀라운 선물을 선사하고 있다. 여러 가지 의미에서 '새로운 시베리아'를 느끼게 해주는 도시답다. 아쉽게도 노보시비르스크 여행은 이쯤에서 마무리를 해야 할 것 같다. 우리의 열차는 이제 도스토옙스키의 유형지였던 옴스크로 떠난다.

09

따뜻한 볕이
내리쬐는
시베리아의 '봄春'

‡ 옴스크 ‡

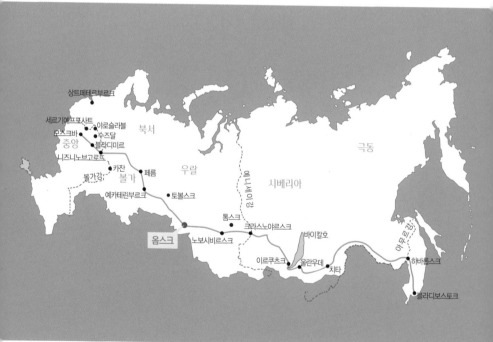

시베리아횡단철도 노선

상트페테르부르크

세르기예프포사트　야로슬라블　북서
모스크바　수즈달
중앙　블라디미르
니즈니노브고로드
카잔　페름　우랄
볼가강　볼가
예카테린부르크　토볼스크
옴스크　톰스크
노보시비르스크　크라스노야르스크
바이칼호　극동
이르쿠츠크　울란우데　시베리아
치타　하바롭스크
블라디보스토크

예니세이강　아무르강

라스콜리니코프가
옴스크로 간 까닭은…

혁신의 도시 노보시비르스크에서 서쪽을 향해 기차로 약 9시간 (627km)을 달려가면 시베리아에서 두 번째로 큰 도시 옴스크에 도착한다. 우리에게는 다소 생소한 도시 옴스크는 어떤 곳일까? "그는 나에게로 와 꽃이 되었다"라는 아름다운 시구로 사랑받는 시인 김춘수가 1997년에 발표한 시에 뜻밖에도 이 도시가 등장한다.

소녀에게

가도 가도 2월은
2월이다.
제철인가 하여
풀꽃 하나 봉오리를 맺다가

움찔한다.

한 번 꿈틀하다가도

제물에 까무러치는

옴스크는 그런 도시다.

(…)

시베리아 옴스크의 겨울이 풀꽃 봉오리가 까무러칠 정도로 춥다는
표현이 재미있다. 그러면서 한편으로는 김춘수 시인이 동토의 땅, 시
베리아까지 언제 다녀왔나 싶기도 하다. 그러나 시의 끝에 덧붙여진
"1871년 2월 아직도 간간이 눈보라 치는 옴스크에서 라스코리니코프"
라는 첨사添辭를 읽는 순간 독자의 의문이 풀린다. 이 시의 화자, 곧 옴
스크에 있는 사람은 김춘수 자신이 아니라, 도스토옙스키가 1866년
에 쓴 소설 《죄와 벌》의 주인공 라스콜리니코프인 것이다.

그런데 여기서 다시 궁금증이 생긴다. 소설 《죄와 벌》의 어디에도
라스콜리니코프의 유형지가 옴스크라고 나와 있지 않기 때문이다. 주
인공이 옴스크에 유형 와 있다는 것은 순전히 시인 김춘수의 상상력
이다. 시인 김춘수는 왜 이렇게 상상했을까?

서양사에서 1840년대, 특히 1848년은 최고의 격동기였다. 1848년
한 해에만 프랑스 2월 혁명, 독일 3월 혁명, 영국 차티스트운동, 이탈
리아의 로마 공화국과 베네치아 공화국 선포 등 유럽 전체가 혁명의
소용돌이에 휩싸였다. 나폴레옹의 몰락 이후 수립된 반동적 빈체제◆

는 유럽 전역에서 자유주의자들의 저항을 불러일으켰고 이 저항운동
이 절정에 달한 것이 1848년이었다. 2월 혁명으로 프랑스에서는 루이
필리프의 7월 왕정이 무너지고 제2공화국이 수립되었다. 이 소식에 고
무된 독일의 자유주의자들이 베를린 시가전에서 승리하며 국왕 프리
드리히 빌헬름 4세로부터 자유주의적 개혁을 약속받았다.

영국에서는 노동자들이 자본가계급이 장악한 의회의 개혁을 요구
하며 일으킨 전국적 정치운동이 1848년에 정점을 찍었다. 이탈리아
에서는 주세페 마치니가 이끈 혁명 세력이 교황령敎皇領에서 교황 비오
9세를 축출하고 로마 공화국을 수립했다. 베네치아에서는 오스트리
아 제국의 지배에서 벗어나기 위한 혁명이 일어나 베네치아 자치령이
수립되었다.

이런 역사적 흐름에서 러시아도 예외는 아니었다. 나폴레옹전쟁에
참여했던 귀족 장교들은 유럽의 자유주의 사상을 러시아 국내로 가져
와 퍼뜨렸다. 그러나 러시아에는 유럽에서 가장 강력한 전제군주였던
니콜라이 1세가 버티고 있었다. 그는 빈체제를 지키는 수장이 되어 유
럽 전역의 자유주의 혁명을 진압하기 위해 자국의 군대를 파견했다.
동시에 러시아 내에서 젊은 귀족과 장교들 사이에 퍼지는 혁명 이념을
발본색원하려고 온갖 수단을 동원했다.

◆ 나폴레옹전쟁 종결 후 혼란을 수습하기 위해 1814년 9월 개최된 빈회의 이후 유럽에서 자유주의와
민족주의를 억압하는 반동적인 절대왕정들이 19세기 중반까지 세력 균형을 이룬 시기로, 30여 년
간 지속되었다.

이미 1846년 소설 〈가난한 사람들〉로 러시아 문단에 큰 파란을 일으키며 유명세를 타기 시작한 신인 작가 도스토옙스키도 이 거대한 혁명의 물결에서 벗어날 수 없었다. 1847년 도스토옙스키는 페테르부르크의 진보적 지식인 미하일 페트라솁스키의 집에서 매주 한 번씩 열리는 '금요회'에 참가하기 시작했다. 전제군주제를 비판하는 자유주의적 토론을 이어가던 이 모임은 1849년 3월 당국의 경계 대상 1호였던 비평가 벨린스키의 금지된 서한을 입수해 돌려가며 낭독했는데, 결국 한 달쯤 지난 4월 23일 새벽 도스토옙스키는 경찰의 급습을 받고 끌려간다. 비슷한 시각, 페테르부르크 전역에서 수십 명에 달하는 페트라솁스키 서클 회원 전원이 체포되었다.

약 4개월간의 혹독한 심문이 이어졌고 이후 열린 군사재판에서 금요회 회원들은 전원 총살형을 선고받았다. 같은 해 12월 22일 살을 에는 맹추위 속에 형 집행이 시작되었다. 16명의 사수가 10m 앞에 도열한 가운데 사형수가 3명씩 기둥에 세워졌고, 그중 두 번째 조에 포함된 도스토옙스키는 첫 조의 집행을 가장 가까이에서 지켜봐야 했다. 당시 나이 겨우 28세였던 도스토옙스키는 동지들을 마지막으로 껴안으며 바로 몇 분 뒤로 다가온 죽음에 대한 두려움으로 몸을 떨었을 것이다. 드디어 형 집행관이 우렁찬 목소리로 '장전'과 '조준' 그리고 얼마간의 정적 뒤로 '발사'를 외친다.

이 순간에 느낀 극한의 공포를 도스토옙스키는 《백치》에서 자세히 서술한다. 강도에 의해서 죽는다거나 전투 중에 죽는 것은 사망 직전까지는 어쩌면 구사일생으로 살 수도 있다는 희망을 가질 수 있기에 차라리 덜 무섭지만, 죽음이 확실하다는 생각으로 죽음을 기다리는 것만큼 공포스러운 것은 없다고 말이다.

그러나 어떤 이유인지 실제 '발사'는 이루어지지 않았다. 때맞춰 달려온 마차에서 내린 특사가 사형을 면하는 대신 시베리아 유형에 처한다는 황제의 특명을 발표한 것이다. 결국 이 모든 것은 황제 니콜라이 1세가 죄의 중함을 온 나라 사람들에게 각성시키기 위해 사전에 꾸며놓은 시나리오였던 것이다. 도스토옙스키의 간질병이 이때 발생했다는 설이 있을 정도로 당시 그가 겪은 공포는 평생토록 그의 영혼에 깊은 상처로 남았다. 그러나 이때의 경험을 바탕으로 훗날 그의 위대한 문학 작품이 탄생했으니 황제의 작전이 예상치 못한 수확을 얻은 셈인지도 모르겠다.

극적으로 죽음을 면한 도스토옙스키는 시베리아 유형 4년형을 선고받았다. 예정되었던 사형 집행일로부터 사흘이 지난 12월 25일, 공교롭게도 성탄절 밤, 도스토옙스키는 5kg의 쇠고랑을 발에 차고 지붕이 없어 추위에 온몸이 노출되는 무정한 썰매에 실려 시베리아로 출발한다. 가슴까지 얼어붙는 엄동설한의 눈보라 속을 16일 동안 달려 중간 기착지인 토볼스크에 도착했다. 여기서 만난 데카브리스트의 부인으로부터 받은 선물이 바로 작가가 죽는 순간까지 그 어떤 것보다 소중하게 간직했다는 그 유명한 성경책이다. 유형살이에서 그에게 유일하게 허용되었던 책이기도 하다.

토볼스크를 떠나 다시 동쪽으로 600베르스타*를 달려 드디어 최종 목적지에 도착하는데, 바로 옴스크였다. 도스토옙스키는 옴스크 수용소에서 1854년까지 4년간 혹독한 유형살이를 한다. 아마도 김춘수 시인의 상상력은 여기에서 연유한 것 같다.

옴스크의 요새 한구석에 위치한 수용소 안에서 도스토옙스키에게 허용된 공간은 단 1아르신, 미터법으로 하면 약 71cm 길이로 나무판 3장을 이어 붙일 수 있는 정도였다. 이후 도스토옙스키는 이곳에서 보낸 4년간의 생활을 "지옥 그 자체"였다고 피력했다. 유형살이를 끝내고 8년이 지난 1862년, 그는 옴스크의 경험을 소재로 자전소설《죽음의 집의 기록》을 발표한다. 죽음의 집이자 지옥 그 자체라며 저주했던 옴스크 수용소의 실상은 어떠했을까? 그리고 그 지옥에서 도스토옙스키는 어떻게 4년을 버틸 수 있었을까?

'죽음의 집'에서
만난 소녀

도스토옙스키는 정치범으로서 따로 수용되는 예우를 받지 못해 절

---

* 약 640km. 베르스타는 러시아의 길이 단위로 1베르스타는 1.0668km이다.

도범, 폭행범, 살해범, 위조사범 등 온갖 잡범 30명이 우글거리는 좁은 방에 배치되었다. 이들 스스로 "우리를 한곳에 모아놓을 때까지 악마는 짚신을 세 켤레나 닳아 없앴을 것"이라고 자조할 만큼 험악한 무리 속에 20대 귀족 청년이 홀로 던져진 것이다. "유언비어, 음모, 중상, 시기, 말다툼, 악의"가 난무하는 그야말로 지옥과 같은 수용소에서 도스토옙스키는 "결코 한 번도 결코 1분도 나 혼자 있을 수 없는 상황"을 "결코 상상할 수 없었던 가공스럽고 고통스러운 사실"이라고 했다.[1]

어릴 적부터 고생이라고는 모르고 산 귀족 장교이자 초년 작가였던 도스토옙스키는 매일 수용소 밖으로 끌려나가 옴스크 곳곳에서 강제 노역에 시달렸다. 발에 쇠고랑을 찬 채로, 얼어붙은 석고석을 불로 다듬고 끌어 나르기, 무거운 연마 기계 돌리기, 이르티시 강변에서 만든 벽돌을 수용소까지 나르기, 영하 40도의 얼어붙은 강 위에서 무릎을 꿇고 낡은 바지선 해체하기 등 예전에는 상상도 해보지 않은 중노동을 했다.

그러나 도스토옙스키를 가장 힘들게 한 것은 험악한 분위기도, 자유의 박탈도, 중노동의 고통도 아니었다. 그것은 결코 허물어지지 않는 귀족 인텔리와 민중 간의 벽, 그 깊은 괴리에서 오는 자괴감이었다. 인간에 대한 애정과 믿음 그리고 고통받는 민중의 구원을 갈구했던 휴머니스트에게 민중과의 사이에 존재하는 넘을 수 없는 장벽은 절망 그 자체였다. 《죽음의 집의 기록》에서 작가는 귀족 죄수가 느끼는 소외감에 대해 자세히 기술하고 있다.

도스토옙스키는 4년 동안 옴스크 수용소에서 혹독한 시간을 보낸 후에도 다시 말단 병사로 복무해야
했다. 이때 도스토옙스키가 머물며 《죽음의 집의 기록》을 집필한 초소.
자료: <https://m-kozhaev.ru/dostoevskiy-6/>.

모든 신분상의 권리를 이미 박탈당하고 이제는 다른 죄수들과 완전
히 같아졌는데도 불구하고, 죄수들은 한 번도 우리를 동료로 인정하
지 않았다. (…) 처음으로 노역에 나가서 알 수 있었던 것은, 우리는
그들에게 아무런 도움도 되지 못한다는 사실뿐이었다. 민중의, 특히
이러한 죄수들과 같은 민중의 신뢰를 얻고 그들의 사랑을 받는 것처
럼 어려운 일은 결코 아무것도 없으리라.[2]

도스토옙스키는 귀족에 대한 죄수들의 "무자비한 가혹함, 때로는
증오에 가까울 정도의 난폭함"이 자신의 삶 전체를 훼손하는 독이었

다고 표현했고 그 무엇으로도 해결할 수 없을 만큼 골이 깊어진 이 증오심으로부터 탈피하기 위해 유형 첫해에는 특별히 아픈 데가 없음에도 병원을 드나들어야 했다고 말했다.

시간이 가면서 극복하기 힘들 것 같던 정신적 고통에도 도스토옙스키는 점차 적응이 되었다. 지옥 같은 유형살이에 익숙해져가는 자신을 보면서 "인간은 불멸이다! 인간은 모든 것에 익숙해질 수 있는 존재이며, 나는 이것이 인간에 대한 가장 훌륭한 정의라고 생각한다"라고 기술하고 있다. 그러나 그의 영혼의 피폐는 깊어만 갔다. 만약 도스토옙스키가 그렇게 적응하는 가운데 유형살이를 끝냈다면 아마도 우리는 오늘날의 위대한 작가 도스토옙스키는 만나지 못했을지도 모른다. 다행히도 유형의 마지막 해인 4년차에 그에게 우연히 다가온 한 소녀 덕분에 우리는 위대한 작가를 잃지 않을 수 있게 된다. 잠시 《죽음의 집의 기록》에 나오는 이 소녀와의 운명적 만남을 따라가보자.

나는 오전 작업을 끝내고 호송병과 함께 혼자서 감옥으로 돌아가고 있었다. 천사처럼 고운 열 살 정도 되었을까 싶은 소녀가 자기 어머니와 함께 나를 향해 다가오고 있었다. … 나를 보자 어린 소녀는 얼굴을 붉혔고, 자기 어머니에게 무엇인가를 소곤거리자 어머니는 멈춰 서서 보따리 속에 있는 0.25코페이카◆를 찾아내 소녀에게 주었

◆ 러시아 화폐 중 가장 작은 단위. 큰 단위인 루블이 달러, 코페이카는 센트에 해당한다.

다. 그러자 소녀는 내 뒤를 부리나게 쫓아와서는 … '불행한 아저씨, 그리스도를 위해 한 푼 받으세요'라고, 내 앞으로 달려와 동전을 내 손에 쥐어주며 외쳤다. 내가 코페이카를 받자, 소녀는 무척 흡족해하며 어머니에게로 돌아갔다. 나는 이 코페이카 동전을 오래도록 소중히 품에 간직하고 있었다.[3]

그런데 도스토옙스키의 불행을 동정했던 이 소녀는 사실 도스토옙스키보다 더 불행한 존재였다. 소녀의 아버지인 젊은 병사는 시베리아 유형살이를 하다 죄수 병동에서 얼마 전 사망했고, 그때 작가는 우연히 같은 병동의 먼발치에서 이 모녀가 죽은 남편이자 아버지에게 마지막 작별 인사를 고하며 서럽게 우는 것을 목도했다.

자신보다 더 불행한 소녀가 베푼 선행을 체험하는 그 순간, 도스토옙스키의 내면에는 잊고 있던 어린 시절, 그 순수했던 교감의 순간들이 떠올랐다. 동시에 주변 죄수들의 거칠고 차가운 얼굴 뒤에 숨어 있는, 어린 시절의 따뜻하고 익숙한 얼굴들이 마치 빛나는 각성의 순간처럼 보이기 시작했다.

작가는 형에게 보낸 편지에서 "유형지에서 4년 만에 드디어 나는 사람을 알아볼 수 있게 되었다. 이 거친 껍질 아래에 숨겨진 황금을 발견하는 것은 얼마나 즐거운 일인가. 시간을 헛되이 보낸 것이 아니었다. (…) 적어도 러시아 민중을 잘 알아볼 수 있게 되었다"라고 각성의 순간을 환희와 흥분으로 전하고 있다.

이 각성의 순간 덕분에 도스토옙스키는 인간에 대한 애정과 구원에 대한 믿음을 회복할 수 있었다. 그리고 이 소녀가 보여준 '순결한 희생자의 사랑과 구원'의 이미지는 훗날 《죄와 벌》에서 살인자 라스콜리니코프를 구원하는 창녀 소냐의 모습으로 재탄생하게 된다.

1854년 4년간의 옴스크 유형을 끝낸 뒤에도 도스토옙스키는 수도로 돌아가지 못하고 알타이의 벽지 세미팔라틴스크*에서 말단 병사로 강등된 상태로 5년간 병역의 의무를 수행한다. 한참 뒤에야 장교로 복직한 그는 1859년에야 수도 페테르부르크로 복귀할 수 있었다. 28세에 시작된 시베리아 유형 생활이 38세에야 마무리된 것이다. 하지만 그 덕분에 시베리아의 궁벽한 도시 옴스크는 오늘날 최고의 문화유산을 보유하게 되었다.

옴스크시의 노력으로 1980년대 중반에 수용소 설계도가 어렵사리 발견되었고, 2016년 7월에는 도스토옙스키가 있었던 수용소 건물터가 발굴되었다.[4] 그리하여 이제 우리는 도스토옙스키가 있었던 55번 수용소 건물의 위치도, 그가 200걸음 정도의 길이와 150걸음 폭이라고 묘사했던 감옥마당의 위치도 정확히 알 수 있다. 도스토옙스키가 운명의 소녀를 만난 이르티시 강변도 이 지점에서 얼마 떨어지지 않은 곳에 있다. 작가는 "이 강변에서만 신의 세계가, 순결하고 투명한 저

---

* 오늘날 카자흐스탄 동북부 도시로 옴스크에서 남서쪽으로 670km 거리에 위치한다.

먼 곳이, 황량함으로 내게 신비스러운 인상을 불러일으켰던 인적 없는 자유의 초원들이 보인다"라고 말했다.

차가운 시베리아,
따뜻한 도시 옴스크

작가 도스토옙스키가 갇혀 지낸 유형지와 이르티시 강변을 거닐며 그의 위대한 문학정신을 되새겨보는 것도 좋겠지만, 사실 옴스크는 도스토옙스키의 유형지로만 소개하기에는 자랑거리도 볼거리도 너무 많은 도시이다. 더욱이 우리와의 인연도 깊고 앞으로 사업 기회도 무궁무진한 도시이다.

옴스크는 인구 약 116만 명(2019년 기준)이고 카자흐스탄과 접경지인 옴스크주의 주도로, 러시아 남쪽 국경을 지키는 중요한 전략적 요충지이다. 2개의 강(이르티시강과 오비강)이 만나고 시베리아횡단철도가 지나는 교통의 요지이기도 하다. 노보시비르스크에 이어 시베리아 제2의 도시인 옴스크는 19세기 말에 건설된 도시인 노보시비르스크보다 더 깊은 역사를 자랑한다. 1716년 표트르 대제의 명으로 요새가 만들어지면서 탄생한 이 도시는 2016년에 도시 창립 300주년을 맞이했다.

무엇보다도 옴스크는 현재의 러시아 경제를 떠받치는 주요 산업도시 중 하나로서 중요성이 크다. 산업 생산량으로 치면 러시아에서 다섯 번째로 큰 산업 중심지인데 1, 2위를 차지하는 모스크바와 상트페테르부르크를 제외하고 3, 4위가 모두 유전 도시라는 것을 감안하면 실제 순수 제조업 규모로는 러시아에서 세 번째로 큰 도시라고 할 수 있다. 옴스크의 전체 산업에서 제조업이 차지하는 비중은 51.3%(2017년 기준)로 거의 절반인데, 그 제조업의 80.5%를 차지하는 것이 석유화학이다. 러시아의 32개 대규모 정유공장 가운데 최대 규모인 가즈프롬네프트 사의 공장이 바로 옴스크에 위치하고 있다.[5]

또한 옴스크는 문화적 측면에서도 러시아의 중요한 기둥 중 하나로, 이를테면 세계를 석권하고 있는 러시아 리듬체조의 산실이 바로 이곳이다. 올림픽 리듬체조 역사상 처음으로 2연패 위업을 달성한 예브게니아 카나예바가 옴스크 출신이며, 이 외에도 올림픽 단체전 금메달리스트인 크세니아 두드키나, 개인 은메달리스트인 이리나 차시나 등이 모두 옴스크 태생이다. 2004년 이후 약 10년간 옴스크 출신 선수들이 따낸 메달이 올림픽에서 5개, 세계선수권에서 27개, 유럽선수권에서 20개, 러시아 국내에서는 300개가 넘는다고 한다. 2011년에는 옴스크에 리듬체조 국가대표를 양성하고 훈련시키는 전용 체육관이 러시아 정부의 명으로 건설되었다.

오늘날 옴스크가 문화·체육 인재를 많이 양성하고 있는 것도 그 내력이 없지 않다. 제정러시아 시절에도 옴스크는 러시아 문화의 거목을 다수 배출했다. 러시아 문화가 발레·오페라·미술 등에서 전성기를 구가하던 19세기 말과 20세기 초 유럽과 러시아 미술계의 기린아로 혜성과 같이 등장했던 인물이 있으니, 옴스크 태생의 화가 미하일 브루벨이다. 모스크바의 트레티야코프 미술관, 상트페테르부르크의 국립 러시아 미술관을 방문하는 세계의 미술 애호가들에게 가장 큰 충격을 선사하는 매력적인 작가가 바로 브루벨이다. 특히 트레티야코프 미술관의 114×211cm 크기의 〈앉아 있는 악마〉가 유명하다. 러시아 성화, 중세 비잔틴 예술, 유럽의 데카당스와 아르누보를 모두 섭렵한 브루벨은 세기말 유럽의 예술정신을 온몸으로 체화했고, 54세 이른 나이에 매독과 정신병으로 사망하며 드라마틱한 인생을 마감해 미술사에 진한 족적을 남겼다.

그런데 사실 옴스크가 가장 자랑하는 것은 정유공장도, 위대한 체조선수도, 미술사를 주름잡은 화가도 아니다. 그럼 무엇이 진짜 옴스크의 자랑일까. 놀랍게도, 그것은 바로 옴스크의 햇빛이다. 아이러니하게도 옴스크는 러시아에서 햇빛 쨍쨍하고 맑은 날이 가장 많은 도시 중 하나이다. 연중 구름 없는 맑은 날이 약 300일이나 된다고 하는데, 그 덕분에 옴스크는 러시아에서 녹지가 가장 풍부해 '정원의 도시'라고도 불린다.

이 햇빛 덕분일까? 옴스크 시민들은 마음 씀씀이도 좋다. 옴스크의 시내 중심지에 자리한 동상의 주인공이 이를 상징한다. 시내를 걷다 보면 이 도시 최고의 명물로 꼽히는 이 동상과 만날 수 있는데, 고운 자태를 풍기며 벤치에 앉아 책을 읽고 있는 이 젊은 여인은 1852년 23세

미하일 브루벨.
⟨앉아 있는 악마⟩.
1890년.
114×211cm.
트레티야코프 미술관.

의 나이로 세상을 떠난 류바*라는 이름의 귀족 부인이다.

수도 페테르부르크에서 곱게 자란 그녀가 옴스크로 오게 된 것은 부모의 강권에 의해 자기보다 무려 서른다섯 살 연상인 당시 러시아 정계의 실력자이자 서시베리아의 주지사였던 구스타프 가스포르드와 결혼했기 때문이다.

상처喪妻한 주지사에게는 이미 3명의 자녀가 있었는데 그중 두 명은 류바보다도 나이가 많았다. 나이 많은 남편을 끝내 마음으로 받아들이기가 힘들었던 류바는 옴스크에 도착하자마자 결핵에 걸려 이중의 고통을 감내해야 했다. 쓸쓸한 마음을 달래는 유일한 낙은 매일 한 번씩 집을 나와 옴스크 시내를 산책하는 것이었다. 그러나 결핵을 앓았던 탓에 한 번에 오래 걸을 수가 없었던 류바는 산책 도중 벤치에 앉아 한참 동안 시간을 보내곤 했다. 바로 지금 동상이 서 있는 그 자리였다. 옴스크 시민들은 점점 더 쇠약해져가는 이 어린 여인을 애처롭게 바라보았다고 한다. 더구나 자신의 지위를 활용하여 베푼 선행으로 여인은 도시민들의 애정과 관심을 한 몸에 받았었다. 안타깝게도 류바는 결국 옴스크에 도착한 지 1년 만에 사망하고 만다.

애도하는 시민들이 마음을 모아 그녀가 주로 거닐던 산책길에 그녀의 이름을 붙였고 약 150년이 지난 1999년 도시 창건일에는 그 길에

---

* 류보프 표도로브나의 애칭이다.

어린 귀족 부인 류바가 즐겨 산책하던 길에 세워진 동상.
옴스크를 찾는 관광객들은 류바 옆에 앉아 사진을 찍으며 저마다의 추억을 만든다.

동상을 세웠다. 지금은 시민들이 가장 아끼는 명소가 되었다. 이곳 사람들은 외지인이 이 벤치에 앉아 사진을 찍으면 반드시 다시 방문하게 되고 옴스크의 처녀가 류바와 사진을 찍으면 5년 동안 연애를 못하게 된다는 속설을 이야기하곤 한다. 도시의 상징이 된 이 동상의 이미지는 옴스크에서 제작하는 거의 모든 기념품에 담겨 있는데, 2016년 한 사업가가 동상 조각가로부터 저작권을 구입하여 기존의 모든 이미지 사용자에게 약 800만 루블의 저작권료 청구 소송을 걸어 세간의 주목을 받은 사건도 있었다. 옴스크 사람들에게 류바의 동상이 얼마나 의미 있는 것인지를 다시 한번 느끼게 하는 에피소드이다.

이렇듯 다양한 면에서 시베리아를 풍성하게 만들어주는, 마치 시베리아의 봄과 같은 도시 옴스크는 2006년 한국의 진주시와 자매결연을 하여 한국과도 한층 가까운 도시가 되었다. 2016년에는 옴스크 국립대학교가 경주대학교와 학술교류 협정을 맺고 한식 페스티벌을 개최하기도 했다. 또 같은 해 대림산업이 옴스크 정유소의 현대화 프로젝트 사업을 수주했다. 100만 명 넘는 인구와 고루 발달한 산업과 문화를 기반으로 옴스크는 중앙아시아와의 연계지로서 우리나라에도 향후 다양한 협력의 기회를 제공할 것으로 예상된다. 앞으로도 따뜻한 도시 옴스크와 더 따뜻한 공조가 이어지기를 바라본다.

10

시베리아의
뿌리를 찾아서

✦ 토볼스크 ✦

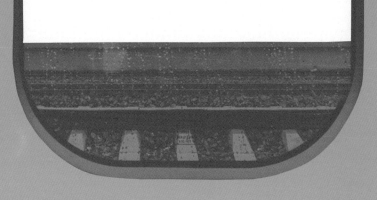

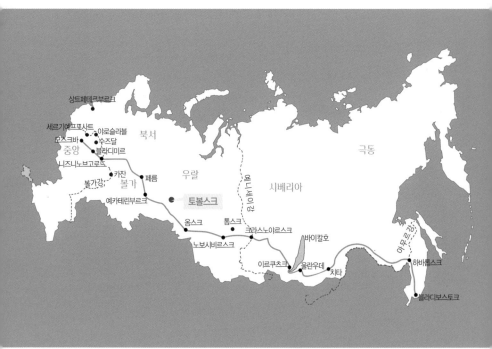

● — 시베리아횡단철도 노선

상트페테르부르크

세르기예프사트
야로슬라블
모스크바
중앙
수즈달
블라디미르

북서

극동

니즈니노브고로뜨

볼가강
볼가
카잔
페름
우랄

예니세이강
시베리아

아무르강

예카테린부르크

토볼스크

옴스크
톰스크
크라스노야르스크
바이칼호

노보시비르스크

이르쿠츠크
울란우데
치타

하바롭스크

블라디보스토크

강력한 위세를 떨치던
시베리아 최초의 도시

도스토옙스키가 시베리아의 유형지 옴스크에 도착하기 직전에 들렀던 시베리아의 중간 기착지가 어디였는지 혹시 기억하는 독자가 있을지 모르겠다. 바로 토볼스크이다. 이곳에서 도스토옙스키가 데카브리스트의 부인으로부터 선사받은 성경책을 죽음의 순간까지 간직한 것은 러시아 문학사에서는 이미 유명한 일화이다.

그러나 이 한 가지 에피소드로 갈음하기에 토볼스크는 시베리아뿐 아니라 러시아 역사 전체로 봐도 너무나 의미가 큰 곳이다. 이 도시를 보지 않고는 러시아의 시베리아를 제대로 본 것이 아니라고 말할 수 있을 정도이다.

토볼스크는 인구가 10만 명도 채 되지 않는(2019년 기준 9만 8,857명), 시베리아 도시 중 가장 작은 규모의 도시이다. 게다가 시베리아 발전의 젖줄인 시베리아횡단철도로부터 지선을 타고 250km나 벗어나야

갈 수 있는 오지 중 오지이다. 이런 벽지 도시가 왜 러시아의 시베리아에서 가장 중요한 핵심 도시라는 것일까?

앞에서 이미 소개한 크라스노야르스크의 화가 수리코프의 대표작 〈예르마크의 시베리아 정벌〉이라는 작품을 다시 떠올려 보자. 1582년 카자크 기병대장 예르마크가 몽골의 마지막 칸 중 한 명인 쿠춤과 원주민 군대를 격퇴하는 장면이다. 이 전투에서 승리하면서 러시아는 처음으로 우랄산맥을 넘어 시베리아 정복의 서막을 열었다.

이 전투가 벌어진 곳이 러시아인들에게는 귀가 닳도록 익숙한 추바시곶이며, 이르티시 강변의 고지대인 이곳에 바로 토볼스크가 자리 잡고 있다. 한마디로 토볼스크는 러시아 시베리아의 뿌리라 할 수 있다. 실은 '시베리아'라는 말 자체가 이 지역에서 기원한 것이다. 이곳으로부터 겨우 17km 떨어진 곳에 위치한 패장 쿠춤의 도시 이름이 바로 '시비르'였고 이곳이 복속되면서 이후 오랫동안 토볼스크는 시비르라고 불렸다. 이 이름이 이후 시베리아 전체를 일컫는 고유명사로 확대 사용된 것이다.

1582년 전투에서 승리하고 5년이 지난 1587년 러시아 정부는 예르마크의 군대가 처음으로 정착한 곳에 '성삼위일체'라는 이름의 교회를 세우며 토볼스크 요새를 건설한다. 1590년 이 요새는 도시로 승격하여 시베리아 최초의 도시가 되었다. 그뿐 아니라 1782년까지 우랄산맥부터 북미 알래스카에 이르는 광대한 시베리아주의 주도 역할을 담당하는 등 19세기 중반까지 토볼스크는 러시아 시베리아의 정치·경제·종교·군사의 중심지였다.

옛 시베리아의 주도로서 토볼스크의 위상은 무엇보다 도시의 건축 유산에 고스란히 새겨져 있다. 17세기 후반 기틀을 잡기 시작한 로마노프 왕실은 시베리아 진출에 박차를 가했는데 이때 토볼스크에 대대적 도시 건설이 이루어졌으며, 특히 석조 건축물이 세워지기 시작하였다. 18세기 초에는 모스크바와 페테르부르크 말고는 전국에서 유일하게 이 도시에서만 석조 건축이 허용될 정도로 토볼스크의 위세가 대단했다. 이리하여 1683년부터 시베리아에서는 전무후무하던 석조 성벽, 이른바 '크레믈'(성채)이 건설되었는데 크레믈 안에는 시베리아에서 가장 오래된 석조 성당인 성 소피아 성당을 비롯하여 40여 개의 러시아 고대의 기념비적 건축물이 시베리아 특유의 자연경관과 조화를 이루며 경이로운 앙상블을 이루었다.

토볼스크의 전략적 중요성을 강조한 인물은 표트르 대제다. 개혁의 상징 표트르 대제는 1708년 처음으로 이 도시가 시베리아의 주도임을 공식 선포하고 1711년 최초로 주지사를 파견했다. 동시에 크레믈 내에 관공서와 교역소 등 다수의 석조 건물을 지어 풍부한 앙상블을 만든 주역이기도 했다. 도시 외곽에는 제지, 유리, 가죽 등 대규모 국영 공장을 세웠고, 무기 공장까지 들어섰다. 명실상부한 시베리아 산업 및 경제의 중심지로 자리 잡은 것이다. 18세기부터 시베리아에서 본격적으로 채굴되기 시작한 금과 은 또한 토볼스크를 거쳐 모스크바의 조폐 공장으로 전해졌다.

하늘에서 내려다본 토볼스크 크렘린. 크렘린 안의 다양한 건축물과 자연의 어우러짐을 확인할 수 있다. 러시아 전 대통령 드미트리 메드베데프가 촬영한 사진이다.
자료: ⟨www.kremlin.ru⟩.

당시 토볼스크는 모스크바, 페테르부르크와 함께 러시아에서 가장 부유한 도시였다. 도시 방어를 위해 중앙정부의 도움 없이 자체 경비로 2개 연대를 보유할 수 있을 정도였다. 흥미로운 것은 도시 산하 두 연대의 이름을 각각 옛 수도 모스크바와 당시 새로운 수도가 된 페테르부르크로 붙인 점이다. 시베리아 지방 도시인 토볼스크의 자부심과 야심이 엿보인다. 흑인 노예 출신으로 표트르 대제의 양자이자 푸시킨의 외증조부이기도 한 아브람 간니발도 바로 토볼스크 연대에서 근무했다.

막강한 경제력을 바탕으로 토볼스크는 문화 면에서도 러시아를 선도했다. 1705년 러시아 역사상 최초의 유럽식 극장 공연이 그 시대의 수도 페테르부르크가 아니라 토볼스크에서 이루어졌다는 사실은 지금으로서는 상상조차 하기 힘든 놀라운 이야기이다. 한마디로 18세기 러시아에서 시베리아로 가는, 그리고 시베리아에서 오는 모든 길은 토볼스크를 통했다고 보면 될 것 같다.

이렇게 강했던 토볼스크의 기세도 19세기 중반부터 꺾이기 시작한다. 삼림벌채 등 시베리아 산업의 주요 무대가 남쪽으로 내려가고 특히 19세기 말 시베리아횡단철도가 토볼스크보다 훨씬 아래쪽으로 지나가도록 설계된 것이 치명적이었다. 결국 20세기로 들어서면서 토볼스크는 옛 위상과 명성을 완전히 상실하고 러시아 현대사의 뒤안길로 물러나게 된다.

그러나 역설적이게도 바로 이런 상황 때문에 토볼스크는 시베리아에서, 나아가 러시아 전체에서 가장 유서 깊고 아름다운 도시로 남을 수 있었다. 러시아혁명의 날카로운 칼끝, 특히 스탈린의 무시무시한 문화 파괴를 피할 수 있었던 것이다. 우리가 토볼스크에서 200여 개에 이르는 건축 문화유산을 접하며 시베리아의 살아 있는 역사박물관을 거의 옛 모습 그대로 볼 수 있는 것은 그 덕분이다.

목소리를 빼앗긴
'토볼스크의 종'

시베리아 최초의 도시이자 약 3세기에 걸쳐 광대한 시베리아 땅의 중심 도시였던 토볼스크에서 여행자의 마음을 사로잡는 또 한 가지는 이 도시가 고스란히 간직하고 있는 러시아의 역사 이야기이다. 역사가 오래된 만큼 이 도시의 건물마다 제정러시아의 두 왕조, 즉 류리크왕조와 로마노프왕조의 사연이 깃들어 있다. 두 왕조의 비극적 종말과 관련된 사연은 여행객들의 마음을 애잔하게 한다. 그중 류리크왕조의 패망과 관련된 이야기를 먼저 소개해보려 한다.

러시아의 고대 도시를 방문할 때마다 반드시 해야 할 일 중 하나가 매일 일정한 시간에 교회의 종탑에서 성직자가 직접 연주하는 종소리를 놓치지 않고 감상하는 것이다. 잠시 발걸음을 멈추고 그 종소리를 듣노라면 마음이 정화되는 느낌을 받을 수 있다. 러시아 종의 특징은 종이 직접 움직이거나 외부에서 타종하는 것이 아니라 가운데에 달린 추를 성직자가 움직여서 소리를 낸다는 점이다. 소리를 만들어내는 이 추를 러시아에서는 '혀'라고 부른다.

모스크바 등 러시아의 대다수 고대 도시에는 그 도시의 역사를 간직한 대표적인 종이 있다. 토볼스크에도 300년간 이 도시를 지킨 종이 있었고, 러시아 황제도 일부러 들러 그 유서 깊은 종을 구경하곤 했다. 그러나 사람들이 이 종을 찾는 것은 종소리를 듣기 위함이 아니었다. 토볼스크의 종은 아무 소리도 내지 못하는 종이었으니 말이다. 그 사실이 오히려 뭇사람들의 호기심을 자극했다. 소리를 내지 못하는 것은 이 종에 '혀'가 없었기 때문이다.[1] 대체 어떤 사연일까?

오페라 애호가라면 한 번쯤 들어봤을 러시아 작곡가 무소륵스키의 〈보리스 고두노프〉의 줄거리를 잠시 이야기해보자. 러시아의 첫 번째 왕조였던 류리크왕조는 862년에 시작되어 1610년 바실리 4세를 끝으로 역사에서 사라지고 1613년 두 번째 왕조인 로마노프왕조가 탄생하여 1917년 볼셰비키혁명이 날 때까지 이어지게 된다. 그런데 류리크왕조는 1610년이 아니라 1598년에 사실상 끝났다고 볼 수 있다. 1598년 표도르 1세가 죽은 뒤로는 왕족의 피가 전혀 흐르지 않는 이에게 왕좌가 넘어가 다시는 왕족에게로 돌아오지 않았기 때문이다. 이때 왕좌를 사실상 탈취한 이가 바로 보리스 고두노프이다. 러시아에서 가장 문제적인 인물이기에 푸시킨이 그의 이야기를 희곡으로 써서 크게 인기를 얻은 것이고, 이를 무소륵스키가 오페라로 재탄생시킨 것이다. 토볼스크의 '혀 없는 종'의 사연은 이 보리스 고두노프와 연관되어 있다.

아내를 일곱 번이나 갈아치우고 많은 사람을 죽여 러시아판 헨리 8세 불리는 왕이 있으니 바로 이반 뇌제다. 혹독한 정치를 펴기는 했지만 러시아의 영토를 넓히는 데는 혁혁한 공을 세운 인물로, 시베리아를 최초로 정벌한 것도, 토볼스크를 세운 것도 이반 뇌제였다. 그는 말년에 거의 정신 발작 수준의 충동적 행동으로 사람들을 괴롭혔고 마침내 황태자 이반까지 구타해 죽였다. 그래서 둘째 아들 표도르가 황태자가 되고 1584년 왕위를 이었는데 표도르는 무능했을 뿐 아니라 건강도 좋지 못했다. 사실상 처남에게 국정을 맡기는 섭정 체제가 시작되었으니, 표도르의 처남이 바로 보리스 고두노프이다.

러시아의 귀족들과 백성들은 보리스 고두노프에게 곱지 않은 시선을 보냈다. 1598년 표도르가 죽자 그는 왕위를 이을 왕자가 없다는 것을 빌미로 자신이 직접 왕위에 오른다. 그런데 표도르의 동생 드미트리 왕자가 공교롭게도 표도르가 죽기 7년 전인 1591년에 8세의 어린 나이로 갑자기 죽었다. 유일한 왕위 계승자가 사라진 이 사건을 두고 러시아 전역에서 흉흉한 소문이 돌았다. 보리스 고두노프가 드미트리 왕자를 살해했을 것이라는 이야기가 파다했다. 이 때문에 7년 뒤 보리스 고두노프가 왕위에 오르자 전국적 반란이 일어난다. 오페라 〈보리스 고두노프〉는 어린 왕자를 살해하고 왕위에 올라 양심의 가책에 시달리는 보리스 고두노프가 결국 자신의 어린 왕자도 잃고 왕위도 잃게 된다는 줄거리이다.

'토볼스크의 종'은 이 이야기 속에서 드미트리 왕자의 죽음을 알렸던 종이다. 보리스 고두노프는 1584년 이반 뇌제가 죽고 병약한 황제 표도르가 즉위하자마자 유일한 왕위 계승자였던 한 살배기 드미트리를 외진 지방 소도시 우글리치라는 곳으로 보냈는데, 그로부터 7년 뒤 왕자가 죽은 것이다. 공식적으로는 칼싸움 놀이를 하다가 간질 발작을 일으켜 자신이 휘두른 칼에 찔려 죽었다고 발표되었지만 이를 믿는 사

알렉산드르 골로빈.
〈보리스 고두노프로 분한 표도르 샬랴핀〉.
1912년.
209.5×139.5㎝.
국립 러시아 미술관.

러시아의 전설적 오페라 가수 표도르 샬랴핀은 특히 보리스 고두노프
역할을 맡아 몰입도 높은 명연기를 펼쳤다. 그래서인지 실제 인물의
초상화가 아님에도 고두노프의 대표적 이미지로 많이 쓰인다.

람은 없었다. 우글리치 사람들은 왕자 어머니의 부탁으로 왕자가 살해되었다는 소식을 알리는 종을 친다. 종소리를 듣고 모인 군중들은 격분하여 보리스 고두노프의 사주를 받은 살인자들을 공개 처형하고 시위를 일으킨다. 그러나 곧 중앙정부에서 파견된 군대에 의해 진압되는데 이 과정에서 200명이 처형되고 60여 가족이 시베리아 유형을 떠나게 된다.

보리스 고두노프는 이때 죽음을 알렸던 종도 같이 '처벌'할 것을 명령한다. 종은 종루에서 내던져져 땅에 떨어졌고 중죄를 지어 유형을 떠나는 죄인에게 하는 절차대로 혀가 뽑히고 열두 번의 채찍질을 당한다. 그런 뒤 유형살이까지 떠나야 했는데 시베리아로 가는 1년여 동안 우글리치 유형자들이 이 종을 땅에 질질 끌고 갔다고 한다. 1593년 고통스러운 여정 끝에 도착한 곳이 바로 토볼스크였다. 도착하자마자 종의 몸체에는 '최초의 무생물 유형자'라는 글자가 새겨졌다. 불행한 유형자는 이곳에서 무려 300년의 유형살이를 했다. 이 기간 동안 마치 사람처럼 이리저리 거처를 옮기고 화상까지 입는 고초를 겪으며 점차 토볼스크의 명물로 자리 잡았다.

그러다 마침내 1862년 우글리치 시민들의 간곡한 청원으로 알렉산드르 3세가 종에게 사면령을 내렸다. 종은 다시 고향 우글리치로 돌아갈 수 있었다. 지금 토볼스크의 박물관에는 그 당시에 만들어둔 모형이 고향으로 돌아간 진짜 종을 대신하고 있다.

©MatthiasKabel

고향인 우글리치로 돌아간 토볼스크의 종.
사진 속 장소는 드미트리 왕자가 살해된 장소에 세워진 교회이다.

몰락한 왕가의
마지막 자유

이번에는 러시아혁명으로 쫓겨난 로마노프왕조의 마지막 황제가 토볼스크에 머물렀던 사연 속으로 들어가보자.

1917년 2월 혁명으로 전격 퇴위한 러시아제국의 마지막 황제 니콜라이 2세 가족은 당시 수도 페트로그라드◆ 외곽에 위치한 별궁 알렉산드르궁에 가택 연금되었다. 10월 혁명으로 볼셰비키에게 정권을 빼앗기기 전까지 러시아를 지배했던 임시정부는 황실 가족에게 비교적 우호적이어서 영국 왕실로의 망명 협상도 전개했었다. 그러나 반혁명군의 황제 구출 시도가 있었던 데다 점점 기세를 더해가는 볼셰비키들이 황제를 처형하라고 압박하자 임시정부는 황실 가족을 수도 가까이에 두기가 점점 힘겨워진다. 결국 1917년 8월, 당시 임시정부 총리였던 케렌스키는 황실 가족을 시베리아의 토볼스크로 보내기로 결정한다.[2]

왜 하필 그 넓은 러시아 땅에서 가장 추운 시베리아, 그중에서도 가장 외진 곳 중 하나인 토볼스크였을까? 우선 캅카스 등 국경에서 가

◆ 제정러시아의 수도이자 페테르부르크의 다른 이름으로 1914년부터 1924년까지 사용되었다. 1914년 독일과의 관계가 악화되자 니콜라이 2세는 수도 이름 '페테르부르크'에서 도시를 뜻하는 독일어 '부르크'를 빼고 같은 뜻의 러시아어 '그라드'를 넣어 '페트로그라드'로 개명할 것을 명령했다. 1924년 레닌 사망 후 그를 추모하여 레닌그라드로 개명되었다가, 소련 붕괴 직후인 1991년 시민투표를 통해 다시 최초의 이름을 살린 상트페테르부르크로 바뀌어 현재에 이른다.

까운 남부는 적군과 백군 간 대결이 치열해 위험하다고 판단했다. 시베리아 쪽은 아직 볼셰비키의 영향력이 덜하였고 특히 토볼스크는 시베리아횡단철도로부터도 멀리 떨어져 있어 가장 안전한 지역 중 한 곳이라 본 것이다. 과거 시베리아의 주도였기에 황실 가족이 그나마 머물 만한 시설이 갖춰져 있다는 점도 고려했다.

이러한 선택은 황실 가족에게 어떤 운명을 가져왔을까? 이쯤에서 니콜라이 2세를 좌지우지했던 괴승 그리고리 라스푸틴[*]을 소환해보자. 혁명 발발 직전인 1916년 12월 황실의 인척 펠릭스 유수포프에 의해 암살당했던 그는, 이미 그 전에 황실이 자신을 죽일 경우 2년 안에 니콜라이 2세의 가족이 모두 죽을 것이라고 예언했었다.[3] 라스푸틴의 고향이 바로 토볼스크이다. 그런데 당시 가장 위험한 지역이라고 여겨져 황실 가족이 일부러 가지 않았던 남부 국경지대로 피난 간 황실의 친척들은 추후 대부분 외국으로 무사히 빠져나갔다. 니콜라이 황제의 가족만 국경으로부터 멀리 떨어진 러시아의 한가운데로 피신한 것인데, 지금 돌아보면 마치 라스푸틴이 말한 대로 비극적 운명의 수렁으로 깊이 빠져든 것처럼 보인다. 하지만 당시 황실 가족과 측근들은 구원의 희망을 가지고 토볼스크로 떠났다.

1917년 8월 14일 아침 6시 10분, 황실 가족과 45명의 수행원, 그리

---

[*] 그리고리 라스푸틴은 제정러시아 말기의 수도사이다. 영험한 치유 능력을 갖고 있다고 알려지면서, 혈우병을 앓던 마지막 황태자 알렉세이의 보호자 역할을 하며 황제의 신임을 얻고 막강한 권력을 휘둘렀다. 결국 그의 전횡은 거센 반발을 불러 펠릭스 유수포프 등 일단의 귀족에게 암살당했다.

고 373명의 경비병과 7명의 장교를 실은 2대의 열차가 시베리아를 향해 출발했다.[4] 시베리아횡단철도상에 있던 대도시 튜멘에서 하차했다가 다시 증기선 '루스'와 '코르밀레츠'로 옮겨 타 이르티시강을 통해 8월 19일 오후 4시에 토볼스크에 도착한다. 그러나 황실의 거처로 배정된 주지사 관저가 제대로 준비되지 않아 무려 일주일을 배 안에서 머물러야 했다. 예전 같으면 절대로 있을 수 없는 일이고, 황제에게는 엄청난 수모였다. 하지만 이 일주일이 황실 가족에게 마지막 자유의 시간이 될 줄을 그때는 아무도 몰랐다. 황실 가족은 배에서 내려 산책하면서 자신들을 따뜻하게 맞아준 토볼스크 주민들과 자유롭게 대화를 나누었고, 근처 산에도 오르고 수도원도 방문할 수 있었다.[5]

일주일 후 드디어 황실 가족이 입주하게 된 주지사 관저는 복도식 이층집이었다. 18개의 방 중에서 황실 가족은 8개를 사용했는데 모두 2층에 있었다. 계단을 통해 2층으로 올라가면 곧바로 황제의 집무실이자 접견실이 나왔다. 그리고 이어 큰 홀을 만난다. 이 홀의 문을 열면 복도가 나오고 이 복도를 기준으로 오른편에는 응접실, 황제 부부의 침실, 4명의 공주들의 방이 위치했다. 왼편에는 황제 부부의 침실 맞은편으로 혈우병을 앓고 있던 황태자 알렉세이의 방이 있었고 그 뒤로는 화장실과 욕실이 있었다.[6] 난방이 자주 고장 나서 특히 구석에 위치한 공주들의 방에서는 시베리아의 추위를 그대로 느껴야 했는데 이곳으로 이주하기 직전에 홍역을 앓아 면역력이 떨어진 공주들은 이 때문에 심한 감기 몸살에 시달려야 했다. 황실 가족은 관저 주위에 담벼락을 쌓아 만든 작은 정원 바깥으로는 외출이 금지되었다. 2층 발코니와 창을 통해서, 혹은 왕자와 공주들이 놀 수 있도록 정원에 만들어둔 작은 얼음 미끄럼틀 위에 앉아서 담장 밖의 자유로운 세상을 구경할 뿐이었다.[7]

비록 갇힌 몸이었지만 이듬해 봄까지 작은 관저에서 황실 가족은 비교적 안정된 상태로 단란한 시간을 보낼 수 있었다. 수도에서 동행한 경비병들도 그들을 온정적으로 대했고, 황실 가족 역시 경비병들과 편하게 이야기를 나누었다. 성탄절이 되자 황실 가족은 그들에게 모자와 스카프 등을 선물했고 경비병들은 사탕, 케이크, 훈제 물고기 등으로 보답했다. 축일에는 예외적으로 관저를 벗어나 교회를 방문할 수 있도록 허락되었으며, 평소에는 교회와 수도원에서 신부와 수녀들이 찾아와 미사도 같이 올리고 식품과 편지를 전달해주기도 했다.

마치 아무 일도 없었던 것처럼 평범한 나날이 이어졌다. 매일 아침 8시 45분에 황제는 차를 마신 후 11시까지 집무를 보고 이후에는 정원에서 산책을 하거나 황태자와 함께 도끼로 땔감을 마련하기도 했다. 황실의 자녀들 곧 황태자와 공주들은 아침 내내 가정교사들로부터 수업을 받았고 오후 1시가 되면 함께 모여 식사를 했다. 식사 후에는 정원에서 시간을 보냈는데 새를 키우고 연못을 파서 오리를 키우기도 했다. 유리온실을 만들어 볕 좋은 겨울날에는 온실 지붕에 올라가 일광욕을 즐기기도 했다. 오후 4시부터 5시까지는 황제가 직접 황태자에게 역사를 가르쳤고 5시에 차를 마신 후 황제는 다시 집무실로 가서 8시까지 업무를 보았다. 그사이 황실의 자녀들은 또 수업을 받았고 저녁 8시에 식사를 한 후 밤 11시까지 이야기를 나누었다. 이 자리는 주치의 등 다른 측근들도 함께했다. 밤 11시가 되면 모두 잠자리에 들었다. 혈우병을 앓던 황태자는 저녁 식사 후 바로 잠자리에 들었다고 한다.[8]

그렇지만 이 안온한 일상은 어디까지나 갇힌 죄수의 일상이었다. 반복되는 일상의 무료함과 함께 황실 가족에게는 언제 무슨 일이 닥칠지 모른다는 공포감도 늘 있었다. 철없는 황태자는 1917년 11월 22일 일기에서 "하루 종일이 어제와 똑같이 지겹게 지나갔다"[9]라고 쓰고 있지만, 가정교사였던 피에르 질랴르는 일기에서 "우리에게 가장 큰 상실감은 바로 소식의 완전한 부재였다"라고 기록하고 있다.[10]

1918년 봄, 무료하지만 안전했던 일상에 어두운 그림자가 드리우기 시작한다. 1917년 10월 혁명에 성공한 볼셰비키가 1918년 3월 26일 토볼스크까지 장악한 것이다. 게다가 토볼스크의 황실 가족을 손안에 쥐고 패권 경쟁에서 유리한 고지를 차지하려는 토볼스크 주변 대도시의 볼셰비키 군대 간 경쟁이 격화되었다. 마치 먹이를 먼저 차지하려고 다투는 늑대들처럼 이들은 연이어 토볼스크로 치고 들어왔다. 먼저 튜멘에서 80명의 적군赤軍이, 옴스크에서 라트비아계 적군이, 뒤이어 적군 특수부대가, 그리고 예카테린부르크에서도 군대가 도착했다.

황실의 운명이 어떻게 될지 이제 누구도 장담할 수 없었다. 바깥을

토볼스크에서 지내던 시절의 황실 가족.
황태자(위) 그리고 공주들과 함께한 니콜라이 2세(아래).
촬영자는 황제의 셋째 딸 마리야 공주로 기록되어 있다.

자료: Romanov Collection, Beinecke Rare Book and Manuscript Library, Yale University.

아예 보지 못하도록 정원의 얼음 미끄럼틀마저 부수어버렸고 축일의 교회 출입도 금지되었다. 새로운 경비병들은 황제의 견장을 떼어냈고 장식용 칼도 빼앗았으며 '동지'라 부르며 불손하게 대했다. 다른 곳에서 거주하던 수행원들도 공간이 부족하다는 이유로 관저로 옮겨와 방을 나누고 칸막이를 치며 함께 생활하기 시작했다. 하루하루 무슨 일인가가 곧 터질 것만 같은 살벌한 시간이 지나가고 있었다.

드디어 4월 6일, 당 중앙으로부터 황실 가족을 인수하기 위해 레닌의 전권위원 야코블레프가 도착했다. 알렉산드라 황후는 제1차 세계대전이 한창이던 당시 레닌이 연합국의 기대를 저버리고 독일과 휴전 협정을 체결하기 위해 니콜라이 2세를 데려가려 한다며 완강하게 거부했지만 허사였다. 다만 황태자 알렉세이가 심하게 앓아 거동이 불가능한 상태였기 때문에 출발이 미루어지다가 결국 4월 26일 황제 부부와 셋째 딸 마리야 공주만 먼저 출발하게 된다. 그사이 남은 황태자와 공주들은 저녁 점호를 외치고 밤새 방문을 열어두어야 하는 등 갖은 수모를 겪으며 부모와 다시 만날 날을 기다려야 했다. 약 한 달 뒤 알렉세이의 상태가 호전되어 5월 20일 부모가 기다리는 예카테린부르크로 떠나게 된다.

이로써 약 10개월간 러시아 역사의 한 중심으로 다시 부상했었던 토볼스크가 역사의 뒤켠으로 사라진다. 황실 가족이 예배를 드리던 성 수태고지 성당도 1930년 폐쇄되었고 1956년에는 완전히 파괴되었다. 다행히도 주지사 관저는 소련 시절 내내 지방행정기관으로 사용되어 그 자취를 유지했고 소련 해체 이후 황실의 흔적을 기리는 박물관으로 복원되었다. 러시아에서 유일하게 니콜라이 2세의 집무실 모습을 그대로 간직하고 있는 곳이다.

니콜라이 2세의 집무실을 끝으로 토볼스크 여행은 끝나지만, 로마노프 황실 가족을 따라 이제 우리도 시베리아의 대표적 대도시 예카테린부르크로 가보자.

11

피 위에 세워진
슬픈 도시

‡ 예카테린부르크 ‡

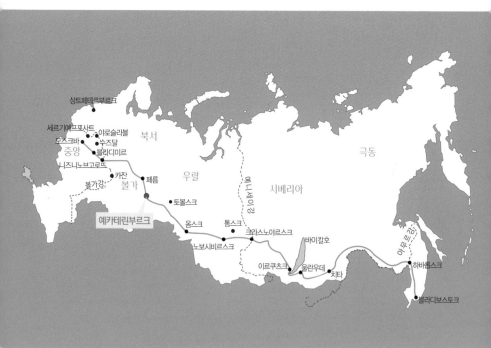

시베리아횡단철도 노선

로마노프 황실의
마지막 기억 78일

1918년 4월 황실 가족을 모스크바로 데려오라는 레닌의 명령을 받고 토볼스크에 도착한 전권위원 야코블레프는 인텔리 출신으로 황실 가족에게 최대한의 호의와 예의를 갖추어준 마지막 인물이었다. 그에게 가장 큰 난관은 소비에트 지역정부◆들의 반발이었다. 황실 가족을 차지하여 향후 권력 경쟁에서 유리한 고지를 선점하고자 한 지역 소비에트들은 중앙 이송에 반대했고 그중 가장 심하게 반발한 지역이 예카테린부르크였다.

앞서 언급했듯이 야코블레프는 니콜라이 황제와 알렉산드라 황후, 셋째 공주 마리야를 먼저 모스크바로 데려가기로 했다. 소비에트의

◆ 소련(소비에트연방)은 직업별(노동자, 농민), 지역별 소비에트들의 연합체로 구성되었으며 특히 혁명 초기에는 지역별 소비에트의 자치권이 강력했다.

반발을 우려하여 가장 짧은 거리인 서쪽 철도 대신 남쪽 철도로 우회하여 모스크바로 갈 계획이었다. 그러나 옴스크에 도착하기 직전 문제가 생겼다. 예카테린부르크 소비에트 지도부가 옴스크에 전신을 보내 기차를 돌려보내고 야코블레프를 반혁명분자로 체포하라고 명령한 것이다. 항의하는 야코블레프에게 모스크바 중앙에서도 예카테린부르크 소비에트의 명령에 따를 것을 지시했다. 니콜라이 황제와 가족은 황실에 대한 적의로 가득 찬 우랄 지역 볼셰비키의 최대 본거지 예카테린부르크에 갇혔다.

약 한 달 뒤 토볼스크에 남아 있던 황태자 알렉세이가 어느 정도 병세를 회복하자 황태자와 공주들도 예카테린부르크로 출발했다. 토볼스크에서 튜멘까지는 배로, 거기서 다시 기차로 갈아타 예카테린부르크로 가는 며칠 동안 이들은 녹초가 되었다. 5월 22일 새벽 2시에야 기차역에 도착했지만 기차 안에서 아침 9시까지 밤을 꼬박 새우고 난 다음에야 겨우 기차를 벗어날 수 있었다. 마침 내린 장대비로 거리는 온통 진창으로 변해 있었다. 건강한 보통 사람도 걷기 어려울 정도였으니 무릎이 펴지지 않는 알렉세이는 도저히 움직일 수 없었다. 어쩔 수 없이, 그를 줄곧 수행하던 수병 나고르니가 알렉세이를 부축해 옮겼다. 하지만 공주들에 대한 도움은 허락되지 않았다. 공주들은 비를 맞으며 진창 위를 무거운 트렁크를 질질 끌고 가야 했으며 이를 도우려던 나고르니를 병사들이 거칠게 떠밀었다.[1]

예카테린부르크에서 황실 가족에게 주어진 숙소는 높은 언덕배기

황제 부부와 마리야 공주가 도착하기 직전인 1918년 4월 30일에 촬영된 이파티예프 하우스. 말뚝 울타리와 무장 군인 등을 확인할 수 있다. 1925년 헝가리 주간지에 공개된 사진이다.

에 위치한 하얀 이층집이었다. 본래 상인 이파티예프의 집이었으나 바로 하루 전날 퇴거 명령을 내리고 2층 유리에 흰색 페인트를 칠하고 정원 둘레에는 높은 말뚝 울타리를 세워 외부와 철저히 차단했다. 이 때부터 이 집은 볼셰비키의 용어인 '특수목적가옥'이라 불렸다. 황실 가족과 그 수행원 12인에게는 2층의 5개 방이 할당되었다. 황제 부부 와 알렉세이가 한 방을, 네 명의 공주가 또 다른 한 방을, 나머지 3개 의 방은 주치의, 요리사, 시종, 시녀, 그리고 알렉세이의 수행원 나고르 니가 나누어 사용했다. 알렉세이가 쓸 침대가 없어 셋째 공주 마리야 가 자기 침대를 양보하고 바닥에서 잤다. 그렇게 이 집에서 황실 가족 은 7월 17일까지 생의 마지막 78일을 거주했다.

이파티예프의 집에서 지낸 나날은 그야말로 비참함과 굴욕 그 자체였다. 예카테린부르크 소비에트는 거칠고 무례하며 황실에 대한 증오로 가득 찬 공장 노동자들을 건물 내부 경비대로 배치했다. 그들은 마음대로 방 안을 드나들었고 심지어 공주들이 화장실에 갈 때도 따라갔다. 황실 괴담 중 하나였던 알렉산드라 황후와 라스푸틴 간의 염문을 묘사한 낯 뜨거운 춘화를 공주들에게 억지로 보여주었고 그 그림들을 벽 여기저기에 붙였다. 황제를 '피의 니콜라이'라고 불러댔으며 심지어 식사 시간에 황제의 어깨 너머로 손을 뻗어 냄비 안의 고기를 꺼내 자기 입으로 가져가기도 했다.

황실의 물건을 보관한 창고는 계속되는 도난으로 점점 비어갔고 급기야 알렉세이의 유일한 애장품으로 머리맡에 두었던 성화 달린 황금 목걸이까지 경비병들이 떼어가려 했다. 나고르니가 격분하며 이들을 쫓아냈지만 대가는 가혹했다. 나고르니는 그 길로 감옥으로 끌려가 얼마 후 총살형에 처해졌다. 알렉세이는 가장 든든한 친구를 잃었으며, 이제 황제가 직접 알렉세이의 수발을 들어야 했다.

소비에트 정부는 본래 황실 가족을 모스크바로 이송하여 공개재판을 진행할 예정이었는데 북극해 무르만스크에 영국과 미국 군대가 도착하고 카자크 기병대가 이끄는 백군이 우크라이나와 시베리아에 대한 공격을 시작하자 마음을 바꾼다. 특히 체코 군대가 이미 옴스크를 점령하고 사흘 이내에 예카테린부르크에 진입할 수 있을 정도로 상황이 급박해지자 1918년 7월 12일 우랄 소비에트 지역정부는 시신 유폐 장소를 찾는 즉시 황실과 그 측근들을 총살하기로 결정한다. 다음 날인 7월 13일 황실 가족 관리를 책임졌던 유롭스키에게 유폐 장소를 찾으라는 명령이 내려졌다. 이 정황을 알 리 없는 니콜라이 황제가 쓴 그날의 일기는 읽는 이의 마음을 아프게 한다.

토볼스크를 떠난 뒤 처음으로 알렉세이가 목욕을 했다. 무릎이 나아지고 있지만 다리를 아직 완전히 펼 수는 없다. 날씨는 따뜻하고 상쾌하다. 밖으로부터 어떤 소식도 없다.[2]

유롭스키는 그로부터 사흘 만에 도시로부터 20km 외곽에, 네 그루의 소나무가 서 있어 지역 주민들이 '4형제'라 부르는 곳에 있는 10m 깊이의 폐광(가닌* 구덩이)을 발견한다. 다시 3일 후인 7월 16일 대량의 케로신과 황산을 이 폐광으로 옮겨놓았다. 그날도 니콜라이 황제와 네 딸은 산책을 했고 밤 10시 30분에 잠자리에 들었는데 자정이 되자 유롭스키가 체코군과 백군이 도시로 진격해온다며 황급히 그들을 깨워 옷을 입으라고 명령한다. 아직 잠에서 덜 깬 알렉세이를 안은 니콜라이 황제, 남동생의 애견 스패니얼 조이를 안은 막내 공주 아나스타샤 등 2층에서 잠자던 황제의 가족과 수행원들이 허겁지겁 반지하방

---

* 광산 소유자의 이름에서 유래한 것으로 지역 주민들이 이곳을 부르는 명칭이다.

으로 몰려 내려간다.

유롭스키는 자동차가 올 때까지 기다리라 명령하고는 방을 나갔다. 니콜라이는 여전히 자신의 목에 매달려 있는 알렉세이를 안고 알렉산드라 황후와 함께 의자에 앉은 채로 기다렸다. 4명의 공주와 주치의 보트킨, 시종 트랍, 요리사 하리토노프, 황후의 시녀 데미도바는 그 옆에서 서서 기다렸다. 시녀 데미도바는 쿠션 2개를 가져다가 하나는 황후의 의자 등받이로 썼고, 나머지 하나에는 황실의 보석 상자를 숨겨 가슴에 꼭 끌어안았다.

이윽고 유롭스키가 총을 든 병사들과 들어와 "당신의 친지들이 당신들을 구하려 했으나 실패했다. 우리는 당신들을 총살할 수밖에 없다"라고 말하며 총을 겨누었다. 아내를 몸으로 막으려고 일어선 황제의 머리에 유롭스키의 총이 발사되었고 이어서 황후와 세 공주, 주치의 보트킨, 요리사 하리토노프, 시종 트랍이 차례로 쓰러졌다. 총알이 비껴간 시녀 데미도바는 총검 세례로, 아버지의 품에 안겨 신음하던 알렉세이는 군홧발과 함께 두 발의 총알로, 정신을 잃었다가 다시 깬 아나스타샤는 총검과 개머리판 세례로 숨을 거두었다. 8일 후 백군이 예카테린부르크에 도착했을 때 일단의 장교들이 즉시 이파티예프의 집으로 향했지만 살아남은 것은 오직 알렉세이의 애견 조이뿐이었다. 유롭스키는 병사들과 함께 시신을 가닌 구덩이로 옮겨 준비된 황산으로 훼손한 다음 케로신으로 불태웠다. 그러나 그다음날 돌아와 더 깊은 폐광으로 옮겨 유기했다고 전해진다.[3]

1977년 소련 정부는 이파티예프의 집을 지상에서 지워버렸지만 소련이 붕괴되고 몇 년이 지난 뒤인 2003년 러시아정교회가 황실 가족의 죽음을 기리며 '피 위의 교회'를 건축한다. 교회 하단에 황실 가족이 총살당한 방의 일부가 복원되었고 그 방의 남은 벽 조각은 제단이 되었다. 이 교회는 황실 가족이 직접 사용했던 물건들도 소장하고 있다. 교회 벽에는 하얀 대리석 프레임으로 장식한 황실 가족 일곱 사람의 모습을 담은 성화가 걸려 있다. 해마다 여름이면 이 교회를 기점으로, 가닌 구덩이와 시신이 유폐된 폐광까지 십자가 행진 행사가 진행된다.

1979년 발견된 폐광에서 1991년 유골 수거 작업이 진행되었고 버려진 시신은 대부분 이제 그들의 본래 자리인 상트페테르부르크의 페트로파블롭스크 성당에 안치되어 있다.♦ 그러나 로마노프왕조의 비극적 종말을 생생히 간직한 예카테린부르크 역시 러시아 역사의 살아 있는 성지로 자리매김하고 있다.

♦ 1991년에 9구의 시신이 발굴되었고 이들은 1998년에 페트로파블롭스크 성당에 안치되었다. 알렉세이 황태자와 마리야 공주의 시신은 2007년에야 발견되었는데 아직 공식적 인정을 받지 못해 다른 곳(노보스파스키 수도원)에 안치되어 있다.[4]

이파티예프 하우스가 있던 자리에 세운 '피 위의 교회'.

아시아와 유럽을 가르는
경계 도시

러시아의 마지막 황제와 그 가족이 비극적으로 생을 마감한 도시 예카테린부르크는 역사적으로는 러시아제국이 끝난 곳이지만, 지리적으로 보자면 아시아가 끝나고 유럽이 시작되는 경계 도시이기도 하다. 1736년 러시아의 유력한 정치가이자 민족지학자인 바실리 타티셰프는 수자원과 식물의 특성이 달라진다는 것을 근거로 우랄산맥-우랄강-카스피해-흑해-보스포루스 해협을 잇는 선을 유럽과 아시아의 경계라고 주장했는데 이것이 지금까지도 세계 지리학계에서 정설로 인정받고 있다.

그래서 우랄산맥 동쪽 사면에 위치한 예카테린부르크를 방문하는 사람들이 꼭 가봐야 할 필수 코스 중 하나가 도시 외곽 곳곳에 세워진 유럽과 아시아의 경계비들이다. 특히 노보모스콥스키 대로 17km 지점에 위치한 경계비에는 유럽과 아시아 주요 도시들까지의 거리가 표시된 표지판이 있는데, 2016년에는 유라시아 부산원정대♦가 이곳에 '부산 5,533km'를 추가하기도 했다.

♦ 2016년 7월 유라시아 실크로드의 복합물류 루트를 개척하기 위해 부산 지역 대학생과 시민, 창원대 학생 등 56명으로 구성된 원정대는 블라디보스토크에서 시베리아횡단열차를 타고 상트페테르부르크까지 총 1만 930㎞의 육·해 복합물류 루트를 탐방했다.

유럽과 아시아의 경계를 설정한 바실리 타티셰프는 예카테린부르크의 창건자이기도 하다. 1723년 표트르 대제의 명으로 이곳에 우랄산맥의 풍부한 철, 주철, 구리를 제련하는 유럽식 공장을 짓고 표트르 대제의 부인 예카테리나의 이름을 붙였는데, 이것이 그대로 도시의 이름이 되었다. 타티셰프는 공업용수를 마련하기 위해 도심에 흐르는 이세티강의 일부를 가두는 댐을 만들었는데 길이 211m, 폭 43m, 높이 6.4m의 이 댐으로 길이 3.3km, 폭 0.4km의 저수지가 형성되었다. 이 저수지는 지금도 예카테린부르크의 아름다운 도심 경관을 이룬다.

당시로서는 어마어마한 크기인 높이 8.5m의 용광로 2개 등 대형 시설이 예카테린부르크에 들어섰고 철과 비철금속, 온갖 돌과 금 등 다양한 광물을 제련 가공하는 공장도 더욱더 늘어났다. 도시가 건설되기 시작한 지 10여 년이 지난 1734년에는 정규 노동자가 611명, 보조 농노가 5,174명에 달할 정도로 도시가 커졌다.[5] 조폐 공장, 신제품 개발을 위한 연구소와 인력 양성을 위한 학교 등 부설 건물이 하나 둘씩 증설되면서 예카테린부르크는 명실상부한 러시아제국의 핵심 공업단지로 부상했다.

이러한 전통은 러시아제국이 무너진 후에도 계속되어 예카테린부르크는 지금도 제조업 비중이 총생산의 80%를 넘는 명실상부한 공업도시이다. 2019년 기준 인구는 약 148만 명으로 러시아에서 4위*이지만, 경제 규모는 모스크바와 상트페테르부르크에 이어 3위 수준이다. 2010년 맥킨지는 이 도시의 총생산이 190억 달러에서 2025년에는 400억 달러로 증가할 것으로 전망한 바 있다. 그러나 주변 위성 지역을 포함할 경우 예카테린부르크는 이미 2015년에 총생산액 500억 달러를 초과 달성했다.

고속 성장하는 이 도시의 경제를 이끌고 있는 것은 뭐니 뭐니 해도 러시아 최대 규모를 자랑하는 기업 '우랄마시'이다. 우랄마시 공단이 들어선 지역은 행정구역으로는 예카테린부르크에 속하지만 350헥타르에 달하는 넓은 면적 때문에 아예 '우랄마시시'라 불린다. 축구장 32개 넓이에 해당하는 공장 12개가 모여 있다. 2000년 초 한국의 일간지에서 세계에서 가장 큰 공장으로 소개하기도 했다.[6] 당시 한국 기자는 끝이 보이지 않는 공장 내에서 15m 선반에 올려진 120t 주철 덩어리를 깎아낼 때 생기는 철 부스러기로 트럭을 한 대 만들 수 있을 정도라며 감탄했다.

1933년 스탈린의 명령으로 만들어진 우랄마시는 애초 군수공장으로 탄생한 것이었다. 제2차 세계대전 당시 1만 9,000대 이상의 장갑차, 5,500대의 탱크, 85mm 대포 등 각종 무기가 이곳에서 만들어져 우수리스크 전투 등 여러 전쟁의 승리를 이끈 숨은 주역이 되었다. 전후에는 장갑차 라인을 개조하여 자원 시추 장비와 대형 굴착기를 생산

◆ 모스크바, 상트페테르부르크, 노보시비르스크 순.

하고 있는데 현재 자원 부국 러시아 곳곳의 광물 개발은 거의 모두 우랄마시가 만든 장비로 이루어지고 있다 해도 과언이 아니다. 러시아 철광의 75% 이상, 주강과 냉연강판의 67%, 석유의 80%, 천연가스 및 석탄의 50%, 철도 레일의 100%가 우랄마시의 장비로 생산되고 있다.[7] 특히 러시아의 북극해 콜라반도에서 세계 처음으로 13km 깊이의 시추에 성공한 '우랄마시-15000'은 우랄마시의 큰 자랑거리다.[8]

러시아 최고의 공업도시 예카테린부르크는 그 명성에 힘입어 2010년부터 매년 러시아 최대의 산업박람회인 이노프롬Innoprom을 개최하고 있다. 2017년에는 5만㎡ 넓이의 전시장에서 전 세계 20개국 600개 기업이 출품한 제품들이 전시되었고, 95개국에서 5만 명의 관람객과 300개 이상의 언론이 참가한 바 있다.[9] 2018년 7월에는 한국을 단일 파트너 국가로 선정하는 등 한국 기업에 대한 적극적 구애 작업을 펼치기도 했다.

그러나 예카테린부르크를 단순히 공업도시로만 치부하기에는 볼거리가 너무 많다. 표트르 대제가 건설한 18세기 유럽형 계획도시의 아기자기함과 높이 188.3m의 54층 고층타워(비소츠키 비즈니스 센터)가 공존한다. 그리고 그 사이사이에는 50여 개의 박물관, 43개의 러시아 국보를 포함한 600여 개의 기념물이 포진해 있어 끊임없이 방문객의 흥미를 유발한다. 멘델레예프 주기율표상의 모든 광물을 구경할 수 있는 우랄의 광물박물관, 이집트 피라미드보다 5,000년 앞서 제작되었다는 세계에서 가장 오래된 목각상 대시기르상 등을 통해 기원전

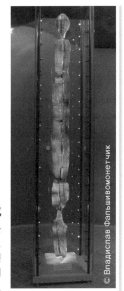

예카테린부르크 역사박물관에서 볼 수 있는
세계에서 가장 오래된 목각상인 대시기르상.
예카테린부르크 북서쪽 79km 지점의 시기르에서 1890년에 발견된
목재 우상으로 1만 1,600년 전 사냥 성공을 기원하기 위해
제작했던 것으로 추정된다.

8000년경부터 현재까지 우랄 시베리아의 역사를 한눈에 볼 수 있게
꾸민 역사박물관이 대표적이다.

그렇지만 이 도시에서 가장 흥미로운 곳은 역사나 현 러시아의 초
대 대통령 옐친의 박물관일 것이다. 러시아제국에 종지부를 찍은 예
카테린부르크가 소련에 종지부를 찍은 옐친의 고향이라는 사실은 기
막힌 역사의 아이러니이다.

영원한 경계의 도시, 예카테린부르크에서 인간의 덧없는 역사와 지
리의 경계를 몸소 체험해보라. 잊을 수 없는 경험이 될 것이다.

12

아낌없이 주는 땅,
풍요로운 도시

‡ 페름 ‡

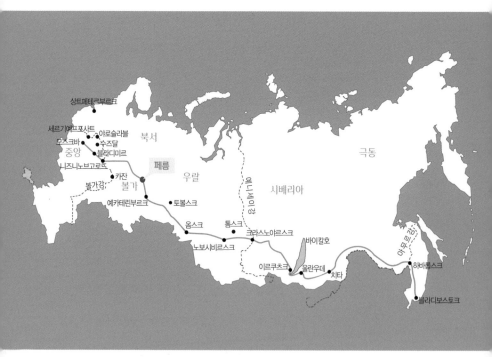

시베리아횡단철도 노선

상트페테르부르크

세르기예프포사트   야로슬라블   북서
모스크바   수즈달
중앙   블라디미르
니즈니노브고로드
볼가강   카잔   페름   극동
볼가   우랄
예카테린부르크   토볼스크   시베리아
옴스크   톰스크   예니세이강
노보시비르스크   크라스노야르스크
바이칼호
이르쿠츠크   울란우데   치타   아무르강
하바롭스크
블라디보스토크

'소금에 절인 귀'를 가진
사람들이 살던 곳

예카테린부르크를 지나 우랄산맥을 넘으면서 우리의 시베리아횡단 열차는 드디어 시베리아를 넘어 러시아의 유럽대평원 지대로 진입한다. 그 길목에서 맨 먼저 우리를 맞이하는 도시가 페름이다.

페름의 특징을 가장 잘 보여주는 것은 도심의 콤소몰대로에 있는 특이한 동상이다. 2006년 루스탐 이스마길로프가 세운 이 동상에는 '소금에 절인 귀, 페름 사람'이라는 이름이 붙어 있다. 그 이름만큼이나 모양도 특이해 2009년 러시아 잡지 《러시안 월드》는 이 동상을 러시아에서 가장 이상한 기념비로 선정하기도 했다.

이 동상은 양쪽 귀가 잔뜩 부어오른, 얼굴 테두리 모양의 조각과 이를 찍는 사진사 조각상으로 구성되어 있다. 도시를 방문한 대개의 여행자는 이 빈 테두리 안에 자기 얼굴을 넣고 기념사진을 찍게 마련인데, 이로써 그들은 자신도 모르는 사이에 페름시민증을 발부받게 된

•

'소금에 절인 귀, 페름 사람' 조각상. 이 조각상의 얼굴 테두리 안에 만약 당신의 얼굴을 넣고 사진을 찍는다면 당신도 페름 사람이 될 수 있다.

다. 왜냐하면 동상의 이름이 실은 러시아 사람들이 페름 사람들에게 붙인 별명이기 때문이다. 즉 이 사진을 찍은 여행자는 '소금에 절인 귀'를 가진 페름 사람이 되는 것이다. 그렇다면 페름 사람들에게는 왜 이런 별명이 붙은 것일까. 그 배경을 알면 페름이 어떤 도시인지 이해하는 데 큰 도움이 된다.

한때 이 지역은 러시아 전역에서 먹는 소금의 절반 이상을 생산하던 곳이었다. 페름시에서 카마강을 따라 북쪽으로 약 200km 올라가면 있는 솔리캄스크라는 곳이 러시아 최대의 소금 생산지였다. 러시아 말로 '솔리'는 '소금', '캄스크'는 '카마강의'라는 뜻이니 카마강의 소금 생산지라는 뜻이다. 이미 1430년 이 지역에서 소금 생산이 시작되었고 17세기 후반에는 해마다 700만 푸드,[*] 즉 약 11만 5,000톤이 생산되었다.[1]

16세기 말 이반 뇌제가 명한 시베리아 정벌의 과업을 러시아 귀족 스트로가노프가 기꺼이 떠맡은 이유 중 하나가 페름의 소금독점권을 얻으려는 것이었다. 더욱이 20년간 면세 혜택까지 있었다. 한때 가격이 금값 수준으로 치솟을 정도로 러시아에서 소금은 조미료 이상의 필수품이었다. 광활하고 척박한 북쪽 지방에서는 음식을 오랫동안 저장해야 했고, 이를 위해서는 염장이 불가피했기 때문이다. 중앙정부가 소금의 공급 및 가격 조절에 실패할 경우 정치적 타격까지 입을 수 있었기에 소금 관리는 국가 차원에서도 매우 중요한 일이었다. 실제로 1648년에는 '소금 반란'이 발생했다. 정부가 세수 확대를 위해 소금에 간접세를 부과한 결과 소금 값이 폭등하고 공급이 급감했기 때문이다. 러시아에서는 지금까지도 귀중한 손님이 방문하면 반드시 그 집 입구에서 빵과 함께 소금을 먼저 대접하는 전통이 이어져온다. 비근한 예로 2019년 4월 김정은 북한 국무위원장이 러시아를 방문했을 때 언론에 노출된 첫 장면도 빵과 소금을 대접받는 모습이다.

---

[*] 푸드는 러시아의 옛 무게 단위로 1푸드는 약 16kg이다.

러시아의 전통에서 이렇듯 중요한 소금의 주생산지가 바로 페름 지역이었다. 17세기 후반 솔리캄스크 주변에는 200여 개의 소금 공장이 있었다. 당시 소금 생산은 지금과 달리 원시 수공업 방식에 의존했다. 지하 염수원에서 소금물을 퍼 올리려면 나무를 손으로 직접 깎아 두께 10cm, 직경 40~50cm, 길이 최대 24m의 관을 만들고, 이 관들을 연결해서 최대 100m 깊이의 염수원까지 넣기 위해 구멍을 뚫어야 했다.[2] 부드러운 땅이라면 하루에 27cm를, 암반일 경우에는 4.5cm 정도만 뚫을 수 있었기 때문에 염수원에 관을 박아 넣는 작업에만 무려 3~5년이 걸렸다.[3]

이 관을 통해 퍼 올린 염수를 나무집 안으로 옮겨 불 때는 아궁이 위의 큰 솥에서 하루 넘게 증발시킨 끝에 소금을 얻었다. 일하는 사람의 피부가 온통 소금으로 뒤범벅되고 그 소금에서 흘러나온 짠물이 모공으로 흘러들어갔다. 따가움이 주는 고통은 이루 말할 수 없었으며, 그 괴로움은 어느새 일상이 되어 몸은 언제나 빨갛게 부어올라 있었다. 그러나 진짜 고통은 아직 시작되지 않았다.

5월이 되어 드디어 카마강이 녹으면 소금을 실어갈 배 수천 대가 도착하고 겨우내 어렵게 얻은 소금을 창고에서 꺼내 선적하는 작업이 이루어진다. 등에 무거운 가마니를 덮고 소금자루를 목부터 등에 걸쳐 옮기는 동안 다시 소금 물이 전신의 모공으로 스며든다. 그러면 소금 일꾼의 귀까지 붉게 부어오르고 결국에는 피부가 벗겨졌다. 이런 일이 해마다 반복되면서 그 상처가 페름 사람들에게 평생 남아 급기야 이들의 트레이드마크가 되어버린 것이다. 하지만 이 상처에 대한 보상으로 그들이 받은 돈의 액수는 생계를 겨우 유지할 정도에 불과했고 대부분의 수익은 스트로가노프 등 대귀족과 거상에게 돌아갔다. 이상한 동상 '소금에 절인 귀, 페름 사람'은 언뜻 유머러스해 보이지만 사실 페름 사람들의 힘겨운 노동과 쓰라린 애환을 담고 있는 조각물인 것이다.

소금 일꾼의 귀를 부어오르게 한 페름의 소금은 카마강을 따라 남쪽으로 갔다가 볼가강을 따라 서북쪽으로 옮겨져 니즈니노브고로드에서 집산된 후 러시아 전역으로 퍼져나갔다. 막심 고리키가 자전 소설 《유년시절》에서 페름의 소금 노동자들의 모습을 묘사하는데, 이는 아마도 그 자신이 니즈니노브고로드 태생이었기에 가능한 일이었을 것이다.

17~18세기에는 러시아 전체 소금의 70%가 페름에서 생산되었으며 20세기 초반까지도 식용 소금이 이 도시의 부를 창출하는 중요한 원천이었다. 이처럼 페름과 페름 사람들의 역사는 수세기 동안 소금과 함께했다고 해도 과언이 아니다.

페름의 운명을 바꾼 사람, 파벨 프레오브라젠스키

1970년대가 되면 페름 지역의 염수에 의한 소금 생산 방식은 거의 자취를 감춘다. 실제로는 20세기 초에 이미 수공업적 염수 증발 방식이 한계에 도달했다. 제정러시아 정부는 소금 생산이 줄어들자 1906년 ~1907년 페름 솔리캄스크 일대 지하의 소금 매장량을 확인해보기로 했다. 이를 위해 카마강의 지류 우솔카 강변에 약 100m 깊이의 시추구試錐口를 냈다. 탐사 결과, 유감스럽게도 채취된 염수는 식용으로는 쓸 수 없는 것으로 판명되었지만, 대신 이전과는 완전히 다른 종류의 소금을 발견할 수 있었다. 황금색이나 붉은색을 띤 유색 소금이었다.

지역 전문가는 특히 붉은 소금에 비료로 쓰이는 칼륨이 풍부하게 함유되어 있다는 사실을 알아내고는 중앙정부에 보고했다. 뜻밖에도 페테르부르크 지질학위원회는 재심의를 통해 칼륨 성분이 극히 미미하며, 산업용으로서 가치가 없다고 공식 발표했다. 사실 여기에는 망해가던 제정러시아의 부정부패가 한몫을 했다. 당시 세계 칼륨비료 생산을 독점하던 독일이 러시아 위원들에게 강력한 로비를 한 결과였으니까 말이다.[4] 결국 이후 페름의 소금 산업은 내리막길을 걷는다.

그런데 로마노프왕조가 망하고 8년이 지난 1925년 페름의 운명을 완전히 바꾸어놓을 인물이 등장한다. 페름 대학의 지질학 교수 파벨 프레오브라젠스키가 1907년의 탐사 기록을 면밀히 살펴보고는 관계

페름의 운명을 바꾼 러시아 지질학의 선구자.
파벨 프레오브라젠스키. 우랄 지역에서 최초로
석유와 칼륨염을 발견했다.

당국에 재시추를 건의했는데, 결과는 기대 이상이었다. 약 2년간 작업을 진행한 결과 다수의 시추구에서 지하 110m 지점에 엄청난 규모의 칼륨염이 매장되어 있다는 사실이 검증된 것이다. 지금은 세계 칼륨 산업계에서 너무나 유명해진 러시아의 베르흐네캄스코예(카마강의 상류라는 뜻) 칼륨 광산이 이렇게 탄생했다.

이 광산을 기화奇貨로 러시아에 세계 매장량의 35%에 해당하는 글로벌 최대 칼륨염 광맥이 있음이 알려졌다.[5] 이와 함께 페름의 소금산업이 '식용'에서 부가가치가 훨씬 높은 '공업용'으로, 정확하게는 칼륨비료 산업으로 전환하게 되었다. 칼륨 광산을 기반 삼아 세계 최대의 칼륨비료 생산 기업 '우랄칼리' 사도 이때 등장한다. 오늘날 페름의 우랄칼리는 세계 칼륨비료 생산량의 20%를 차지하며, 특히 벨라루스 칼리 사와 2005년부터 2013년까지 8년간 초대형 카르텔 BPC_{Belarusian Potash Company}를 형성하여 세계 시장을 지배했다. 2018년 기준으로 우랄칼리는 5개 광산, 6개 칼륨 공장, 9개 해외지사, 1만 2,000명의 종업원을 거느리고 있다. 연간 칼륨비료 생산량은 1,150만 톤, 이 중 76%를 세계 60개국에 수출하여 무려 14억 6,000만 달러의 연이익(세전)을 내고 있다.[6]

한편, 파벨 교수의 활약은 여기서 끝나지 않았다. 1928년 10월, 그는 발견된 칼륨염 광맥의 분포를 정확히 측정하기 위해 카마강의 다른 지류인 라소시카강 주변에 시추구를 뚫었다. 155m 깊이까지 가자 더 이상 칼륨염은 보이지 않고 지질위원회는 파벨 교수에게 작업 중단을 제안했다. 그러나 이때 파벨 교수의 열정이 다시 한번 페름의 역사를 획기적으로 바꿀 사건을 만들어낸다. 그는 위원회를 설득하여 작업을 이어갔고, 5개월 뒤인 1929년 3월 말 깊이 328~331m 층까지 파 내려가 천연가스를 발견했다. 그리고 다시 보름쯤 뒤인 4월 16일 365~371m 층에서 원유를 찾아냈다. 파벨 교수는 식용 소금 밑에서 공업용 소금을, 또 그 아래에서 20세기의 황금인 가스와 석유를 발견한 것이다. 페름의 역사뿐 아니라 러시아의 역사를 일거에 바꾼 어마어마한 사건이었다.[7]

그로부터 페름 지역에서는 200여 개의 석유·가스전이 개발되었고 총매장량은 2018년 기준으로 5억 8,000만 톤이었다. 만약 2010년대에 그러했듯 연간 1,600만 톤의 석유를 채굴할 경우 이는 앞으로도 30년 이상 생산이 가능한 양이다.[8] 파벨 교수 덕분에 이 지역에 석유와 가스 외에도 석탄, 철광석, 금, 금강석 등 약 500여 개의 유용한 광물이 매장되어 있음을 알게 되었다. 이후 페름 지역뿐 아니라 우랄산맥과 볼가강 유역 16개 지역에서 탄화수소 개발이 활발히 이루어져 러시아 전역의 풍부한 석유·가스 매장량을 확인하고 생산량도 급증할 수 있는 계기가 마련되었다.

2019년 10월, 파벨 교수의 유전 발견 90주년을 맞이하여 러시아 최대 민간 석유기업 루코일 사의 페름 지사 건물 앞에 그에게 바치는 기념 동상이 세워졌다. 동상의 명패에는 "파벨 이바노비치 프레오브라젠스키, 우랄에서 석유와 칼륨의 최초 발견자"라고 새겨졌다.

'페름기'의 생명력이 넘치는 땅

파벨 교수의 공이 아무리 크다 하더라도, 페름시와 페름주에 사는 러시아인들이 진심으로 감사해야 할 대상은 끊임없이 새로운 자원을 아낌없이 제공해준 페름의 땅 자체가 아닌가 싶다. 기실 '페름'이라는 이름이 전 세계에 알려지게 된 것도 칼륨염이나 석유가 아니라 이 땅에서 처음으로 고생대 후기의 지질학적 특징이 밝혀졌기 때문이 아니던가. 1841년 영국의 지질학자 로더릭 머치슨이 우랄산맥을 따라 여행하던 중 바로 이 땅 밑에서 2억 4,500만~2억 8,600만 년 전의 지층을 세계 최초로 발견하고 지역 명칭을 따서 '페름기Permian紀'라고 명명했다. 머치슨 자신도 이 페름기가 그토록 풍부한 자원을 품고 있으리라고는 미처 생각지 못했을 것이다.

약 4,000만 년 동안 이어진 페름기에는 상당한 종류의 동물군이 계속해서 생존했고 또 진화했다. 특히 페름을 포함한 유라시아 지역에는 거대한 바다, 페름해가 있었다. 온난기와 한랭기가 반복되는 가운데 기온이 걷잡을 수 없이 상승하여 수많은 동물이 대량 멸종하기도 했는데, 그 결과 이 지역은 훗날 거대한 탄화수소 자원을 품은 땅으로 변하게 되었다. 지각변동으로 페름해가 육상으로 올라와 석호潟湖가 되었고 이후 계속된 기온 상승으로 사막화가 광범위하게 일어났다. 그 덕분에 페름 지층에 형성된 거대한 증발 잔류암군에 칼륨염 등 다양한 암염이 포함되었다. 페름기의 지질층은 2억 5,000만 년이 지난 후 현재의 러시아인들에게 그야말로 '아낌없이 주는 나무'가 된 것이다.

아낌없이 주는 땅 덕분에 페름의 산업과 경제는 나날이 발전을 거듭했다. 하지만 그것이 이 도시의 전부는 아니다. 든든한 재정이 뒷받침되어선지 페름에서는 모스크바와 상트페테르부르크 못지않게 예술 발전의 토대도 두텁다. 대표적 사례가 페름 차이콥스키 오페라발레 극장이다. 우선 극장 이름에 차이콥스키가 들어간 것은 그가 바로 페름시 남쪽의 카마 강변에 위치한 봇킨스크에서 태어났기 때문이고, 차이콥스키가 페름에서 태어난 것은 그의 아버지가 광산 엔지니어였기 때문이다.

페름 차이콥스키 오페라발레 극장은 차이콥스키 생전에 그를 기념하기 위해 지어진 것이며, 실제로 이곳은 세계에서 그의 전곡이 공연된 유일한 극장이기도 하다. 차이콥스키의 지원과 함께 시의 든든한 재정으로 이 극장은 세계적인 극장의 반열에 올라설 수 있었다. 그런데 여기에는 또 하나의 우연이 한몫을 했으니, 바로 제2차 세계대전이다. 세계 최고 수준의 레닌그라드 오페라발레 단원들이 페름으로 피난을 왔던 것이다. 그들은 페름에서 거의 3년을 지내면서 자신들의 재능을 이 극장에 전수해주었고 또 하나의 위대한 러시아 발레의 전통을 만들어냈다.

1945년 페름에 레닌그라드 발레단의 프리마돈나 출신인 예카테리나 게이덴레이호를 교장으로 하는 발레학교가 공식 창립되었다. 이 학교에 바가노바 발레 아카데미 출신의 교사 10여 명이 활동하면서 발레 황무지였던 페름에 러시아 발레의 정수가 뿌리를 내리기 시작했다. 1970년대부터는 페름 발레의 독특한 스타일을 구축하여 이후 러시아는 물론 세계의 각종 대회에서도 두각을 나타냈다. 이후 페름 출신의 발레리나들이 모스크바와 레닌그라드, 그리고 세계의 유명 발레단에서 주역으로 활동하는 경우가 심심치 않게 나타났다. 이렇게 해서 페름 극장은 모스크바 볼쇼이, 페테르부르크 바가노바와 함께 러시아

3대 발레 스쿨에 당당하게 이름을 올렸다. 지금도 볼쇼이와 마린스키 극장에는 페름 출신의 예술가들이 다수 활동하고 있다.

아름다운 카마강 유역에 자리 잡은 페름시와 페름주는 땅이 선사한 아낌없는 선물 속에서 산업과 문화 모두 러시아에서 손꼽히는 수준으로 도약해, 인구 105만 명의 대도시로 성장했다. 바야흐로 석유의 시대가 끝나가고 있는 21세기에 페름의 땅이 또 어떤 새로운 선물을 이 지역 사람들에게 선사해줄지 궁금해진다.

13

성모마리아의 기적과
‘어머니 강’에 담긴
슬픔

✝ 카잔 ✝

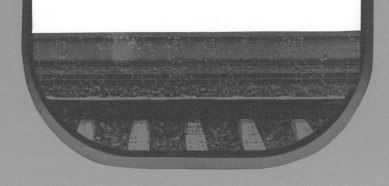

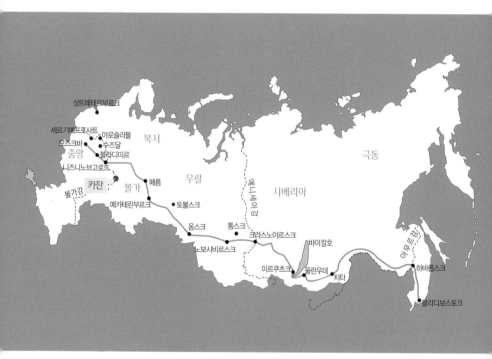

시베리아횡단철도 노선

상트페테르부르크

세르기예프포사트   야로슬라블
모스크바   쑤즈달
중앙   블라디미르
니즈니노브고로드
카잔
볼가강   볼가   페름
예카테린부르크   토볼스크
옴스크   톰스크
노보시비르스크   크라스노야르스크
이르쿠츠크   울란우데   치타
바이칼호

북서

우랄

예니세이강

시베리아

극동

아무르강

하바롭스크

블라디보스토크

러시아를 지켜온
기적의 도시

페름역에서 기차를 타고 서쪽으로 689km를 달리면 우리에게도 익숙한 이름의 도시, 카잔에 도착한다. 2018년 러시아 월드컵에서 한국 축구는 아쉽게도 조 예선에서 탈락했다. 하지만 마지막 경기에서 FIFA 랭킹 세계 1위이자 이전 대회 우승팀인 독일을 2:0으로 완파했는데 그 기적의 무대가 된 곳이 바로 카잔이다. 참으로 흥미롭게도 카잔은 러시아인들에게도 예로부터 '기적'을 상징하는 도시였다. 그것도 러시아 역사에서 가장 중요한 기적을 일으킨 도시로 알려져 있다.

러시아 월드컵 중계가 시작될 때마다 마치 로고처럼 등장해 우리에게도 잘 알려진 성당이 있다. 바로 모스크바 붉은광장에 있는 성 바실리 성당이다. 아름다운 다색 문양과 양파형 지붕이 돋보이는 이 성당은 1561년 건축된 뒤로 러시아의 상징으로 자리 잡았다. 그런데 이 성당의 건설은 사실 모스크바로부터 800km 이상 떨어진 카잔에서 일어난 기적에서 유래한다.

러시아는 1240년부터 1480년까지 무려 240년간 몽골의 지배를 받았다. 몽골 지배로부터 해방된 뒤로도 접경 지역에 살던 몽골 잔존 세력과의 갈등이 끊이지 않았다. 대표적인 곳이 볼가강 유역에 위치한 카잔 칸국이다. 16세기 중반 이반 뇌제가 이 지역 정벌에 나섰지만 1547년과 1549년 두 차례의 시도가 모두 무위로 끝나고 말았다.

1552년 6월 이반 뇌제는 심기일전하여 세 번째 카잔 정벌에 나선다. 8월 말에 시작된 공성전이 한 달 넘게 계속되어 9월을 넘겼고 곧 닥쳐올 시베리아의 동풍은 이반 뇌제의 마음을 초조하게 만들었다. 그런데 10월의 첫날, 러시아정교회의 절기로는 '성모마리아 중보Intercession의 축일'의 밤에 이반 뇌제를 보좌하던 러시아정교회의 사제 다닐의 눈앞에 갑자기 기이한 풍경이 펼쳐진다. 밤하늘에서 눈부신 섬광이 내려와 적의 진영을 환하게 비춰준 것이다. 이를 승리에 대한 신의 가호로 받아들인 이반 뇌제는 다음 날 최후의 공성전을 감행하고, 거짓말처럼 한나절 만에 난공불락의 카잔성은 함락된다.

카잔 정복은 러시아 역사에서 엄청난 의미를 지닌다. 오늘날 러시아의 어머니 강이라 불리는 볼가강을 이때 얻어 우랄산맥을 넘어 시베리아 정벌을 시작할 수 있는 근거지를 구축했기 때문이다. 한마디로 러시아가 세계에서 가장 넓은 국가가 될 수 있었던 것은 바로 이 카잔의 기적에서 비롯되었다고도 볼 수 있다.

눈부신 전과를 거둔 32세의 젊은 황제, 이반 뇌제는 모스크바로 돌아오자마자 붉은광장에 승리를 기념하는 성당을 짓고 러시아어로 '성모마리아의 중보'를 뜻하는 '파크롭스키'라고 명명할 것을 지시했다. 1555년 착공하여 1561년 완공된 이 교회가 바로 성 바실리 성당이다. 러시아에서 가장 아름다운 성당이자 러시아 역사의 분기점을 이룬 '카잔의 기적'을 알리는 기념비이기도 하다.

'카잔의 기적'이라 할 만한 이야기는 여기에서 그치지 않았다. 성 바실리 성당이 건설되고 18년이 지난 1579년 카잔에서 도시의 절반 이상을 잿더미로 만든 대형 화재가 발생했다. 이 잿더미 위에 새 집을 짓고자 했던 한 총기병의 딸 마트로나의 꿈에 성모마리아가 세 차례나 나타나 이 집터에 묻힌 자신의 성화(이콘)를 찾아낼 것을 명한다. 그리하여 잿더미 속에서 성모마리아의 성화를 발굴했는데 놀랍게도 단 한 군데도 상한 데가 없을 뿐 아니라 이를 접한 맹인들의 눈까지 뜨게 만들었다고 한다.

이 소식이 이반 뇌제에게 알려지자 황제는 성화가 발견된 자리에 여수도원인 보고로디츠키 수도원을 짓게 했고, 이 수도원은 지금까지 그 자리를 지키고 있다. 그러나 말년에 괴팍하고 잔인해진 이반 뇌제는 결국 황태자를 죽이고 자신도 온몸이 썩어 들어가는 병에 걸려 죽는다. 그가 죽은 뒤 러시아 최초의 왕조인 류리크왕조는 모스크바를 폴란드군에 내어주고 멸망한다. 흥미로운 것은 폴란드 침략군을 몰아내기 위해 궐기한 의병군에게 카잔으로부터 진본 성화의 사본이 비밀리에 전해졌다는 것이다. 이 성화 앞에서 기도하던 의병들에게 한 가지

1579년에 발견된 카잔 성모화.
모스크바, 페테르부르크 등에 전해진 카잔 성모화의 사본이 러시아 역사의 고비마다 기적을 행했다고 알려져 있다. 러시아정교회에서는 공식적 의례를 거쳐 제작된 사본도 진본만큼 숭상된다.
진본은 카잔에 남아 있었으나 1904년 도난당해 소실되었다는 설과 비밀리에 보관되고 있다는 설 등 그 운명을 둘러싼 진위는 지금도 미스터리에 싸여 있다.

이반 뇌제의 명으로 카잔 성모화가 발견된 곳에 지은 보고로디츠키 수도원.

소식이 왔는데, 폴란드군에 의해 크렘린에 갇힌 주교가 '성모마리아의 은총으로 모스크바는 해방될 것'이라는 계시를 내렸다는 것이다.

이 소식을 들은 의병들이 의기충천하여 모스크바 총공격을 시작했다. 1611년 10월 22일, 마침내 모스크바 땅에서 폴란드군을 쫓아낸 의병들은 맨 앞에 카잔에서 가져온 성모화를 들고 붉은광장에 입성했다고 한다. 의병대장 포자르스키는 붉은광장에 이 카잔 성모화를 모신 카잔 대성당을 건립했다. 애초 목조로 지어졌던 카잔 대성당은 지금은 석조로 바뀐 상태이지만 여전히 붉은광장 입구에 굳건히 서 있다.

2년 후 새로운 왕조인 로마노프왕조가 등장한다. 새 왕조에서 카잔 성모화를 기념하는 축일을 전 러시아의 공식 기념일로 지정하고 로마노프왕조의 수호 성화로 삼은 것은 자연스러운 일이었다.

18세기 초 유럽식 개혁을 시도한 표트르 대제는 모스크바에서 페테르부르크로 천도를 단행했다. 이를 정당화하기 위해 로마노프 황실에서 만든 또 하나의 카잔 성모화 사본을 새로운 수도로 가져간다. 그리고 그의 증손자인 파벨 1세가 1811년 페테르부르크의 중심가에 카잔 대성당을 짓고 표트르 대제가 가져온 카잔 성모화를 모신다. 톨스토이의 《전쟁과 평화》의 주인공이 된 러시아 총사령관 쿠투조프 장군이 1812년 나폴레옹군과의 전쟁에 출정하기 전 바로 이 성당으로 와서 카잔 성모화 앞에서 축도를 받았고 전쟁에서 승리한 후 사망한 그가 묻힌 곳도 바로 카잔 대성모화 앞이다.

심지어 사회주의 시대, 즉 제2차 세계대전의 900일 봉쇄 기간에도 카잔 성모화가 도시를 지켜주기를 바랐던 시민들이 카잔 대성당 주변을 도는 십자가 행진을 거행했다고 한다. 이렇듯 카잔의 기적은 그것이 사실이든 아니든 지금 이 순간까지도 러시아의 역사와 러시아인들의 영혼에 깊은 영향을 미치고 있다.

타타르인들의 눈물과 카잔

러시아제국의 수호 성모화가 발견된 도시이자 러시아의 어머니 강인 볼가강 유역에 자리 잡은 기적의 도시 카잔은 러시아인들 사이에서 아주 중요한 유적지로 여겨진다. 러시아의 대문호 톨스토이와 러시아혁명의 지도자 레닌이 카잔 대학을 졸업했기에 더욱 각별하다. 2005년 푸틴 대통령은 도시 창건 1,000주년 기념식에서 카잔을 러시아 '제3의 수도'라 명명했고 이 지위는 2009년 지적재산권으로 등록되기까지 했다.

그러나 카잔을 마음 편히 '러시아의 도시'라고 부르기는 어렵다. 이 도시는 어디까지나 러시아연방 타타르스탄 자치공화국의 수도, 즉 러시아 내 타타르인들의 수도이기 때문이다. 레닌이 카잔 대학을 졸업한 것도 아버지가 볼가강 유역 아스트라한의 타타르계인 것과 무관하지 않다.

카잔의 공식 창건 연도는 현존 크렘린의 고대 유적에서 발견된 동전에 근거해 1005년으로 인정된다. 당시에는 주로 불가리아계 이슬람교도들이 살았던 것으로 추정된다. 그러나 13세기에 몽골이 러시아, 폴란드, 헝가리 일대를 정복할 때 불가리아계 원주민보다 훨씬 많은 타타르인들이 이곳을 차지하고 이슬람교를 받아들인다.

몽골이 이 지역에서 물러간 뒤에도 그들 중 상당수는 이곳에 남았고, 현재 러시아에 거주하고 있는 타타르인은 약 530만 명이다. 그 중 타타르스탄 자치공화국에만 약 200만 명이 살고 있으며 공화국 전체 인구의 53.2%를 차지한다.[1] 이 중 수도 카잔에 약 54만 명이 살고 있다.[2] 그러나 이들이 오늘날처럼 타타르스탄과 카잔에 안정적으로 자리 잡은 것은 수백 년에 걸친 고난과 역경의 시간을 감내했기에 가능했던 일이다.

1552년 이반 뇌제는 타타르인이 차지하고 있던 카잔 칸국을 정복하면서 이 지역을 러시아화하고자 노력했다. 성내에 위치한 최대 이슬람 사원을 불태우는 한편 카잔 곳곳에 러시아정교회 성당과 수도원을 세웠다. 특히 카잔을 정복하고 3년 뒤 일부가 무너진 카잔 칸국의 목조 성벽 대신 모스크바처럼 석조 크렘린과 그 안에 성 수태고지 성당을 함께 지을 것을 명령한다. 특히 이 성당은 모스크바 붉은광장의 성 바실리 성당을 지은 건축가가 건설하도록 했다. 지금도 카잔에서는 양파형 지붕을 한 성 수태고지 성당을 품고 있는 유려한 크렘린을 옛 모습 그대로 볼 수 있다. 2000년 유네스코에서는 이 크렘린을 세계문화유산으로 지정했다.

그런데 이 아름다운 크렘린 건설의 역사 뒤에는 어둡고 슬픈 타타르인들의 희생이 있었다. 카잔 크렘린의 대표 건물이자 이 도시의 랜드마크 중 하나로 꼽을 수 있는 것이 높이 58m의 슈윰비케탑이다. 탑 정상이 중심축에서 1.98m 기울어져 있어 '러시아판 피사의 사탑' 중 하나로도 유명하다. 하지만 무엇보다도 이 탑에는 러시아에 복속된 타타르인들의 비극적 운명을 담은 전설이 서려 있다.

이 탑의 이름 '슈윰비케'는 타타르 말로 '사랑스러운 마님, 슈윰'이라는 뜻이다. 이반 뇌제가 카잔을 점령할 때 어린 아들을 대신하여 이곳을 섭정하던 왕녀의 이름이 슈윰이었다. 그녀는 백성들의 세금을 감면해주는 등 어진 정치를 해서 인기가 높았고, 그래서 '슈윰비케'라는 별명을 얻은 것이었다. 이반 뇌제는 아름답고 현명한 왕녀 슈윰에게 자기와 결혼하지 않으면 그녀의 왕국을 지상에서 완전히 쓸어버리고 백성들을 모두 죽이겠다고 위협했다. 어쩔 수 없이 슈윰은 청혼을 받아들였지만 결혼식 날 밤, 막 축성한 탑에서 뛰어내려 스스로 목숨을 버렸다. 이후 카잔의 시민들은 이 탑을 슈윰비케탑이라고 불렀다. 이 탑은 러시아와 이슬람의 건축양식이 결합되어 있다. 전체 구조 자체는 모스크바 크렘린의 보로비츠카야탑과 구세주탑의 구조와 유사하지만, 탑의 대문과 정상의 첨탑은 이슬람 양식으로 꾸며져 있다.

타타르인에 대한 이반 뇌제의 압정壓政은 왕녀 한 사람에 그치지 않

양파형 지붕을 가진,
카잔의 성 수태고지 성당.

러시아와 이슬람의 건축양식이 결합된
외관 속에 러시아에 복속된 타타르인들
의 슬픈 전설을 담고 있는 슈윰비케탑.

았다. 그는 크렘린을 지으면서 타타르인들을 건설 현장에 일꾼으로 투입했으나 정작 그들이 거주하는 곳은 작업 현장에서 약 50km 떨어진 외곽에 위치하도록 쫓아냈다. 대신 7,000명의 러시아인들을 성내로 이주시켰다. 이반 뇌제의 강력한 러시아화 정책과 타타르인에 대한 차별 정책, 이로 인한 타타르인들의 고난은 이후에도 지속되거나 심화되었다.

표트르 대제 재위 시절에는 페테르부르크가 늪 위에 건설될 때 동원된 타타르인 수만 명이 목숨을 잃었고 캅카스 지방에서 벌어진 페르시아와의 전쟁터에서 3만 명 이상의 타타르인들이 전사했다. 끝없이 이어지는 학대와 차별에 타타르인들이 대거 도주를 감행했고, 그 결과 18세기 말에 이르러 카잔의 인구 4만여 명 중 타타르인의 비중은 10% 정도밖에 되지 않았다.

도주한 타타르인들은 1773년에 일어난 농민 반란의 지도자이며 나중에 푸시킨이 《대위의 딸》을 쓸 때 주인공으로 삼은 푸가초프의 휘하로 들어가는데, 이들이 이듬해 여름에 카잔을 정복한다. 하지만 그것은 한여름 밤의 짧은 꿈이었다. 푸가초프 부대는 대규모 러시아 정부군에 의해 처참하게 패배한다. 그러나 당시 러시아 황제 예카테리나 여제는 이 사건 이후 타타르인들의 마음을 달래줄 필요성을 실감했고, 이에 따라 그들의 문화와 경제를 살리는 일련의 정책들을 실시했다. 이슬람 교회를 늘리고 학교와 극장을 지었으며 대규모 공장을 도시 곳곳에 건설하여 경제 활성화에 주력했다. 이는 카잔에서 각종 공

볼가강과 카잔 크렘린이 보여주는 유려한 앙상블.
중심부에 양파형 지붕의 성 수태고지 성당과 슈윰비케탑,
오른편에 쿨 샤리프 모스크가 보인다. 크렘린 건설의 역사 뒤에는
타타르인들의 슬픈 희생이 있었다.

업이 발전할 수 있는 토대가 되었다.

그럼에도 불구하고 타타르스탄, 특히 카잔에서 러시아인 유입과 러시아정교회 건물 증축 등 러시아화 작업은 이후에도 꾸준히 추진되었다. 그 결과 현재 카잔의 인구 비중에서 러시아인은 48.6%로 1위를 차지하고 있으며(2010년 기준),[3] 러시아정교회 건물의 수(60개)도 이슬람 사원의 수(59개)를 상회한다(2014년 기준).[4]

타타르인들이 자치권과 '타타르'란 명칭을 회복한 것은 카잔이 무너지고 약 470년이나 지난 1920년, 레닌 정부에 의해 타타르스탄 공화국이 공식 출범하면서이다. 그러나 여전히 자치권은 제한되어 있었다. 지금과 같은 수준의 자치권을 얻은 것은 다시 70여 년이 지나 1990년대 초 소련이 붕괴하던 때였다.

2001년에는 450여 년 전 소실되었던 이슬람 사원, 쿨 샤리프 모스크가 카잔 크렘린에 복원되기도 했는데, 타타르인의 독립과 성장을 상징하는 기념비적 사건이었다. 이 사원의 4개 첨탑(미너렛)의 높이는 58m, 가운데 돔의 높이는 39m, 수용 인원은 1,700명으로 크렘린 역내의 러시아정교회 성당을 압도한다.

역경과 고난의 시간을 견뎌내고 마침내 제 모습을 되찾은 타타르스탄은 러시아에서 완전히 독립하기보다는 그 안에서 공존하는 현실주의를 택했다. 자치권을 최대한 활용하여 서방과 아시아의 기술과 투자를 유치했고 그 결과 2015년부터 2017년까지 러시아 내의 도시들 중 투자환경 1위를 차지했다.[5] 또한 수도 카잔은 2018년 러시아 전체

2001년 복원된 이슬람 사원 쿨 샤리프 모스크.
모스크 복원은 타타르인의 독립과 성장을 상징하는
기념비적 사건이었다.

도시 중 도시 행정효율 부문에서 1위,[6] 창조성 부문에서 3위[7]를 차지했다. 또한 2013년 하계 유니버시아드를 유치하고 2018년에는 월드컵을 유치하는 등 각 분야에서 눈부신 발전을 거듭했다.

수백 년 역경을 이겨내고 러시아인들과의 상생을 통해 힘찬 성장을 거듭하고 있는 타타르인들의 지혜와 용기는 오늘날을 사는 현대인들에게도 깊은 울림을 준다.

민중을 품은 어머니의
물결, 볼가강

카잔 도심을 유유히 흐르며 이 도시 풍경의 거의 대부분을 만들어내는 강이 볼가강이다. 러시아를 대표하는 민요 중 17세기 중반 로마노프왕조에 반발하여 수년간 러시아 남부를 장악한 카자크 반란군의 대장 '스테판 라진'에 대한 노래가 있다. 자신이 납치한 페르시아 공주를 사랑하게 된 스테판 라진이, 이로 인해 반란군의 전투력이 약화된다는 부하들의 불만을 접하고 그녀를 과감히 강에 던진다는 내용이다. 바로 이 이야기에 등장하는 강이 볼가강이다. 노래 가사에 "볼가, 볼가, 어머니 강, 볼가, 러시아 강"이라는 구절이 반복되는데, 이것만 보아도 볼가강을 이야기하지 않고 러시아를 이해하기란 어렵다는 점을 알 수 있다.

러시아의 젖줄이자 '어머니 강'이라 불리는 볼가강은 고대 러시아어로는 '큰물', 한마디로 '강 중에 강'이라는 뜻으로 실제로 유럽에서 가장 큰 강이다. 러시아 서북쪽 상트페테르부르크와 모스크바 사이에 위치한 발다이 구릉에서 기원하여 동남쪽으로 3,530km를 흘러 카스피해까지 이른다. 2004년 '강한 러시아'를 표방한 푸틴 대통령이 볼가강의 기원인 발다이 호수에서 러시아판 다보스 클럽인 발다이 클럽을 창설한 것은 볼가강이 그만큼 러시아인들에게 중요한 강임을 다시 한 번 증명해준다.

볼가강은 이미 8세기부터 유럽과 아랍을 잇는 중요한 상업로였다. 아랍의 은, 직물, 금속과 슬라브족의 물고기, 모피, 밀랍, 꿀 등이 유럽으로 팔려가는 뱃길이었다. 16세기의 볼가강은 역시 이반 뇌제에 의해 러시아에 완전히 장악되는데, 이후 국제무역이 이루어지는 하천으로서 본격적으로 번성한다. 아랍의 대규모 카라반 선박 500척이 왕래할 정도였다.

17세기 중반 스테판 라진이 이끈 카자크 반란군이 볼가강을 수년간 장악한 것은 로마노프왕조에 치명적 타격을 입혔다. 1649년 악명 높은 '농노제'가 실시되자 이에 반발한 농민들까지 카자크 반란군에 가담하면서 볼가강은 그야말로 러시아 농민의 해방구가 되었다. 당시 아직 정권 초기였던 로마노프왕조는 주요한 무역로를 회복하기 위해, 그리고 국가 질서를 잡기 위해 볼가강을 탈환하고자 했고, 대규모 정부군을 파견했다. 스테판 라진은 결국 생포되어 모스크바의 붉은광장

에서 처형되지만 이후 볼가강은 폭정에 반발하는 러시아 민중 반란의
상징이 되었다.

　18세기 후반 예카테리나 여제 시대에 일어난 농민군 반란 역시 볼
가강 유역에서 가장 먼저 일어났다. 반란군 대장 에밀리얀 푸가초프
와 대면한 러시아 장교 그리뇨프의 이야기가 바로, 앞서도 언급했듯
푸시킨의 유명한 소설 《대위의 딸》의 내용이다. 황제에게 굴복하라는
그리뇨프의 충고에 "썩은 고기를 먹는 까마귀의 긴 생을 사느니 살아
있는 피를 먹는 독수리의 짧은 생을 살겠다"라는 푸가초프의 일갈은
러시아 민중의 저항정신을 대변하는 명구로 지금까지 전해진다.

러시아의 어머니 강이자 저항의 상징 볼가강에는 빈민들의 애환도 서려 있다. 1808년 제정러시아 정부는 내륙 수역의 한계를 극복하기 위해 발트해로 이어지는 네바강을 볼가강에 연결하는 대규모 인공수로 사업을 완공한다. 덕분에 볼가강을 오가는 대형 범선, 특히 바지선이 급증한다. 문제는 볼가강은 남쪽으로 흐르는데 돛에 의존하는 바지선들이 강의 흐름에 역행하여 북쪽으로 이동할 때, 더구나 바람까지 역행할 때면 배가 도저히 움직일 수 없다는 점이었다. 이때 유일한 방법은 사람의 힘을 빌리는 것이었다. 이른바 '볼가강의 배 끄는 인부', 러시아어로 '부를라키'가 이때 대거 등장한다.

부를라키는 대부분 부랑아와 노숙자였다. 시즌인 봄과 가을에만 일해서 번 돈으로 1년 내내 살 수 있었기 때문에 빈민들이 모여들었다고 한다. 19세기 말 증기선이 본격적으로 등장하기 전까지 부를라키의 수는 무려 30만 명에 이르렀다.

제정러시아 말기의 최고 화가 일리야 레핀이 그린 〈볼가강의 배 끄는 인부들〉을 보자. 11명의 부를라키가 끌고 있는 배의 무게는 40t이 넘는다. 1인당 약 4t의 짐을 끌고 있는 셈이다. 레핀의 그림에는 고된 노동을 하는 이들의 캐릭터가 다양하고 실감나게 표현되어 있다. 성직자의 얼굴을 모델로 그린 맨 앞의 리더는 전력을 다해 책임을 완수하는 지도자의 캐릭터를 살렸고, 그 뒤쪽 파이프를 물고 있는 인물은 동료들에게 진 빚을 갚는 게 목적이라 건성으로 일하는 모습이다. 그를 불만스럽게 쳐다보는 가장 어린 친구는 온갖 잡일을 도맡는 캐릭터이며,

일리야 레핀.
〈볼가강의 배 끄는 인부들〉
1873년.
131.5 × 281cm.
국립 러시아 미술관.

어디에나 있는 '프리 라이더'로서 전혀 힘을 쓰지 않고 있는 인물도 있다. 그 뒤에는 모든 부담을 온전히 지고 있는 진짜 일꾼들의 모습이 그려져 있다.

우리들에게 〈볼가강의 뱃노래〉로 알려진 러시아 민요도 사실 노 젓는 사공들의 노래가 아니라 부를라키들의 노래로, 무거운 배를 끌 때 박자를 맞추기 위해 맨 앞에 선 리더가 부른다. 지금 이 시간에도 잔잔히 흐르며 변화하는 러시아의 모습을 묵묵히 담아내고 있을 볼가강, 그 물결에 담긴 민중의 슬픔과 인내의 역사를 그려보며, 러시아 속으로 한 걸음 더 들어가는 시간이 되었으면 한다.

14

작가와
사랑에 빠진 도시

✦ 니즈니노브고로드 ✦

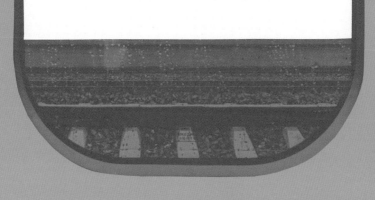

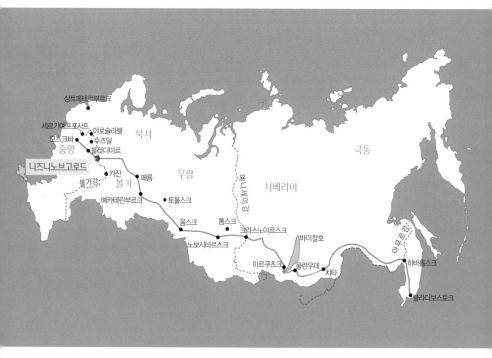

시베리아횡단철도 노선

싱트페테르부르크
세르기예프포사트
아로슬라블
모스크바
수즈달
중앙
블라디미르
북서
니즈니노브고로드
카잔
페름
볼가강
볼가
우랄
예카테린부르크
토볼스크
옙니세이강
옴스크
시베리아
톰스크
극동
크라스노야르스크
노보시비르스크
바이칼호
이르쿠츠크
울란우데
치타
아무르강
하바롭스크
블라디보스토크

고리키에 의한, 고리키를 위한, 고리키의 도시

카잔에서 볼가강을 따라 약 390km를 달리면 러시아에서 다섯 번째로 인구(125만 명, 2019년 기준)가 많은 도시, 니즈니노브고로드에 도착한다. 2018년 러시아 월드컵에서 한국이 스웨덴과 예선 첫 경기를 치렀던 곳이기도 하다. 그러나 알고 보면 이 도시는 다른 의미로 반가운 곳이다. 1980년대 한국 젊은이들의 필독서였던 《어머니》의 작가 막심 고리키의 고향이자 그가 인생의 3분의 1을 보낸 곳이기 때문이다. 1932년부터 1990년까지는 도시의 이름도 '고리키'였다. 도시명이 바뀐 지금도 스스로를 '고리키 시민'이라 부르는 지역 주민이 많다.

그런 의미에서, 니즈니노브고로드를 이해하려면 작가 고리키의 작품 세계를 잠시나마 돌아볼 필요가 있다. 러시아혁명이 일어나기 10년 전(1907년)에 출판된 《어머니》의 내용은 잘 알려져 있다. 혁명가로 변한 노동자 아들을 걱정하던 평범한 어머니가 아들을 이해하고 스스

소설 《어머니》로 1980년대에 젊은 시절을 보낸 한국인에게도 친숙한 작가 막심 고리키.
1906년에 촬영된 사진이다.
자료: Library of Congress.

로도 혁명에 몸을 던진다는 내용이다. 러시아혁명만이 아니라 전 세
계 사회주의 운동의 정신적 뿌리가 된 작품이다.

그러나 고리키의 작품 가운데 이것 못지않게 세계적으로 유명한 작
품이 또 하나 있으니, 1902년에 출간된 희곡 《밑바닥에서》이다. 이 작
품은 체호프의 《갈매기》와 함께 러시아와 세계 연극사에서 최고의 작
품으로 손꼽히며 100여 년 동안 곳곳에서 상연되었고 지금도 계속해
서 무대에 오르고 있다. 우리나라에서도 2017년 배우 김수로가 연출
과 배우를 함께 맡아 이 작품을 상연한 바 있다. 이 작품은 러시아의

빈민 구호소에 모여 사는 이른바 바닥 인생들의 비참함과 애환, 출구 없는 절망을 그리고 있는데, 비록 시대는 다르지만 미래에 대한 희망을 잃어버린 현대인들에게도 적지 않은 공감과 카타르시스를 선사한다는 평을 받는다.

이 두 작품 외에도 고리키는 수많은 문학작품을 남겨 무려 60권으로 구성된 전집이 나와 있다. 그의 저서는 소련 시절인 1918년부터 1986년까지 무려 2억 4,262만 권 이상이 발간되었는데, 이는 러시아에서 톨스토이와 푸시킨 다음으로 많은 발행 부수이다.[1] 그의 작품은 전 세계 16개국 언어로 번역되었고 노벨상 후보로도 무려 다섯 차례나 지명되었다.

니즈니노브고로드는 1932년 고리키로 개명되었는데 놀랍게도 이때는 아직 막심 고리키가 살아 있을 때였다. 작가가 작품 활동 40주년을 맞이한 것과 함께 오랜 망명 생활을 접고 러시아로 영구 귀국한 것을 기념해 도시의 이름을 바꾼 것이다. 당시 소련 정부와 도시민들의 고리키 사랑이 얼마나 깊었는지를 잘 알 수 있다. 니즈니노브고로드와 작가 고리키의 관계는 깊이 들여다보면 볼수록 세계에서 유례를 찾을 수 없을 정도로 감동적이다. 고리키의 작품은 사실상 자신과 자신이 사는 도시 간의 대화로 가득 차 있다.

고리키는 나고 자랐으며 한때는 가장 고생스러운 시절을, 또 한때는 가장 희망찬 시간을 보낸 이 도시를 작품을 통해 전 세계에 알렸다. 《밑바닥에서》에는 어린 시절 고리키가 직접 속했고 유명 작가가 된 후에도 고락을 같이했던 이 도시 속 빈민들의 삶이 그려져 있다. 삼부작으로 된 자서전 중 특히 《유년시절》에는 양부모를 잃고 가난한 외조모와 함께 보냈던 집, 학교, 도제 생활 그리고 주변 사람들의 이야기가 자세히 서술된다.

그의 대표작 《어머니》는 이 항구도시에 있는 러시아 최대 조선소 '소르모보 공장' 노동자의 실화를 바탕으로 쓴 작품이다. 주인공 파벨 블라소프와 어머니 닐로브나의 모델인 소르모보 공장 노동자 표트르 자몰로프와 그의 어머니 안나 키릴로브나는 실제로 고리키와 먼 친척뻘이다. 표트르의 외할머니와 고리키의 외할머니는 같은 고향 출신이며 외할아버지들은 볼가강에서 배 끄는 인부로 같이 일했다. 고리키의 외할아버지는 표트르 어머니의 대부가 되었고, 표트르의 외할머니는 고리키 어머니의 대모가 되었다.

작품 밖 실제 삶에서도 고리키는 이 도시를 위해 헌신했다. 1901년 사비를 터는 것도 모자라 모금에도 앞장서며 빈민들을 위한 문화시설 '인민의 집'을 만들었다. 초등학교 교육조차 제대로 마치지 못한 그는 이곳에서 초등교육확산협회를 발족했고 빈민들이 공연을 즐길 수 있는 극장과 극장협회도 결성했다. 이 극장은 1901년 9월에 개장했는데 이때 당대 최고의 베이스 성악가 표도르 샬랴핀과 세계 최고의 연출가 스타니슬랍스키의 극단이 와서 공연했다.

또한 이 도시에 있던 '부르고프 빈민 구호소'를 방문하여 몇 시간씩 진지한 대화를 나누고 편지와 청원서를 대필해주기도 했다. 그 옆 건물에는 '기둥'이라는 이름의 클럽 공간을 만들어주었다. 가난한 사람들이 단돈 2코페이카에 깨끗하고 편안한 쉼터에서 따뜻한 차와 빵을 먹으며 책을 읽을 수 있게 한 것이다. 이곳에서는 독서 모임만이 아니라 문화 공연도 진행하여 빈민들이 문화적 혜택을 누릴 수 있도록 했다. 이 클럽은 1917년 혁명이 일어날 때까지 계속 운영되었다.

작가의 넘치는 사랑을 받은 도시 니즈니노브고로드 역시 고리키를 위해 할 수 있는 일을 다 하고 있다. 우선 고리키가 살았거나 거쳐간 곳 등 20여 개의 건물이 옛 모습을 거의 간직한 채 그의 이름을 기린다. 고리키의 가족이 살았던 집 여덟 군데와 11세, 12세의 어린 나이에 하인처럼 고생하며 도제 생활을 했던 집 두 군데, 그가 다녔던 초등학교, 세 차례 갇혔던 감옥, 9년간 일했던 출판사 건물, 빈민가 아이들 500명을 위한 선물과 함께 준비한 대형 성탄 트리 행사가 있었던 시의회 건물, 사회운동과 연설을 행했던 건물, 그가 만든 '인민의 집'과 '기둥' 클럽, 부르고프 빈민 구호소, 그리고 세계에서 유일하게 그의 전 작품이 공연된 고리키 극장, 유형을 떠나는 그를 위해 송별 행사가 있었던 건물, 그가 1928년 단 사흘간 방문했을 때 머물던 거처와 연구소 등이다. 이 중 두 군데는 고리키 박물관으로 사용되고 있다.

무엇보다 감동적인 것은 고리키가 가장 사랑했던 할머니의 묘지를 찾아내 그 자리에 할머니가 고리키에게 옛날이야기를 들려주는 모습을 새긴 기념비를 세운 것이다. 또한 빈민 아동 500명을 위해 만든 성탄 트리는 지금도 해마다 같은 장소에 세워지고 있다. 고리키가 다닌

고리키가 가장 사랑했던 할머니의 묘지에 세워진 기념비. 할머니가 손자 고리키에게 옛날이야기를 들려주는 모습을 새긴 것이다.

초등학교 등굣길은 그의 어릴 적 이름을 따 '알료샤 페시코프의 길'이라 불리며, 이 길에는 어린 고리키의 동상이 있다. 성인 고리키의 동상이 세워진 도시의 중심 광장은 '고리키 광장'이라 불린다. 이 도시에는 총 4개의 고리키 동상이 세워져 있다. 니즈니노브고로드, 아니 고리키시는 분명 고리키에 의한, 고리키를 위한, 고리키의 도시이다.

러시아 자동차 산업의
비밀

1221년 볼가 강변에서 창건된 니즈니노브고로드는 이후 러시아의 역사와 경제에서 중요한 역할을 해왔다. 15세기 말 러시아가 몽골로부터 해방된 이후 이 도시는 몽골의 거점인 카잔 칸국과의 국경도시이자 최종 방어막 역할을 담당했다. 바실리 3세는 카잔 칸국을 차지하기 위한 교두보로 이 도시를 키우기 위해 1511년 기존의 목조요새를 보다 강력한 석조로 재건했다. 이 요새는 이후 단 한 번도 함락된 적이 없는 난공불락으로, 이반 뇌제가 카잔을 정복하고 나아가 우랄산맥을 넘어 시베리아를 정복할 수 있게 해주는 근거지가 되었다.

또한 1612년 모스크바를 장악한 폴란드군을 몰아내고 새로운 로마노프왕조를 탄생시킨 미닌과 포자르스키 의병이 소집된 곳도 이 도시이다. 이렇듯 자랑스러운 고대의 역사는 니즈니노브고로드의 도심을 흐르는 아름다운 볼가강을 500년 넘게 지키고 있는 고색창연한 크렘린에서 오롯이 느낄 수 있다.

러시아 역사에 대한 이 도시의 기여도는 근현대 들어서도 이어졌는데, 다만 이제는 '참전' 도시가 아니라 가장 중요한 '배후 산업기지' 즉 중공업도시로 그 기능을 바꾸었다. 1849년 유럽 산업혁명의 꽃인 증기선을 러시아에서 처음으로 제조하는 조선소가 건설되었고 바로 이 공장에서 고리키의 소설 《어머니》의 소재이자 러시아 사회주의혁

니즈니노브고로드 크렘린.
단 한 번도 함락된 적이 없는 난공불락의 요새다.

명의 근거지가 되는 노동자 운동이 일어났다. 또한 1896년 이 도시에서 열린 '전全 러시아 산업박람회'에서 러시아 역사상 최초의 전차가 등장했다.

제2차 세계대전 당시 니즈니노브고로드는 최대의 무기 공급지였다. 당시 이 도시의 고리키 기계제작 공장에서 생산한 포격용 무기의 생산량이 독일 전역에서 생산된 양과 맞먹을 정도였다고 한다. 이 때문에 독일 공군의 공습이 집중되었고(43회), 전후에는 영웅도시라는 칭호가 수여되었다. 독일의 공습은 1943년 6월 23일로 끝났는데, 니즈니노브고로드 사람들은 바로 이날을 고리키의 생일과 함께 도시의 4대 축일 중 하나로 삼았다.

지금도 니즈니노브고로드는 중공업도시로서 러시아 경제에서 중요한 역할을 담당하고 있다. 2016년 기준, 이 도시를 주도로 하는 니즈니노브고로드주의 총생산에서 제조업이 차지하는 비중은 무려 30.7%로 가장 높다. 기여도 2위인 도소매업이 16%에 불과하여 그 격차가 2배에 가깝고 러시아 경제의 대명사인 '자원' 분야 산업의 비중은 0.1%에 불과하다. 그런데 이 주의 제조업 생산의 87.1%가 주도인 니즈니노브고로드에서 이루어진 것이다.♦ 니즈니노브고로드시의 제조업 비중 역시 높아서 무려 47.3%이고 이 부문의 직접 종사자만 해

♦ 제조업 30.7%, 도소매 16.0%, 부동산 15.9%, 건설 5.6%, 자원채굴 0.1%, 임농업 3.9% (니즈니노브고로드주 통계청).

도 18.5%를 차지해 최대 일자리 수요처이기도 하다.[2]

그리고 그 제조업에서 가장 큰 비중을 차지하는 산업은 자동차 생산으로 무려 40%에 달한다.[3] 그 중심에 러시아 최초이자 최대의 자동차 기업인 '고리키 자동차 공장', 즉 가즈 사가 있다. 우리에게는 러시아의 국민차 '볼가'를 생산한 기업으로 알려져 있다. 1956년부터 2010년까지 생산된 러시아 최장수 자동차 브랜드 '볼가'는 볼가강에서 이름을 따온 것으로 2004년 개봉된 맷 데이먼 주연 영화 〈본 슈프리머시〉의 자동차 추격신에 사용되기도 했다. 2005년 러시아를 방문한 미국 부시 대통령이 푸틴과 함께 탑승하며 유명해진 푸틴의 애장품도 볼가의 최초 버전인 1956년형 'GAZ 21'이다.

가즈 사는 수입차가 범람하는 러시아 자동차 시장에서 그나마 러시아의 자존심을 살리고 있는 국민기업이다. 2018년 1~9월 신차 판매량에서 가즈 사의 경상용차LCV가 자국 기업의 완성차 중에서는 가장 높은 5위를 차지했다. 베스터셀러인 '가젤 넥스트'를 필두로 가즈 사의 경상용차는 이 부문에서 선진국의 수입차를 제치고 내수시장 점유율 45.2%로 당당히 1위를 차지했다.[4] 나아가 가즈 사의 중형 트럭은 시장점유율이 무려 70%에 이르며 이 부문에서 압도적 1위를 달리고 있다.[5] 2018년 현재 가즈 사는 러시아에서 가장 많은 차종을 생산하고 있으며 독일, 폴란드, 터키 등 해외 25개국에 수출하는 러시아 최고의 자동차 기업이다.

흥미롭게도 가즈 사의 놀라운 성장에는 우리가 폐쇄적이라고만 알

2005년 러시아 방문길에 미국의 조지 W. 부시 대통령이
푸틴 대통령의 1956년형 볼가 자동차를 함께 타는 모습.

았던 소련 및 러시아 정부의 놀라운 개방성에 그 비결이 있다. 우선,
1932년 러시아 최초의 자동차 공장이 탄생한 것 자체가 미국 포드 사
에 의한 것이었다. 사회주의 국가 소련에 미국 기업이 공장을 지었다
는 것은 상상하기 어려운 일이다. 그러나 당시는 아직 냉전 체제가 심
화되지 않았던 때이고, 소련을 가장 유망한 시장으로 꼽은 헨리 포드
의 과감한 기업가 정신이 이 일을 가능하게 한 것이다. 제1차 세계대
전과 혁명 그리고 내전의 상처를 딛고 국가 재건에 집중해야 했던 스
탈린도 자동차 산업을 일으키겠다는 일념으로 이념의 차이를 뛰어넘
었다.

1929년 소련 정부와 공장 건설 계약을 체결하면서 헨리 포드는 미국 최고의 건축가 앨버트 칸Albert Kahn을 파견했다. 그는 자신의 아들과 25명의 스태프를 대동하여 소련에 입성한 후 니즈니노브고로드에 자동차 공장을 지어주었을 뿐 아니라 소련 전역에 무려 521개의 공장을 지어주었고 4,000명 이상의 소련 엔지니어와 건축가를 교육했다. 스탈린의 1차 5개년 경제계획, 나아가 제2차 세계대전을 승리로 이끈 중공업의 발전은 앨버트 칸이 없었다면 불가능했다고 말해도 과언이 아니다.[6]

스탈린은 헨리 포드와 9년간의 장기 계약을 맺었지만 세계적 경제 공황으로 인해 약속한 주문을 이행하지 못하게 되어 계약은 1935년에 조기 파기되었다.[7] 포드는 거액의 손실을 보았지만 덕분에 소련은 포드 생산 라인에서 볼가와 트럭, 심지어 탱크까지 생산할 수 있게 되었다. 제2차 세계대전 당시 군수품 생산도 바로 이 공장을 중심으로 이루어졌다.

소련 붕괴 후에도 자동차 산업의 해외 기업과의 협력은 계속 이어져 지금까지도 가즈 사의 위기 탈출과 베스트셀러카 생산에 기여하고 있다. 수입차에 밀려 볼가가 단종되는 등 자사의 승용차 생산이 급속히 줄어들자 2006년에는 대형 트럭 맥서스Maxus를 생산하는 영국 LDV 그룹과 크라이슬러 세블링Sebring을 생산하는 스털링 하이츠 조립공장Sterling Heights Assembly을 매입하였고, 2010년에는 다임러 사와 메르세데스-벤츠 스프린터의 합작 생산, 2011년에는 GM과 쉐보레 아베오의 합작 생산, 같은 해에는 폭스바겐 그룹과 8년간 11만 대의 합작 생산 계약을 체결했다. 이를 통해 가즈 사는 소형 승용차뿐 아니라 자사의 베스트셀러인 경상용차 부문에서도 약진의 발판을 마련할 수 있었다.

2018년 현재 니즈니노브고로드는 한국 기업을 포함해 해외 굴지의 기업들을 유치하는 등 자동차 산업에 이어 러시아 최고의 IT 클러스터까지 구축하고 있다. 굳게 닫힌 나라인 줄로만 알았던 러시아에서 일어나고 있는 이러한 개방의 큰 흐름을 니즈니노브고로드에서 생생히 체험할 수 있을 것이다.

15

지지 않는 도시,
현실이 된 전설

‡ 모스크바 ‡

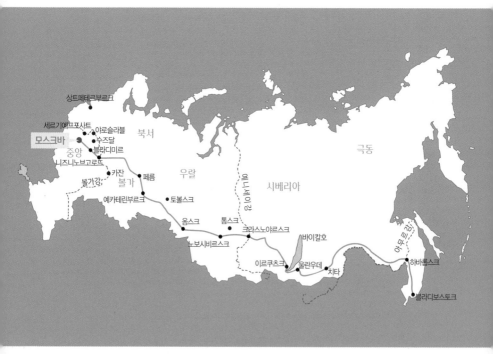

시베리아횡단철도 노선

상트페테르부르크

세르기예프포사트   야로슬라블   북서
            수즈달
모스크바   블라디미르   극동
중앙
니즈니노브고로드
                카잔   페름   우랄
볼가강   볼가
        예카테린부르크   토볼스크   예니세이강   시베리아

            옴스크   톰스크
                    크라스노야르스크
            노보시비르스크   바이칼호   아무르강
                    이르쿠츠크   울란우데   치타   하바롭스크

                                        블라디보스토크

몽골의 등을 타고
러시아의 중심으로

블라디보스토크에서 시작된 장장 9,288km의 시베리아횡단철도의 마지막 구간은 니즈니노브고로드에서 모스크바까지의 약 400km 길이다. 역사상 시베리아를 횡단하여 러시아를 정복한 유일한 국가인 몽골군도 1238년에 바로 이 길을 거쳐 모스크바에 도착했고, 그 도시를 송두리째 불태웠다. 당시 모스크바는 사실 도시라기보다 작은 요새에 불과했고 러시아 전체에서 차지하는 비중도 극히 미미했다. 모스크바가 러시아의 중심으로 부상한 것은 그로부터 100년 후의 일인데 아이러니하게도 이 또한 몽골 덕분이었다.

862년 세워진 류리크왕조의 수도는 북유럽에서 가깝고 지금의 모스크바보다 훨씬 북쪽에 위치한 노브고로드였다. 그때 모스크바는 지도상에 아예 존재하지도 않았다. 그로부터 20년 뒤인 882년 키예프로 수도가 옮겨졌고, 이후 약 360년간은 이 도시가 러시아의 수도 역할을 고수한다. 모스크바에 대한 최초의 기록은 키예프가 수도가 되고 260여 년이 지난 1147년에 나타나는데, 수도로서 키예프의 지위가 흔들리고 러시아의 분열이 시작된 시점이었다.

1132년 키예프의 대공 므스티슬라프가 사망하자, 러시아를 구성하던 지방 공국들은 키예프로부터 벗어나거나, 반대로 대공의 지위를 차지하기 위해 경쟁적으로 키예프 정벌에 나선다. 그중에서 가장 강한 권력욕을 보인 이가 모스크바 북동쪽 수즈달을 중심으로 하는 로스토프-수즈달 공국의 유리 돌고루키 공후였다.

죽은 므스티슬라프 대공의 동생이었던 유리는 이웃한 노브고로드 공국의 스뱌토슬라프 공후와 손을 잡았다. 그가 1147년 4월 스뱌토슬라프를 모스크바로 초청한 기록이 남아 있다. 이것이 역사상 처음으로 모스크바가 언급된 기록이고 이를 근거로 모스크바는 1147년을 도시가 창건된 해로, 유리 돌고루키를 그 창건자로 기념하고 있다.

유리는 실제로 1147년과 1155년 두 차례에 걸쳐 키예프 대공의 지위를 차지했는데, 그가 두 번째로 키예프 대공이 된 다음 해인 1156년 모스크바에 나무요새 건설을 명했고 이것이 현재 크렘린의 전신이 된다. 그다음 해에 유리는 독살되지만 러시아에서 로스토프-수즈달 공국의 위상은 무시하지 못할 정도로 높아졌고 그 일원인 모스크바도 점차 지위가 올라간다. 유리의 아들 안드레이는 1157년 아버지로부터 물려받은 로스토프-수즈달 공국의 중심지를 수즈달에서 현재의 모스크바에 조금 더 가까운 블라디미르로 옮기고 공국의 이름도 블라

로스토프-수즈달 공국의 지도자 유리 돌고루키 공후.
모스크바의 창건자로 기록된다.

디미르-수즈달로 바꾼다.

러시아는 이후 약 100년간 대분열의 시대로 접어드는데 10개의 지방공국이 대공국의 지위를 차지하고자 치열한 싸움을 벌인다. 그리고 13세기로 넘어가면서 러시아 역사의 중심은 점차 남쪽 키예프 공국에서 북동쪽 블라디미르-수즈달 공국으로 옮겨간다.

1231년 고려를 침공한 몽골은 1238년 러시아 국경까지 진출하는 데 성공한다. 10개의 공국으로 사분오열되어 있던 러시아는 몽골군의 공격에 한마디로 초토화된다. 1240년 수도 키예프가 몽골에 무너지면서 이후 러시아는 무려 240년간 몽골의 지배를 받게 되고, 기나긴 몽골의 지배는 러시아의 문화와 역사에 깊은 영향을 끼쳤다.

대표적인 예로 현존하는 러시아의 성姓 가운데 무려 500개 이상이 몽골-타타르에서 왔다는 점을 들 수 있다. 이반 뇌제의 계승자인 표도르의 처남으로 류리크 가문의 대를 끊은 보리스 고두노프, 소련 서기장 흐루쇼프, 노벨문학상 수상자 부닌, 세계적 음악가 스크랴빈과 라흐마니노프, 러시아의 대문호 투르게네프 등이 그러하다. 비단 성씨만이 아니라, 현재 러시아 어휘의 약 20%가 몽골-타타르어에서 기원한 것이다. 또한 귀를 덮는 여성들의 머리 장식도, 교회에서 남성이 모자를 벗어야 하는 풍습도, 차 문화도 모두 몽골에서 온 것이다.

당연히 정치와 경제 면에서도 몽골의 영향을 받았다. 정치적으로는 귀족과 교회의 영향을 받지 않는 전제권력의 기반이 확립되었다는 점을 들 수 있다. 관련 학계에는 이반 뇌제, 표트르 대제, 스탈린, 그리고 푸틴으로 이어지는 오랜 권위주의 정권의 전통이 몽골 지배에서 유래한 것이라는 해석이 지배적이다. 또한 14세기부터 시작된 유럽의 르네상스와 산업화로부터 러시아가 철저히 단절되어 오랫동안 농업국가로 남아 있던 것도 몽골의 지배를 그 요인으로 본다. 그런 탓에 혈통적으로나 문화적으로나 유럽에 뿌리를 둔 러시아는 유럽의 아시아 혹은 아시아의 유럽이라는 정체성 혼란을 겪게 된다.

하지만 몽골이 러시아에 끼친 가장 큰 영향은 모스크바가 러시아 역사의 중심으로 부상하게 만들었다는 점이다. 키예프가 무너지고 3년 후인 1243년 러시아의 수도는 사실상 블라디미르로 옮겨지는데, 이때부터 큰 강과 숲으로 둘러싸여 몽골의 간섭, 남쪽 유목민의 침범, 그리고 공국 간 내전으로부터 비교적 안전한 모스크바로 사람들이 몰려들었다. 게다가 모스크바강은 러시아 남북을 이어주는 교역로로도 각광을 받았다. 이후 1263년에 모스크바는 독립적 공국의 지위를 얻었고 1318~1322년 모스크바의 공후 다닐이 처음으로 블라디미르 공국의 대공 자리를 차지했다. 이후 1328년 이반 칼리타부터는 모스크바의 공후가 대공 지위를 독차지한다.

더 흥미로운 것은 모스크바가 러시아의 중심으로 부상하게 된 결정적 이유가 몽골에 가장 충직했기 때문이라는 점이다. 러시아의 최고 지도자인 대공의 지위는 몽골이 정해줬고 대공은 러시아에서 조공을 거둬 몽골에 바치는 대리 수금자 역할을 했다. 몽골의 인정을 받기 위한 지방 공후들의 경쟁에서 가장 돋보인 사람이 바로 모스크바 공후였다. 그 대표 인물이었던 이반 칼리타는 몽골에 바칠 조공을 워낙 잘 걷어서 '칼리타'라는 공식 별칭까지 얻었다. '칼리타'는 러시아어로 돈주머니라는 뜻이다.

그야말로 몽골의 등을 타고 러시아의 중심으로 부상한 모스크바, 과연 이후 모스크바는 몽골과의 관계를 어떻게 이어가고 러시아의 역사는 어떻게 바뀌게 될까.

더 크고 더 강해진 크렘린,
탈몽골을 향한 사투

13세기 몽골의 지배 이후 러시아의 중심으로 서서히 부상한 모스크바는 14세기 후반에는 몽골을 위협할 정도로 성장했다. 그 역사의 중심에는 모스크바 크렘린이 있었다. 현재의 모스크바 크렘린은 넓이 27.7ha, 길이 2,235m, 높이 5~19m, 두께 3.5~6.5m의 붉은 성벽으로 둘러싸인 육중하고 거대한 성이다. 그러나 1156년 최초의 요새는 지금과는 전혀 다른 모습이었다. 넓이가 3ha, 성벽의 총길이는 850m로 깊이 5m, 폭 16~18m의 참호와 7~14.5m의 흙벽, 그 위에 세 겹의 통나무 울타리가 둘러싸고 있었다.[1]

이 요새는 1238년 몽골의 바투이가 쳐들어왔을 때 5일을 버티다가 결국 무너지고 잿더미로 변했다. 그 이후로도 몽골은 틈만 나면 모스크바를 침공했고 나무요새는 여러 번 불태워지고 다시 지어지기를 반복했다. 그 수난의 역사를 버텨내고 여러 공국과의 경쟁을 이겨낸 끝에 1318년 모스크바 공후 유리 다닐로비치가 처음으로 몽골로부터 공물 징수권을 얻으면서 대공의 지위를 획득한다. 그러나 징수권을 주고받는 쟁투 속에서 유리 다닐로비치는 1325년 경쟁자인 트베르 공국의 드미트리 공후에게 무참히 살해된다.

유리 다닐로비치를 이어 동생 이반 다닐로비치가 1327년 몽골군을 도와 트베르 공국을 도리어 초토화시키면서 대공의 권한을 회복한다.

바로 그가 앞서 잠깐 언급한 대로, 가장 오랜 기간 안정적으로 몽골에 공물을 걷어 바침으로써 '칼리타'라는 별칭까지 얻은 이반 대공이다. 이 덕분에 모스크바 공국의 재정 또한 넉넉해졌다.

마침 1331년과 1337년 두 차례 크렘린에 화재가 일어나자 이반 칼리타는 1339~1340년 5개월의 공사 끝에 참나무 성벽으로 둘러싼 강력한 요새를 건설한다. 이전보다 2배나 큰 규모였다. 끝을 뾰족하게 깎은 이 나무벽 덕분에 모스크바의 요새가 고대 러시아의 침엽수림을 뜻하는 크렘닉кремник 혹은 크레믈кремль이라고 불리게 된다.[2] 지금처럼 삼각형의 요새를 갖추게 된 것도 바로 이때다. 이반 칼리타는 요새가 완성되고 얼마 뒤 죽었으나 이 요새는 1365년까지 무려 사반세기를 버텼다. 이 기간에 모스크바 공국의 지위는 더욱 굳건해졌다.

1365년 대형 화재로 이반 칼리타가 지은 크렘린이 훼손되자 손자인 드미트리 대공이 1368년 약 1년여의 공사 끝에 석회암으로 만든 백석 크렘린을 완성한다. 이전의 나무요새와는 비교가 안 될 정도로 강력해진 크렘린은 성벽의 길이가 거의 2km, 두께도 3m에 이르러 규모와 구조에서 모두 현재의 크렘린과 거의 비슷해진다.

새로운 크렘린은 완공 후 두 차례에 걸쳐 당시 동유럽에서 급속하게 세를 확장하던 리투아니아의 올게르드 공후의 침략을 버텨냈다. 덕분에 1375년이 되면 그간 2강 체제를 유지하며 경쟁하던 트베르 공국이 마침내 모스크바 공국의 대공 지위를 인정하여 강화조약을 체결한다. 이제 모스크바 공국은 명실상부한 러시아의 맹주가 되었고 몽골의 지배에서 벗어날 싸움을 본격적으로 시작하게 된다.

마침 원나라를 중심으로 4개의 칸국(킵차크 칸국, 일 칸국, 차카타이 칸국, 오고타이 칸국)이 느슨한 연합체를 구성하고 있던 몽골제국이 내분으로 약화된 상황이었고 당시 러시아를 다스리던 킵차크 칸국 또한 내분으로 흔들리고 있었다. 서쪽은 칭기즈칸의 혈통이 아닌 군벌 마마이가 섭정을 하고 있었고 동쪽은 칭기즈칸의 적통임을 내세운 토크타미시가 지배했다. 하지만 토크타미시는 마마이에게 힘에서 현저히 밀려 당시 몽골 전체의 실세로 부상하고 있던 티무르에 의지해 겨우 연명하고 있었다. 사실상 킵차크 칸국의 맹주는 마마이였고 모스크바 공국은 그에게 조공을 바쳐야 하는 상황이었다.

1374년부터 모스크바 공국과 킵차크 칸국의 관계가 악화되었고 1378년 모스크바의 드미트리 대공이 보자강에서 마마이가 보낸 몽골군을 처음으로 격파한다.[3] 이에 마마이는 직접 15만여 명의 대군을 이끌고 러시아 땅에 들이닥치는데 이에 맞서는 러시아군은 절반이 채 안 되는 7만 명 정도였지만 1380년 9월 8일 돈강 수변인 쿨리코보 들판에서 벌어진 대격전에서 대승을 거둔다. 몽골군이 병력의 거의 대부분을 잃고 쫓겨난 이날은 러시아 고대사에서 가장 자랑스러운 날로 기록된다.

무려 140년 만에 처음으로 러시아인들은 몽골에 억눌렸던 분을 마음껏 풀 수 있었다. 마마이는 패잔병을 이끌고 겨우 본토로 돌아갔지만 이 기회를 놓치지 않은 경쟁자 토크타미시에 의해 결국 피살된다.

돈강 승리를 기념하여 드미트리 공후는 이후 '돈스코이'라는 별칭으로 불리게 된다.

하지만 쿨리코보 전투의 승리로 러시아인들은 엄청난 희생을 치러야 했다. 전투에서 2만여 명의 군사를 잃었을 뿐 아니라 2년 뒤 전열을 정비한 토크타미시 대군의 침략을 다시 받았다. 흩어진 군대를 모으기 위해 드미트리 돈스코이가 일부 병력을 남기고 떠난 사이 크렘린을 포위한 토크타미시 군대는 다음 날부터 대대적인 공성전을 벌였다. 이때 얼마 안 되는 모스크바인들의 필사적 저항과 함께 석조 크렘린이 큰 역할을 해준 덕분에 이틀 동안의 공성전은 모두 무위로 끝났다.

그러자 3일차에 토크타미시는 억류하고 있던 드미트리의 처남들인 수즈달의 공후들을 내세워 종전終戰의 의사를 비치며 모스크바인들이 스스로 크렘린 성문을 열게 만든다. 주군이 없는 상태에서 벌어진 이 어처구니없는 결정으로 모스크바인들은 그야말로 도륙을 당한다. 기록에 따르면[4] 돌아온 드미트리 대공이 시신을 수습하기 위해 80구당 1루블씩을 썼는데 총 300루블이 들었다고 하니 무려 2만 4,000명이 죽음을 당한 것이다. 살아남은 자들도 대부분 포로로 끌려갔고 이후 러시아인들도, 모스크바 크렘린도 다시 100년을 몽골의 지배 아래 신음해야 했다. 참으로 무서운 대가를 치른 것이다.

그러나 1380년 쿨리코보 전투는 몽골의 러시아 지배에 결정적 변곡점이 되었다. 이 전투에는 모스크바 공국만이 아니라 러시아의 공국이 거의 모두 참가했고 이후 모스크바를 중심으로 한 러시아의 통일 과정이 가속화했다. 몽골인들도 더는 모스크바를 함부로 보지 못했다. 조공을 바치는 양도, 횟수도 점차 줄었다. 특히 토크타미시는 모스크바 원정 이후 자신을 지원하던 티무르의 페르시아까지 욕심을 내다가 티무르에 의해 자리에서 쫓겨나고 결국 살해된다. 이로써 킵차크 칸국도 급속도로 쇠락했다. 이제 남은 것은 모스크바 공국을 중심으로 통일된 러시아가 몽골로부터 완전히 독립하는 일이었다.

240년 몽골의 지배를 깬 위대한 리더십

1380년 쿨리코보 전투에서 거둔 위대한 승리에도 불구하고 러시아는 한 세기나 더 몽골의 지배 아래 머물러야 했다. 1480년 가을 드디어 러시아의 역사를 바꿀 '우그라 대치전'이 벌어진다. 모스크바에서 서남쪽으로 약 300km 떨어진 우그라강을 사이에 두고 10월 8일부터 11월 11일까지 약 한 달간 몽골과 러시아 대군이 남북으로 팽팽하게 대치하며 박빙의 전투를 지속했다.

그러나 우그라 대치전은 100년 전 쿨리코보 전투와는 근본적으로 달랐다. 몽골군은 이제 더는 서유럽을 위협하던 거대한 킵차크 칸국의 군대가 아니었다. 15세기 들어 카잔 칸국(1438년), 노가이 칸국(1440년), 크림 칸국(1441년) 등이 차례로 떨어져 나가고 남은, 이전에 비해 훨씬 왜소한 이흐 칸국(1466~1502년)의 군대였던 것이다. 이흐 칸국은 모스크바 공국뿐 아니라 주변 칸국과의 살벌한 경쟁을 이겨내야 하는 상황이었다. 한마디로 100년 전 몽골에 비해 국력이 크게 약해진 상태였다. 그렇다고 해서 만만히 볼 상대는 아니었다. 당시로서는 엄청난 규모라 할 수 있는 10만 대군을 이끌고 왔기 때문이다.[5]

그런데 100년 전과 비교해 더 많이 달라진 쪽은 몽골보다는 러시아였다. 100년 전 7만 명으로 몽골군 15만 명을 상대했던 러시아군은 이제 18만 명의 정예군으로 바뀌어 있었는데 여기에는 단일국가로 통합된 러시아의 튼튼한 국력이 뒷받침되었다. 분열된 10개 공국이 모스크바 대공 이반 3세의 뛰어난 리더십 아래 흡수 통합되는 과정이 거의 마무리되고 있었던 것이다.

1471년 야로슬라브 공국, 1474년 로스토프 공국에 이어 1478년 가장 독립성이 강했던 러시아 최초의 수도 노브고로드 공국까지 모두 모스크바 공국에 병합되면서 드디어 러시아는 '국가'를 뜻하는 가수다르스트보Государство라고 불리기 시작했다. 사실 이때까지만 해도 러시아는 '루스'라고 불리는 공국 연합체에 불과했는데 이반 3세 때부터야 '로시스코예 가수다르스트보Российское Государство' 즉 '러시아 국가'라는 명칭을 획득한 것이다.

이미 강화 관계에 있었던 최대 라이벌 트베르 공국은 우그라 대치전이 있고 나서 5년 뒤 완전히 병합되었다. 이반 3세는 1462년부터 통합 국가의 통수권자를 뜻하는 가수다르Государь라고 불리고 있었고,

탁월한 리더십을 발휘하여 몽골로부터의 해방 전쟁을 승리로 이끈 이반 3세.

강력해진 국력을 바탕으로 1472년부터 이흐 칸국에 대한 조공 납부를 완전히 중단했다.

반면 크림 칸국과 권력 경쟁을 벌이고 있던 이흐 칸국의 칸 아흐마트는 8년이 지나서야 러시아 정벌에 나설 수 있었다. 아흐마트에게는 나름대로 승부수가 있었는데 우선 러시아를 서쪽에서 호시탐탐 노리는 리투아니아 대공국의 왕 카시미르 4세와 양동작전을 펼치는 것이었다. 또한 리투아니아 북쪽 발트 해안의 강력한 리보니아 기사단*이 10만 대군을 이끌고 1480년 초부터 모스크바 이남 프스코프 지역을 휩쓸고 있었다. 게다가 2개의 소공국을 다스리던 이반 3세의 두 동생이 반란을 일으킨 시기였다.

그러나 막상 아흐마트가 쳐들어왔을 때는 상황이 전혀 달랐는데, 역시 그 중심에는 이반 3세가 있었다. 먼저 두 동생이 반란을 중단하고 자신에게 합류하도록 설득하는 데 성공했고 이반 3세와 결탁한 크림 칸국의 군대가 카시미르 4세의 리투아니아군을 공격하여 그가 아흐마트를 도울 여력이 없도록 만들었다. 그러자 러시아 내륙에서 고립된 리보니아 기사단은 보급품이 떨어지고 이질 등 전염병이 돌면서 퇴군選㗊할 수밖에 없었다.

이제 몽골군 홀로 러시아군을 상대해야 했다. 이반 3세는 넓은 우그라강을 사이에 두고 대치하는 전략을 씀으로써, 대규모 화살 공격으로 적진을 교란한 뒤 기마병이 마무리하는 몽골군 특유의 전술이 전혀 먹히지 않게 만들었다. 방어전에서는 세계 최고라 자부하던 러시아군은 우그라강 도하를 시도하는 몽골군을 곳곳에서 손쉽게 제압했다. 게다가 몽골군의 충원을 막기 위해 적의 후방에 별동대를 보내 보급선까지 차단했다.

11월로 넘어가면서 러시아의 최대 무기인 동장군까지 몽골군을 위협하기 시작한다. 아흐마트에게 남은 선택은 이제 본국으로 퇴각하는 것뿐이었으나 그를 기다리고 있던 것은 더 가혹한 운명이었다. 두 달

＊ 13세기부터 지금의 라트비아와 에스토니아 일대를 점령하고 있던 독일의 십자군 기사단.

우그라 대치전을 묘사한 그림. 이반 3세는 우그라강을 사이에 두고 대치하는 전략을 펼쳐, 화살 공격으로 적진을 교란하고 기마병이 마무리하는 몽골군 특유의 전술을 무력화했다.

뒤인 1481년 1월 6일 아흐마트는 귀국 길에 경쟁자인 시비르 칸국의 이바카에게 암살당했고, 이를 교사한 것은 다름 아닌 이반 3세였다고 전해진다.[6]

우그라 대치전의 승리는 통합된 러시아의 강력한 힘과 뛰어난 전술, 그리고 이 모든 것을 이끈 위대한 리더십의 승리였다. 바로 이 때문에 100년 전 쿨리코보 전투와는 달리 러시아는 승리의 과실을 맛볼 수 있었다. 무려 240년의 몽골 지배에 종지부를 찍은 것이다.

러시아인들은 이 승리를 '위대한 우그라 대치전The Great Stand on the Ugra River'이라 부르며 500년이 지난 지금까지도 대대적으로 기념하고 있다. 기념비 건축은 물론이고 격전의 현장에 매년 5,000명 이상이 모여 미사를 올리고 당시의 전투 상황을 재현하는 대규모 행사를 거행한다. 이반 3세는 러시아 대공 중에는 처음으로 'The Great'라는 칭호를 얻어 '이반 대제Иван Великий'라고 불린다.

이반 3세는 우그라 대치전의 승리를 몽골로부터의 해방으로만 자축하는 데 만족하지 않았다. 이 전투를 준비하기 훨씬 전부터 그는 원대한 꿈을 꾸고 있었기 때문이다. 그 꿈은 러시아가 마침내 유럽 기독교의 종주국이 되는 것 그리고 그가 13세 되던 해에 멸망한 비잔틴제국의 계승자가 되는 것이었다.

'제3의 로마'를 꿈꾼 모스크바

1480년 러시아가 무려 240년 만에 몽골 지배로부터 벗어난 것은 무엇보다 이반 3세가 발휘한 통합의 리더십 덕분이었다. 사분오열되어 몽골에 무참히 짓밟혔던 러시아는 이반 3세의 지휘 아래 모스크바 대공국을 중심으로 단단히 결속해 처음으로 '러시아'라는 단일한 국가로 출범했다.

이반 3세의 이러한 리더십이 통한 비결은 무엇일까. 그것은 바로 그가 러시아인들이 한데 뭉칠 수 있도록 큰 꿈을 보여줬기 때문이다. 15세기 말부터 러시아에서는 다음과 같은 전설이 나돌았다.

2개의 로마가 무너졌고 세 번째가 서 있다.
그리고 네 번째는 없을 것이다.

첫 번째 로마는 476년 게르만 용병 오도아케르에 무너졌고 두 번째 로마 비잔틴의 콘스탄티노플은 1453년 이슬람의 오스만제국에 무너졌다. 그런데 세 번째 로마가 일어설 것이니 바로 모스크바이고 이 모스크바가 망하면 세상의 종말이 온다는 이야기였다. 이 구전 전설이 최초로 문서에 등장한 것은 1492년 러시아정교회의 총대주교 조시마의 저서《부활절에 대한 기술Изложение Пасхалии》이라고 알려져 있다. 바로 이반 3세가 모스크바 대공으로 즉위한 지 30년이 되었을 때, 그리고 몽골로부터 벗어나고 12년 뒤의 일이다.

상상해보면 마치 백제 무왕이 선화공주와 결혼하기 위해 서동요를 퍼뜨린 것처럼 이반 3세도 모스크바를 중심으로 전 러시아를 통합하기 위해 제3로마설을 퍼뜨린 게 아닌가 싶기도 하다. 그런데 역설적으로 바로 이 꿈이 몽골로부터 러시아를 벗어나게 했을 뿐 아니라 16세기에는 다른 정교회 지도자 필로페이 수도사에 의해 완전히 공식화되어 이반 뇌제가 시베리아 정벌을 시작하는 기초가 되었고 17세기 말에는 표트르 대제가 유럽 제패를 꿈꾸게 된 배경으로 작용한다.

흥미로운 것은 제3로마설을 정당화하기 위한 집요하고도 전방위적 노력이 있었다는 점이다. 우선 두 가지 전설이 기존의 전설에 추가된다. 첫 번째는 '흰 두건' 이야기이다. 로마의 콘스탄티누스 황제가 불치병을 앓고 있을 때, 꿈에 사도 베드로와 바울이 나타나 황제가 쫓아낸 사제 실베스터를 만나보라고 한다. 그 꿈의 계시를 따라 실베스터를 만나 그가 건네준 성수로 완치된 콘스탄티누스는 세례를 받고 감사의 표시로 '영적 권리가 세속의 권리 위에 있다'라는 뜻을 담아 '흰 두건'을 실베스터에게 씌워주고는 그를 교황으로 임명한다. 이후 황제는 교황에게 로마의 통치권을 넘겨주고 비잔틴으로 가서 새로운 수도 콘스탄티노플을 건설한다.

문제는 실베스터 교황 사후 이 흰 두건을 로마에서 제대로 모시지 않았다는 점이었다. 결국 비잔틴제국의 총주교 필로테오스에게 흰 두건이 넘겨지고 그 덕분에 그는 앓고 있던 눈병과 두통을 고치는 기적을 체험한다. 그런데 그의 꿈에 콘스탄티누스와 실베스터가 나타나 "비잔틴제국은 망한다. 러시아 땅에 제3로마가 있을 것이니 흰 두건을 노브고로드 대주교 바실리에게 보내라"라고 계시한다. 전설은 결국

흰 두건을 두른
키릴 러시아정교회 총대주교.
자료: 〈https://www.kremlin.ru/〉.

이 흰 두건을 모스크바가 계승한다는 이야기로 마무리된다. 이제 러시아정교회의 총대주교가 흰 두건을 두른 의미가 무엇인지 확실히 알수 있을 것이다.

흰 두건 전설과 함께 '모노마흐의 모자' 이야기도 전한다. 12세기 초이반 3세의 조상 블라디미르 브세블로도비치가 키예프 대공으로 즉위할 때 외할아버지인 비잔틴제국의 황제 콘스탄티누스 모노마흐로부터 모자를 선물받았다. 사실 블라디미르가 두 살일 때 모노마흐 황제가 사망했기 때문에 이 전설은 말 그대로 전설일 뿐이다. 중요한 것은 러시아 역대 대공들은 대관식에서 반드시 이 모노마흐의 모자를 썼고 이반 3세도 예외가 아니었다는 것이다. 러시아가 비잔틴제국을 계승한다는 이념을 모든 대공이 매번 되씹어왔다는 뜻이다.

비잔틴제국 쌍두독수리 문장(왼쪽)과 현재 러시아의 국장.

그런데 놀랍게도 이반 3세는 이 모든 전설을 '현실'로 만들었다. 그의 첫 부인은 모스크바 공국의 최대 라이벌 트베르 공국의 딸이었다. 러시아 통합에 꼭 필요한 정략결혼이었던 셈이다. 그녀가 병들어 죽자 이반 3세는 1472년에, 그 얼마 전 멸망한 비잔틴제국의 마지막 황제 콘스탄티누스 11세의 조카딸 소피야 팔레올로그와 재혼한다. 그와 동시에 비잔틴제국의 쌍두독수리 문장을 가져온다. 모스크바가 혈통적으로 또 법적으로 비잔틴제국의 계승자임을 공식화한 것이다. 이 문장은 현재 러시아의 문장으로 사용되고 있다.

러시아가 비잔틴제국과 로마의 적통자임을 밝히고자 한 의지는 모스크바 건축에도 그대로 반영되었다. 1472년 이반 3세는 소피야와 결혼식을 올렸던 크렘린 내의 우스펜스키 대성당을 개축하기로 결정했는데, 이를 위해 당시 유럽 최고의 건축가인 이탈리아의 아리스토텔 피오라반티를 초청한다. 이반 3세는 피오라반티에게 러시아 건축의 전통에 따라 지을 것을 명하고 그 모델로 모스크바의 이전 수도인 블라디미르의 우스펜스키 대성당을 지명한다.

흥미로운 점은 300년 전 지어진 블라디미르의 우스펜스키 대성당이 서유럽에는 없는 비잔틴제국 특유의 그리스 십자형 교회라는 점이다. 로마의 바실리카에서 기원한 서구의 장방형 교회와는 달리 비잔틴 교회는 펜던티브 돔을 네 개의 기둥이 떠받치는 집중형 구조이다. 여기에 동쪽 제단 방향에 반원 형태의 후진後陣을 추가한다. 지금 이스탄불에 있는 성 소피아 성당이 그 원형으로 이것을 블라디미르와 모스크바 크렘린의 우스펜스키 대성당이 그대로 계승한 것이다. 이 우스펜스키 대성당에서 역대 러시아 황제의 대관식이 거행되었다.

그리고 이즈음부터 모스크바에 7개의 언덕이 있다는 이야기, 곧 7개 언덕으로 구성된 로마의 지형적 특징이 모스크바에도 그대로 이어진다는 이야기가 입에서 입으로 전해지게 된다. 그중 가장 큰 언덕에 지금의 크렘린이 있고 가장 작은 일곱 번째 언덕에 지금의 모스크바 국립대가 있다는 것이다. 제3의 로마를 향한 러시아의 꿈이 참으로 집요함을 느끼게 되는 대목이다.

크렘린 건축에 담긴 정치학

직접 방문했거나 사진 또는 영상으로 한 번쯤은 모스크바 크렘린을 본 적이 있을 것이다. 그런데 크렘린을 보다 보면 이런저런 궁금증이 생긴다. 왜 붉은 벽돌로 만들어졌을까? 왜 사각형도 원형도 아닌 삼각형인가? 왜 하필 20개의 탑이 세워졌는가? 왜 벽 윗부분을 제비 모양 장식물로 꾸몄는가?

사실 모든 건축의 디테일은 발주자와 건축가 간의 대화의 결과이다. 더구나 러시아제국의 심장이었던 크렘린의 디테일이라면 러시아 황실의 의도를 반영하지 않을 수 없었을 것이다. 지금부터 모스크바 크렘린의 건축에 숨겨진 의미를 하나씩 파헤쳐보자.

1480년 몽골을 완전히 몰아낸 후 모스크바를 제3의 로마로 만들겠다는 이반 3세의 야심은, 모스크바도 로마처럼 7개 언덕으로 구성되어 있다는 건축적 신화를 만들어내기에 이르렀다. 로마의 캄피돌리오 언덕처럼 모스크바에서 가장 신성하고 중요한 첫 번째 언덕이 보로비츠키 언덕이다. 바로 여기에 크렘린이 자리 잡고 있다.

100년 전인 1380년 몽골에 첫 패배를 안겼던 드미트리 돈스코이는 기존의 목조 크렘린을 백석으로 개축했었다. 당시 유럽에서는 백석으로 국가의 힘과 황실의 이념을 상징하는 로마네스크 양식과 고딕 양식이 대세였다. 드미트리 대공도 백석을 써서 러시아가 곧 몽골의 지배에서 벗어나 어엿한 유럽 강대국이 될 수 있음을 표방하고자 했던 것이다.

이러한 백석 건축은 100년이 지나 이반 3세 시대로까지 이어졌다. 이반 3세는 크렘린 내부 사원 광장 내 성당들을 개축할 때 초빙된 이탈리아 건축가들에게 기존 전통에 따라 백석을 사용할 것을 지시했다. 1479년에 완성된 러시아 중심 성당인 우스펜스키 대성당이 대표적 예이다. 그러나 이것이 마지막이었다.

1485년 크렘린 성벽 재건축을 시작할 무렵 이반 3세의 생각은 달라졌다. 당시 르네상스의 전성기로 접어든 유럽에서는 백석의 상징성이 거의 사라졌고, 백석보다 훨씬 싸고 견고하며 실용적인 붉은 벽돌이 대세였다. 이탈리아에서 온 건축가들도 사실 붉은 벽돌을 다루는 데 더 익숙한 장인들이었다. 게다가 방어 용도가 큰 크렘린에는 백석보다 훨씬 강력한 붉은 벽돌이 안성맞춤이었다.

그렇지만 이반 3세가 성벽을 붉은 벽돌로 쌓은 데는 훨씬 더 교묘한 이데올로기적 의도가 숨어 있었다. 로마네스크 이전 유럽 건축의 주요 재료가 바로 비잔틴 양식의 붉은 벽돌이었던 것이다. 즉, 10년간 진행된 크렘린 성벽 개축 공사에 무려 30만 톤에 달하는 1억 개의 붉은 벽돌이 사용된 진짜 이유는 모스크바가 '제3의 로마'라는 점을 다시 한번 상기시키기 위함이었다.

크렘린이 삼각형인 이유도 같은 맥락에서 이해할 수 있다. 모스크바 강과 네글린나야강이 만나는 지점에 위치했다는 지리적 이유도 작용

모스크바 크렘린의 마지막 백석 건축물로 남은 우스펜스키 대성당.
이 성당의 모델이 된 블라디미르의 우스펜스키 대성당은
이 책 319쪽에서 볼 수 있다.

했겠지만, 이반 3세의 크렘린이 앞선 2개의 크렘린에 비해 훨씬 뚜렷한 삼각형 모양인 것은[7] 바로 비잔틴제국의 수도 콘스탄티노플의 도시 형태를 최대한 모방하려 했기 때문이다.

당시 크렘린 건축은 모스크바가 "콘스탄티노플과 같은 삼각형 구조로, 세 모서리 간의 거리가 모두 똑같이 7베르스타로 이루어졌다"라는 전설에 기초하여 진행되었다. 크렘린의 중심인 우스펜스키 대성당으로부터 각 면까지의 거리가 동일하도록 설계했을 뿐 아니라 삼각형의 모든 면에 탑이 7개씩 동일하게 배치되도록 배려했다. 그 결과 이반 3세 당시 크렘린 성벽에는 모두 18개의 탑이 세워졌다. 이후 16세기 초 쿠타피아 탑, 17세기 말에 차르의 탑이 추가되어 지금처럼 모두 20개의 탑이 되었다.

자, 그럼 크렘린 성벽 윗부분의 제비 모양 장식은 어떤 연유일까? 12~13세기 유럽에서는 가톨릭 교황의 종교권력을 지지하는 구엘프파Guelfi와 신성로마제국 황제의 세속권력을 지지하는 기벨린파Ghibellini가 치열하게 싸우고 있었다. 이 두 파는 서로를 구별하기 위해 성벽의 장식도 달리했는데 교황파인 구엘프 측은 네모 모양을, 황제파인 기벨린 측은 제비 모양을 사용했다.

모스크바 크렘린 건축에 초빙된 이탈리아 건축가들은 주로 기벨린파의 거점인 밀라노 출신이었다. 게다가 러시아가 가톨릭과 경쟁하는 동방정교회의 중심 국가를 자처했으므로 반교황파인 기벨린파의 제비 모양 장식이 크렘린에 적용되는 것은 당연한 이치였다. 더 흥미로

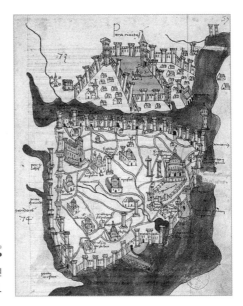

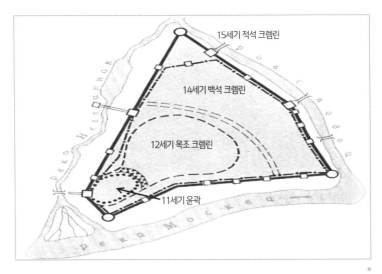

크렘린 재건축에 따른 윤곽의 변화. 콘스탄티노플과 도시 형태가 유사함을 확인할 수 있다.

자료: 〈https://www.metod-kopilka.ru/prezentaciya_po_istorii_na_temu_
quotmoskovskiy_kreml_i_ego_soboryquot-48526.htm〉.

신성로마제국 황제의 세속권력을 지지하는 기벨린파가 사용한 성벽의 제비 모양 장식.

운 것은 이 제비 장식이 이반 3세가 가져온 비잔틴제국의 문장인 쌍두독수리 모습과도 유사하다는 점이다.[8]

오늘날의 붉은광장이 만들어진 것도 바로 이반 3세 때이다. 1446년 화재와 지진으로 크렘린이 크게 훼손되었고 그것이 붉은 벽돌로 개축하는 이유가 되기도 했다. 이반 3세는 화재로부터 제3로마의 핵심인 크렘린을 보호하기 위해 3면 중 유일하게 해자(물길)로 둘러싸이지 않은 북동쪽 외벽으로부터 220m 안에 있는 목조건물을 모두 철거할 것을 명령한다. 그 결과 지금의 광장이 형성되었다.

10년간의 개축 과정을 거쳐 새로 탄생한 이반 3세의 붉은 크렘린은 그 형태를 지금까지도 대부분 유지하고 있다. 그러나 좀 더 자세히 살펴보면 그 이후에도 정치적 변동에 의해 이런저런 건축적 변화를 겪어왔음을 알 수 있다.

우선 이반 3세 사망 직후 붉은광장이 있는 북동쪽 외벽에 넓이 32m, 깊이 12m 해자를 파서 크렘린을 물로 둘러싸인 섬요새로 만든 바 있다. 섬요새는 이후 약 300년간 유지되었으나 19세기 초 나폴레옹군이 크렘린을 점령하고 간 뒤 해자뿐 아니라 북서쪽 네글린나야강까지 매립했다. 특히 네글린나야강은 지하수로로 덮이고 그 위에 나폴레옹전쟁의 승리를 기념하는 공원이 조성되어 오늘날에 이른다. 유명한 크렘린의 초병 교대식도 바로 이 공원 어귀의 무명용사의 묘에서 진행된다.

또한 붉은 벽돌도 18세기 이후에는 당시 유행에 따라 흰색으로 덧칠이 되었다. 1812년 나폴레옹이 점령한 크렘린은 붉은색이 아니라 흰색이었고 이것은 사회주의혁명과 제2차 세계대전 이후까지 유지되었다. 오늘날 우리가 보는 붉은색은 1947년 스탈린의 명령에 의해 복원된 모습이다. 이반 3세의 비잔틴주의와 스탈린의 사회주의가 절묘하게 합을 이룬 결과이다. 이렇듯 크렘린 건축의 역사는 한마디로 러시아 정치사의 시각적 압축판이라고 할 수 있다.

이반 종루의
저주

모든 도시마다 그 도시를 상징하는 랜드마크가 있다. 건축가 유현준 교수는 특정 구역의 랜드마크가 역외 경쟁자들에 대한 힘의 과시와 경고의 기능을 한다고 말했다. 모스크바 역시 예외가 아니다. 모스크바의 랜드마크만 봐도 러시아 역사의 주요한 변곡점을 거의 다 알 수 있다.

외국인들에게는 붉은광장의 성 바실리 성당이 모스크바의 랜드마크로 많이 알려져 있다. 그러나 물리적으로 또 상징적으로 제일 높은 건물로 오랫동안 랜드마크 역할을 했던 것은 모스크바의 7개 언덕 중 가장 높은 보로비츠키 언덕, 즉 크렘린 안의 사원 광장에 자리 잡은 높이 81m의 이반 종루다. 16세기부터 19세기까지 모스크바 스카이라인의 최고 꼭짓점은 바로 이 종루가 차지했다(그 이전에는 55m 높이의 우스펜스키 대성당이었다).

탈몽골의 주역 이반 3세를 기리는 이 종루는 그가 죽은 후 3년간의 공사 끝에 이탈리아 건축가 본 프랴진에 의해 1508년 완성되었다. 그때만 해도 높이가 60m였는데 지금의 높이가 된 것은 1600년, 바로 러시아 왕조가 교체되던 그 시기의 일이다.

시베리아 정벌을 시작한 이반 뇌제가 1584년에 죽자 그의 병약한 아들 표도르가 왕이 되었는데 사실상 그의 처남 보리스 고두노프가 섭정을 한다. 그 와중에 차기 왕위 계승자인 표도르의 동생 드미트리를 보리스 고두노프가 죽였다는 의혹이 파다하게 퍼지고, 이후 1598년 표도르가 병사하자 보리스가 직접 즉위한다. 사실상 류리크왕조가 끝난 것이다.

보리스가 왕권을 잡자, 러시아 곳곳에서는 그의 정통성을 문제 삼는 목소리가 높아졌다. 심지어 죽은 드미트리가 곳곳에서 부활한다. 드미트리가 사망한 1591년 이후 로마노프가가 새 왕조로 옹립될 때까지 6명의 가짜 드미트리가 등장한 것이다. 보리스는 이 혼란을 수습하기 위해 자신이 이반 3세를 계승한다는 점을 강조한다. 이를 위해 선택한 것이 바로 이반 종루였다. 이반 3세의 뜻을 살려 모스크바가 전 세계 기독교의 종주국, 즉 '제3로마'임을 강조하기 위해 예루살렘에 있는 예수 무덤 교회[9]의 모양으로 이반 종루가 부속된 교회의 개축을 명령한 것이다. 그 결과 8각형의 본래 종루 위에 실린더형의 드럼과 황금 돔이 덧붙여져 지금의 모습이 되는데(81m), 보리스는 이 드럼에 자신과 자신의 아들에 의해 이 종루 교회가 1600년에 완성되었다는 사실을 새겨 넣었다. 그러나 5년 뒤 보리스가 병으로 사망하자 그 뒤를 이은 아들 표도르는 즉위한 지 겨우 2개월 만에 가짜 드미트리를 앞세운 반란군에 죽임을 당한다. 종루에 새겨졌던 글귀도 모두 지워진다. 현재 우리가 보는 글귀는 약 100년 뒤 표트르 대제가 복원한 것이다.

하지만 보리스 고두노프 덕분에 이반 종루는 러시아에서 가장 높고 신성한 건물이 되었고 러시아어에는 '높은 것보다 더 높은 위대한 이 반Ivan the Great-Higher than High'이라는 표현이 관용어로 굳어졌다. 이 성스러운 종루가 무너지지 않는 한 러시아도 무너지지 않을 것이며 이보다 더 높은 건물을 지으려는 불경한 시도는 모두 실패할 것이라는 믿음이 민간에 퍼졌고 실제로 그런 시도들은 계속 무산되었다.

1812년 모스크바를 점령한 나폴레옹이 이반 종루를 폭파하려 했으나 교회와 종만 폭파되고 종루는 그대로 남는 기적 같은 일이 일어났다. 1년 뒤 종루의 종이 다시 울렸을 때 모스크바의 모든 시민이 이 날을 도시 부활의 축일로 즐겼다고 한다. 그보다 앞서 1723년에는 표트르 대제의 오른팔 멘시코프가 자신의 전용 교회 탑을 이반 종루보다 더 높이 지었다가 벼락을 맞아 무너진 일도 있었다. 그런데 이보다 더 흥미로운 일은 19세기 나폴레옹전쟁 후에 시작되어 20세기까지 이어진다.

1812년 나폴레옹전쟁에서 승리한 알렉산드르 1세는 러시아를 구한 위대한 사건을 기념하기 위해 모스크바에 구세주 대성당 건축을 명령한다. 설계 높이가 무려 240m에 달했다. 1817년 7개 언덕 중 가장 낮은, 지금은 모스크바 국립대가 있는 참새 언덕에서 시공식이 성대히 거행되었다. 그러나 이상하게도 공사가 여러가지 이유로 지연되더니 1827년에는 공사 자체가 중단되었고 1837년 책임 건축가는 횡령죄로 유형에 처해졌다.

새로운 왕 니콜라이 1세는 1831년에 프로젝트를 다시 시작한다. 이

모스크바를 대표하는 랜드마크 중 하나인 이반 종루. 때론 황제의 치적을 기리기 위해, 때론 왕위의 정통성을 강조하기 위해 조금씩 모습을 달리하며 그 자리를 지켰다.

번에는 장소를 크렘린에 좀 더 가까운, 현재의 구세주 대성당이 있는 곳으로 옮긴다. 이 또한 높이가 이반 종루보다 높은 103m였다. 1839년 시공식 이후 무려 44년이 지난 1883년 드디어 모스크바만이 아니라 러시아에서 가장 높은 교회가 완성되었다.

1917년 사회주의혁명 이후 이 교회의 흑역사가 다시 시작된다. 스탈린은 이 자리에 무려 415m(안테나 포함 495m)의 소비에트 궁전을 짓기로 결정하고 1931년 구세주 대성당을 폭파한다. 그러나 1942년 완성되어야 할 소비에트 궁전 건설은 갖가지 이유로 지연되다가 제2차 세계대전으로 중단되었고 전후에도 이 프로젝트는 되살아나지 못했다. 1960년 이 자리에는 세계에서 가장 큰, 그러나 이반 종루보다는 비교할 수 없이 낮은 공간이 들어섰다. 바로 야외수영장이었다. 이반 종루의 저주가 실로 무시무시하다.

소비에트 궁전을 끝으로 이반 종루의 저주는 끝이 난 듯 보인다. 2000년 이 자리에 옐친의 명령으로 수영장 대신 현재 모습의 구세주 대성당이 복원되었으며, 그보다 앞서 1950년대에 이른바 스탈린 양식이라 불리는 130m 이상의 거대한 랜드마크 7개가 건설되었으니 말이다. 그럼에도 아이러니한 것은 그중 가장 높은 모스크바 국립대는 알렉산드르 1세가 애초 구세주 대성당을 짓고자 계획했던 참새 언덕에 건설되었다는 점이다. 더욱이 그 높이가 본래 구세주 대성당의 목표치로 삼았던 240m이다.

모스크바의 랜드마크 건설에 가려진 권력 교체의 역사가 참으로 흥미진진하다. 비록 모스크바 스카이라인의 최고 꼭짓점 자리는 이제 다른 건축물에 내주었지만, 이반 종루는 여전히 모스크바의 권력 교체 역사를 보여주는 상징적 랜드마크로 굳건히 서 있다.

도시 곳곳에 흥미로운 이야기를 너무도 많이 간직하고 있는 모스크바를 숨 가쁘게 돌아보았다. 이제 모스크바를 떠나 시베리아 횡단 여행의 끄트머리 도시들을 향해 출발한다.

가장 높은 성당에서 가장 낮은 수영장이 되었다가, 다시 103m의 본래 높이로 복원되며
정치적 격변에 따른 부침을 그대로 겪은 구세주 대성당.

16

초원에 펼쳐진
건축 박물관

✟ 황금고리 ✟

야로슬라블 · 블라디미르 · 수즈달 · 세르기예프포사트

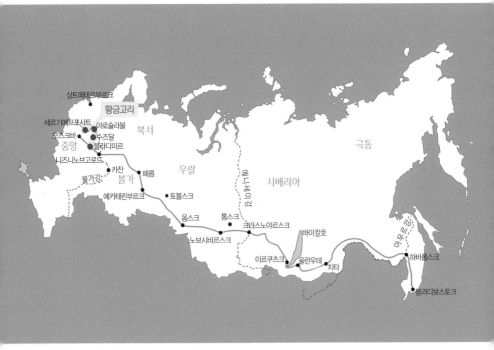

━━●━ 시베리아횡단철도 노선

상트페테르부르크

황금고리

세르기예프포사트 야로슬라블 북서
모스크바 수즈달
블라디미르 극동
중앙
니즈니노브고로드
카잔 페름 우랄
볼가강 볼가 시베리아
예카테린부르크 예니세이강
토볼스크
옴스크 톰스크
크라스노야르스크 바이칼호 아무르강
노보시비르스크
이르쿠츠크 울란우데 치타 하바롭스크

블라디보스토크

러시아의 고대 도시, '황금고리'의 발견

　우리의 시베리아횡단열차 여행의 마지막 도시는 상트페테르부르크이다. 하지만 그 도시로 들어가기 전 반드시 들러야 할 곳들이 있다. 모스크바나 상트페테르부르크에서는 볼 수 없는 고대 러시아의 건축 문화가 러시아의 대초원과 함께 그대로 보존되어 있는, 이른바 '황금고리' 지역이다. 이 명칭은 1967년 소련의 잡지 기자 유리 비치코프가 모스크바 근교의 8개 고대 도시˙를 돌아보고 '황금고리'라는 시리즈 기사를 발표한 데서 유래했다.

　'황금고리' 지역의 도시들은 키예프에서 모스크바로 러시아의 중심이 옮겨가는 과도기인 11~13세기 사이에 탄생하거나 번성했기에 러

˙ 세르기예프포사트, 페레슬라블잘레스키, 로스토프, 야로슬라블, 코스트로마, 이바노보, 수즈달, 블라디미르 등.

시아 바깥에는 오랫동안 전혀 알려져 있지 않았다. 러시아 근현대사에서도 모스크바의 큰 그늘에 가려 경제적으로나 문화적으로나 낙후한 지역이었다. 11개나 있는 러시아의 시간대 중에서 모스크바와 같은 시간대에 속하지만 다른 시간대에 있었다고 말해도 될 정도이다.

하지만 지금은 바로 그런 시차가 오히려 이 도시들의 강력한 자산이 된다. '황금고리'라는 별칭처럼 눈이 부실 정도로 빛나는 문화유산과 자연경관이 세상에 드러나면서 이 도시들은 러시아뿐 아니라 전세계 여행자들에게 가장 사랑받는 루트 중 하나가 되었다.

황금고리 대부분의 도시들은 모스크바 시내 야로슬라블역에서 기차를 타고 가거나, 자동차를 타고 M8번 고속도로를 따라 북동쪽으로 달려 3~4시간 정도면 도착할 수 있는 거리에 있다. 직경 약 300km 동심원 안에 유네스코가 지정한 세계유산이 10개 넘게 집중되어 있다는 사실이 참으로 놀랍다. 물론 외국인 여행자가 이 8개 도시를 다 돌아볼 수는 없겠지만, 그중 유서 깊고 큰 도시인 야로슬라블, 이 도시보다 규모는 작지만 가장 아름다운 앙상블을 이루는 세 도시 블라디미르-수즈달-세르기예프포사트는 따로 시간을 내어 꼭 들러볼 만하다. 이 네 도시를 통해 중세 러시아의 역사와 정신사를 압축적으로 확인해볼 수 있어서다.

11세기에 탄생한 야로슬라블에서 출발하여 12~14세기 러시아 건축의 백미를 보여주는 수즈달과 블라디미르를 거쳐 14세기에 만들어진 세르게이 대수도원까지 가면 그 여정에서 우리는 모스크바 공국의 문화적 뿌리를 읽어낼 수 있다. 예를 들어 기독교 도입 초기에 세워진 도시 야로슬라블의 창건 설화는 토착 종교의 상징인 곰을 '죽이는' 이야기다. 반면 그로부터 약 3세기 뒤에 만들어진 도시인 세르기예프 포사트의 탄생 설화는 굶주린 곰을 '살리는' 이야기다. 기독교 문화 바깥에 존재하던 러시아의 곰이 이때부터 기독교 안으로 들어온 것이다. 14세기 말 기독교를 통해 전 러시아인을 하나로 규합하여 몽골을 몰아내고자 했던 모스크바 공국의 통치 이념이 엿보인다.

이제부터 떠날 황금고리 여행은 이처럼 다양한 측면에서 현대 러시아의 뿌리를 더듬을 수 있는 여정이 될 것이다.

위대한 메세나의 도시,
야로슬라블

야로슬라블은 명실상부한 황금고리의 중심 도시이다. 모스크바에서 황금고리 도시들로 가는 출발역 이름이 야로슬라블역이며, 황금고리 도시간협의회[*] 본부도 야로슬라블에 있다. 황금고리 도시 중 유일하게 시베리아황단철도의 간선상에 위치하고 있다. 인구도 약 61만 명

---

[*] 2017년 야로슬라블 주지사가 주도하여 러시아연방 문화부의 공식 인증을 받아 만든 황금고리 8개 도시의 연합체이다. 러시아 학술회의 역사적 가치 인정 등 엄격한 협회 가입 기준에 따라 회원 도시를 선정한다. 2018년에 우글리치가 추가되었다.

으로(2019년 기준) 황금고리 도시 중에서는 단연 최대이다. 다른 도시들의 인구는 많아봐야 42만 명(이바노보, 2019년 기준)이고 심지어 1만 명에 불과한 도시(수즈달)도 있다.

생활수준도 가장 높다. 2019년 기준 평균 월급이 3만 6,700루블로, 코스트로마 3만 5,200루블, 블라디미르 3만 3,100루블, 이바노보 2만 9,400루블 등 다른 도시들보다 높다.[1] 1932년 세계 최초로 합성고무를 생산한 이 도시는 지금도 디젤 엔진, 기차 차체, 선박 동체, 정유화학 제품, 섬유, 가구, 신발 등 제조업 비중이 35.8%(2018년 기준)[2]로 러시아 최대의 공업도시다.

그런데 이 도시의 진정한 매력은 공업도시임에도 불구하고 11세기의 옛 문화가 아름다운 자연 풍경과 함께 도시의 고갱이로서 온전히 유지되고 있다는 점이다. 교회 건축 유산만 28개가 전해지고, 18세기에 예카테리나 2세의 명으로 정비된 도심은 그 자체가 유네스코 세계유산으로 지정되었으며, 이 도시의 구세주 수도원에서는 러시아의 고대 역사를 기록한 기념비적 저작 《이고르 원정기》가 발견되었다. 야로슬라블은 어떻게 공업도시이자 역사도시, 경제와 문화가 공존하는 도시로 발전하게 되었을까? 다음 에피소드가 그 비결을 조금은 짐작하게 해줄 것 같다.

1889년 10월 17일 야로슬라블시 구시가지 한가운데에서 기도소 착공식이 열렸다. 1년 전 바로 이날 황제 알렉산드르 3세와 그 가족이 열차 탈선 사고에서 기적적으로 살아남았는데, 야로슬라블시에서 이를 기념하는 기도소를 짓기로 했던 것이다. 기도소의 명칭은 황제의 동명 수호성자인 알렉산드르 넵스키를 따르기로 했다. 비록 기도소였지만 위치나 크기로 보자면 단순한 기도소를 넘어서는 규모였으며, 실제로 도시의 유력 인사를 포함해 대군중이 착공식에 모여들었다. 큰 십자가를 앞세운 군중이 성가를 부르며 크렘린의 우스펜스키 대성당을 출발해서 도심을 한 바퀴 돈 다음 시작된 착공식은 조용한 지방 도시에 모처럼 볼거리를 선사했다.

그런데 착공식 내내 군중의 관심은 기도소나 행사에 참석한 인사들이 아닌 그 자리에 없는 한 중년 남성에게 가 있었다. 쉰 살이 한 해 앞으로 다가온 이 초로의 신사는 행사 시간 내내 자신의 집 2층 창가에서 무릎을 꿇고 눈물로 기도하고 있었다. 특히 행사 중에 주교가 그의 이름을 부르며 장수를 기원했을 때 그의 울음은 대성통곡에 가까울 정도로 극에 달했다.

그는 대체 누구일까. 이 사람의 이름은 콘스탄틴 오그냐노프로 야로슬라블에서 3대째 이어온 거상이었다. 독실한 기독교인이자 황제의 충복이기도 한 콘스탄틴은 거동이 힘들 만큼 중병에 걸려 있었다. 그러나 그는 알렉산드르 넵스키 기도소의 착공식을 꼭 보고 싶었다. 왜냐하면 이 기도소의 건축비를 대부분 그가 댔기 때문이다. 본래는 착공식에서 그가 첫 돌을 놓기로 예정되어 있었지만 병을 앓고 있던 터라 큰아들 미하일을 대신 보냈다. 멀리서나마 착공식을 바라보는 그의 눈에는 이 기도소 외에도 자신이 3,000루블을 기부해 만든 구제원

야로슬라블의 거상 오그냐노프의 기부로 지은 알렉산드르 넵스키 기도소.
도시에 전해내려오는 메세나 전통을 잘 보여주는 유적이다.

등 자신의 흔적이 어린 건물들이 여기저기서 보였다. 이제 생이 얼마 남지 않았음을 직감한 그는 신과 황제에게 바치는 마지막 선물이 될 이 기도소를 향해 깊은 감사의 기도를 올렸다. 그로부터 약 5개월 후 한 시대를 풍미했던 거상은 50세의 아까운 나이로 생을 마감했다.

오그냐노프 집안은 18세기 말에서 19세기 초까지 야로슬라블만이 아니라 러시아 전역을 호령하던 거상이다. 수십 채의 집과 상점을 보유했고 시의원으로도 활약했으며 무엇보다 사회적 기부로 유명했다.

한편 알렉산드르 넵스키 기도소의 착공식 행군이 시작되었던 우스펜스키 대성당은 또 다른 거상 스크리핀 가문에 의해 지어진 건축물이다. 1010년 야로슬라블의 탄생과 함께 등장하여 이 도시의 가장 대표적인 문화유산으로 보존되고 있는 예언자 엘리야 교회도 1650년 스크리핀 집안의 기부로 지금의 석조 건물로 재건축되었다.

스크리핀 가문은 17세기 러시아를 대표하던 거상이다. 이 가문은 시베리아의 모피, 진주, 각종 보석을 대규모로 사들여 수출하고 독일 등 유럽에서 수입한 물건을 러시아 전역에 뿌리며 엄청난 부를 챙겼다. 그런데 당시 야로슬라블에는 이런 러시아 최고의 거상이 오그냐노프와 스크리핀 집안 말고도 놀라울 정도로 많았다. 현재 이 도시가 인구 61만 명가량의 소박한 지방 도시임을 생각하면 이는 매우 뜻밖의 사실이다.

17세기 러시아 황실은 자국의 상인들을 서열을 매겨 관리했는데, 그중 최상급 상인은 '국상國商'으로 분류되었다. 당시 총 30명 정도의 국상이 있었는데 그 25%가 야로슬라블 상인이었다. 또한 1634년 러시아 정부가 거둬들인 재산소득세의 3분의 1이 이 도시에서 나왔다. 1669년, 러시아 전역 상업 건물의 수에서도 전포塵鋪 803개, 상가 2,803개가 있는 야로슬라블이 2위였다.[3]

18세기에 예카테리나 2세는 상인을 3개 등급의 길드로 분류했다.

1등급 길드는 자본 규모 1만 루블 이상, 2등급은 1만 루블 미만 5,000루블 이상, 3등급은 5,000루블 미만 1,000루블 이상의 상인이 속했다. 1846년 야로슬라블에는 1등급보다 더 높은 귀족 대우를 받은 세습거상이 29명, 1등급이 10명, 2등급이 72명, 3등급이 408명 있었다. 30년 뒤에는 각각 30명, 111명, 341명, 513명 등으로 더 늘어났다. 요컨대 17~19세기 초 러시아 상권을 야로슬라블이 이끌고 있었다는 이야기다.[4] 이 상인들이 축적한 막대한 부가 이후 19세기 말에서 20세기 초 이 도시에서 공업이 발전할 수 있는 토대를 마련했다.

더구나 이 도시의 거상들은 부의 축적에만 관심이 있었던 것이 아니라 사회환원사업에도 남다른 모범을 보였다. 이들의 기부 활동은 성당, 도서관, 갤러리 건축 등 다방면에서 나타났으며 대상 지역도 야로슬라블에 국한되지 않고 모스크바, 상트페테르부르크 등지까지 확장되었다. 물론 이 기부 활동의 최대 수혜 지역은 야로슬라블이었다. 특히 19세기 후반에 구빈 활동이 매우 활발해져 1860년과 1890년 사이 야로슬라블에서만 구제 관련 협회나 기관이 14개에서 36개로 늘어났다. 1890년 구빈원에 의탁한 가족이 250가구, 보조금을 받은 사람들은 516명에 달했다.[5]

이 구제 활동에 가장 적극적이었던 거상 중 하나가 앞서 언급한 오그냐노프 가문이다. 사회주의혁명 이후 거상은 물론 이들의 도움을 받은 사람들도 모두 사라졌지만 그 흔적이 야로슬라블의 대표적 건축 문화유산들에 남아 있다. 상권을 주름 잡던 거상들에 의해 고도古都를

© Вахрушев Виталий

야로슬라블의 대표 문화유산인 '예언자 엘리야 교회'.

대표하는 아름다운 건축물이 지어졌거나 재건축되었던 것이다. 이미 언급한 도시의 2개 중심 교회인 예언자 엘리야 교회와 우스펜스키 대성당, 그리고 알렉산드르 넵스키 기도소 외에도 독특한 건축양식으로 유명한 성 요한 세례 교회, 페트로파블롭스크 교회, 니콜라이 교회, 순교자 바르바라 교회 등 수많은 교회가 거상들의 기부로 지어졌다. 그런 의미에서 볼 때 야로슬라블이 황금고리에 속하게 된 것은 한마디로 이 위대한 메세나들 덕분이었다고 할 수 있다.

부자 도시가 된
비결

러시아 변방의 작은 도시, 야로슬라블에 상권이 집중된 까닭은 무엇일까? 역사적 우연이 여럿 겹친 것이지만 그 기반에는 볼가강, 그리고 볼가강을 이용한 도시민들의 개방적 태도가 있었다.

러시아 역사가 막 시작되었을 때 상권의 중심은 사실상 첫 번째 수도였던 북서 지역의 노브고로드였다. 862년과 882년 사이, 러시아의 중심지였던 이 도시는 이후 남서 지역의 키예프로 그 지위를 넘겨준 뒤로도 러시아 도시 중 가장 독립정신이 강한 상인 도시로 남았다. 발트해를 통해 유럽과도 교역하던 이 도시 상인들의 상술尚術은 유럽인들도 인정할 정도로 뛰어났다고 한다. 그러나 14세기부터 러시아의 중심이 키예프에서 다시 이전의 수도 노브고로드에 보다 가까운 북동쪽의 모스크바로 옮겨지면서 노브고로드에 비극이 시작된다.

러시아 전체를 통일하려는 모스크바 공국 입장에서 노브고로드는 최대 위협이었다. 실제로 16세기에 이반 뇌제는 폴란드와 밀통했다는 명목으로 6주 동안 2만 7,000명을 살해하며 이 도시를 거의 초토화했다. 가까스로 목숨을 부지한 거상들은 이때 러시아 전역으로 흩어졌는데 이 중 일부가 야로슬라블에 자리를 잡았다. 야로슬라블은 볼가강 상류에 자리 잡고 있어 유럽과 교역을 지속하기에 적합한 지역이었고, 동시에 러시아 내 최대 시장인 모스크바와도 가깝다는 이점이 있었다. 앞서 소개한 스크리핀 가문도 이 시기에 노브고로드에서 옮겨왔다. 이렇게 해서 야로슬라블은 제2의 노브고로드가 될 만한 인적 기반을 갖출 수 있었다.

그 무렵 야로슬라블의 운명을 바꿀 사건이 먼 영국에서 벌어졌다. 1551년 리처드 챈슬러, 세바스천 캐벗, 휴 윌로비 등이 '신세계로의 무역 모험 회사Company of Merchant Adventurers to New Lands'◆를 만들었는데, 이 회사의 미션은 북동 회랑◆◆을 통해 런던에서 중국으로 가는 새로운 무역로를 개발하는 것이었다. 1553년 5월 윌로비를 대장으로 하여 세 척의 배가 런던을 떠나 북해North Sea를 따라 러시아로 출발했다. 윌로비가 직접 이끈 두 척의 배는 바렌츠해를 건너 노바야 제믈랴 제도를 지나 그해 9월 무르만스크의 동쪽 바르지나 강변에 도착했다. 그러나 여기서 얼음에 갇혀 소식이 끊겼고 1년 뒤인 1554년 5월 탐험대는 러시아 어부들에 의해 동사한 채로 발견되었다. 다행히 챈슬러가 이끈 나머지 한 척은 무사히 백해White Sea를 지나 러시아의 아르한겔스크 근처의 북드비나강에 도착했다.

이 소식을 들은 이반 뇌제가 이들을 모스크바로 초청하여 후하게 대접했다. 당시 러시아는 강력한 리보니아 공국, 폴란드 왕국, 스웨덴 제국의 견제로 발트해 상권에 접근하기가 힘들었으며, 설령 접근한다

◆ 정식 명칭은 'Mystery and Company of Merchant Adventurers for the Discovery of Regions, Dominions, Islands, and Places unknown'이다.
◆◆ 북해-모스크바-러시아 오비강을 연결한 물길을 말한다.

하더라도 한자동맹Hanseatic League이 갖고 있는 독점권 때문에 제대로 무역을 할 수가 없었다. 때마침 도착한 영국의 상선은 러시아에 발트해 상권에 자국의 물건을 안정적으로 공급할 수 있는 새로운 가능성을 주었다. 이로써 영국에도 모직을 팔 수 있는 거대한 신시장을 개척하는 동시에 러시아의 모피와 각종 광물을 확보할 기회가 열렸다.

이반 뇌제는 1554년 영국 상인들에게 러시아와의 무역독점권을 약속하는 친서와 함께 챈슬러를 런던으로 돌려보냈다. 다음 해 챈슬러는 메리 여왕의 후원으로 회사 이름을 아예 '모스크바 회사Muscovy Company'로 바꾸어 러시아에 다시 방문했고 이때부터 볼가강을 통한 영국과 러시아 간 무역이 본격화했다. 러시아 황실은 영국 상인들에게 사실상 러시아 내의 모든 거래에 대한 독점권에다 면세 특혜까지 주었고 영국 상인들은 이를 바탕으로 우즈베키스탄 부하라, 페르시아 등까지 진출했다. 영국과 러시아의 관계가 이렇게 좋았던 적은 그 이후로는 없었다. 심지어 이반 뇌제는 영국 상인을 통해 엘리자베스 여왕에게 청혼을 하기도 했다.

영국 상인들은 17세기 말 표트르 대제가 이들의 독점권을 없애기 전까지 거의 무소불위의 권리를 행사하며 러시아 상권을 장악했다. 그런데 이들이 러시아로 들어가는 첫 번째 기착지이자 창고로 정한 곳이 바로 볼가강 본류 유역에 자리 잡은 야로슬라블이었다. 이로써 야로슬라블은 노브고로드의 뛰어난 거래 기술과 유럽 최대의 무역상인 영국의 상품과 상권을 모두 활용할 수 있게 되었다.

개방과 공존의
DNA

이 도시의 상인들은 자신들의 도시가 '볼가강 최초의 기독교 도시' 라는 것, 즉 야로슬라블의 뿌리를 잊지 않았다. 야로슬라블이란 러시 아어로 '야로슬라브의 것'이라는 뜻이다. 러시아의 도시사에서는 드 물게도 도시 이름이 단 한 번도 바뀐 적이 없다. 그 이름 자체로 도시 의 창건자가 누구인지 알 수 있는데, 러시아 역사에서 유일하게 '지 혜로운'이라는 별칭이 붙은 대공 야로슬라브 무드리Мудрый(러시아어 로 지혜롭다는 뜻)가 창건한 도시이다. 이 도시가 창건자인 야로슬라브 를 얼마나 자랑스러워하는지 알 수 있는데, 그는 988년 기독교를 받아 들인 블라디미르 대공의 아들이다. 야로슬라브는 아버지의 대를 이어 러시아에 기독교가 자리 잡는 데 혁혁한 공을 세웠다. 즉, 키예프 최고의 문화유산인 성 소피아 대성당 건립, 러시아 최초의 법전《러시아의 진리 Русская Правда》편찬 등 러시아 기독교 문화의 기틀을 세운 사람이다.

야로슬라브는 장자가 아니었다. 따라서 처음에는 키예프의 대공 자 리와는 거리가 먼, 지금의 야로슬라블을 포함하는 로스토프 공국을 상속받았다. 1010년 그가 볼가강을 따라 여행하던 중 주로 이교도들 이 거주하는 '곰의 마을'에 도착한다. 볼가강과 그 지류 코토로슬강이 만나는 곳에 형성된 곳에 내린 야로슬라브 공후는 현지인들에게 기독 교 개종을 권한다. 그러나 이들은 오히려 야생 곰을 풀어 공후를 위험

야로슬라블의 창건자 야로슬라브와 곰 이미지가 함께 담긴 1000루블 지폐.

에 빠뜨린다. 야로슬라브는 곰을 제압하고 이곳에 교회를 짓고 요새를 건설할 것을 명령했다. 이렇게 도시의 역사가 시작되었고 야로슬라블은 러시아 역사에서 곰이 처음으로 데뷔한 무대가 되었다.

야로슬라블 사람들은 곰 살해 사건을 신화적 의미로 해석한다. 곰의 죽음이 기독교인의 부활로 이어진 것이라 믿는 것이다. 단군신화에서 곰이 사람이 된 것처럼 러시아 역사에서 곰은 죽음으로써 기독교를 받아들인 야로슬라블 사람을 상징한다. 노브고로드인과 영국인에게 문을 열었던 볼가 강변의 사람들은 그보다 훨씬 앞서 기독교를 받아들였던 것이다. 개방을 통한 진화가 DNA로 전해졌으나, 이 도시는 곰이 나타내는 우직한 매력도 잃지 않았다. 이전에는 '야만'을 상징했던 곰이 이제는 기독교를 상징하는 야로슬라브 대공과 함께 도시를 대표하는 중요한 요소가 되었다. 이 도시의 문장에도, 이 도시가 그려진 1000 루블 지폐에도, 그리고 이 도시 곳곳에서 곰과 야로슬라브가 함께 등장하는 이유다. 이 공존의 DNA가 경제와 문화, 과거와 현재가 함께하는 야로슬라블의 매력을 만들어내고 있다.

'백석 건축물의 백미', 블라디미르

모스크바 도심에서 동쪽으로 약 190km 떨어진 블라디미르는 1243년 키예프로부터 러시아 수도의 지위를 이어받아 1389년 모스크바에 넘겨주기까지 150년 가까이 러시아의 중심지였다. 이 도시의 백미는 12세기에 찬란한 꽃을 피웠던 러시아 백석 건축물들이다. 유럽의 로마네스크나 고딕과는 완전히 다른 러시아 고유의 미를 맛볼 수 있는데 대표적 예가 12세기 후반에 완성된 블라디미르의 우스펜스키 대성당(1189년)과 성 드미트리옙스키 성당(1197년)이다. 1992년 유네스코 세계유산으로 등재된 이 두 성당은 블라디미르의 대표 명소이다. 특히 우스펜스키 대성당은 약 300년 뒤 이반 3세가 모스크바 크렘린에 같은 이름의 성당을 지을 때 모델로 삼았을 정도로 러시아 건축사에서 매우 중요한 의미가 있다. 학계에서는 이때부터 이른바 러시아 고유의 건축 유파가 시작된 것이라고 평가한다.

러시아의 고대 백석 건축은 유럽의 로마네스크나 고딕과는 달리,

인간을 압도하는 높이나 육중함을 자랑하기보다는 인간적이며 자연친화적인 것이 특색이다. 블라디미르의 두 성당도 높이가 각각 32.3m, 27.2m로, 파리 노트르담 대성당 69m, 피렌체 대성당 90m 등 유럽의 성당들에 비하면 아주 인간적인 크기라 할 만하다.

우스펜스키 대성당에서는 세계 최고의 성화 작가 안드레이 루블료프의 프레스코화를 감상할 수 있는 것도 큰 기쁨이다. 이 작품의 가장 큰 특징도 '인간적'이라는 바로 그 점이다. 성당 안 프레스코 벽화에서 사도와 천사들은 어둡고 비개성적인 모습의 기존 관례를 깨고 밝고 따뜻하며 특유의 감정을 가진 인간의 얼굴을 하고 있다. 피사체 모두를 감싸 안는 화가 특유의 둥근 원 구조 속에서 몽골의 수탈에 허덕이던 당시 러시아인들을 보듬어주는 모성이 느껴진다.

여기에 또 하나 우스펜스키 대성당이 유럽의 성당들과 다른 점이 있으니, 완전히 열린 자연 속에 위치한다는 것이다. 러시아의 고대 도시는 대부분 대초원과 굽이굽이 흐르는 강이 만나는 그리 높지 않은 언덕 위에 세워졌다. 중요한 성당과 건물은 모두 이 언덕 정상에서 주변 건물의 방해를 받지 않고 오롯이 자연과 맞닿아 있다. 블라디미르에서도 두 성당을 둘러본 후 그 뒤로 이어진, 끝없이 펼쳐진 대초원과 강줄기가 어우러지는 장관을 감상하는 것은 유럽에서는 결코 맛볼 수 없는 러시아만의 독특한 경험이 된다. 바로 저 벌판과 강을 통해 머나먼 남쪽 키예프에서 러시아 대공들이 몽골을 피해 식솔을 이끌고 왔고 그 뒤를 이어 몽골 기마병들이 쳐들어왔으며, 또한 그 전에는 머나

완전히 열린 자연 속에 자리 잡은 우스펜스키 대성당.

우스펜스키 대성당 내부 안드레이 루블료프의 프레스코화.

먼 아랍과 중앙아시아의 실크로드 상인들이 이곳을 지나왔을 것이다. 그 모든 장면을 상상해보는 것은 정말로 흥미롭다.

인간미와 자연미 못지않게 우리를 감동시키는 것이 또 있다. 러시아 석회암 특유의 따뜻함과 투박함이 살아 있는 백석 벽에 새겨진 부각의 아름다움이다. 특히 당시 러시아 대공의 가족 성당이었던 성 드미트리엡스키 성당은 본 성당인 우스펜스키 대성당보다 전체 규모는 작지만, 벽면에 새겨진 600여 개의 부각만큼은 여느 대형 성당의 추종을 불허한다. 특히 남쪽 파사드가 일품이다. 러시아정교와는 전혀 상관없는 마케도니아 알렉산더 대왕의 승천 이야기로 가득 채워진 부각은 순전히 예술적이고 과시적인 의도의 산물이라 더욱 이채롭다.

우스펜스키 대성당에서 동북쪽으로 11.3km를 자동차로 달려가면 근교의 작은 마을 보골류보보가 나온다. 아무리 걸어도 나무라고는 거의 없는 넓은 초원이 끝없이 펼쳐진 지역이다. 그 초원을 1km 이상 걷다 보면, 어느 순간 숨을 멎게 할 정도로 아름다운 풍경이 나타난다. 파란 하늘과 푸른 들판이 맞닿은 곳에 작은 강이 흐르고 그 강이 굽이지는 작은 언덕 위에 높이가 24m에 불과한 작고 하얀 석조 교회가 서 있다. '아 이것이 러시아의 아름다움이구나'라는 생각이 절로 드는 장관이다. 러시아 사람들은 이 교회를 네를 강변의 성모 중보기도 교회라고 부른다. 인간미, 자연미, 그리고 벽면에 새겨진 정교한 부각까지 러시아 12세기 백석 건축의 백미 중에 백미라고 할 수 있다.

벽면의 부각과 파사드가 돋보이는
성 드미트리옙스키 성당.

© Ludvig14

© gettyimagesbank

12세기 러시아 백석 건축의 백미로 꼽히는 아름다운 네를 강변의 성모 중보기도 교회.

지상에 내려온 하늘나라, 수즈달

블라디미르에서 북쪽으로 약 25km를 달리면 러시아에서 손꼽히는, 또 하나의 아름다운 도시 수즈달에 도착한다. 우선 수즈달로 가는 길 자체가 마치 타임머신을 타고 시간의 통로를 거슬러 가는 느낌을 준다. 우리에게 익숙한 러시아와는 완전히 다른 신비한 풍경의 변화를 체험하게 하는 것이다.

사실 모스크바에서 블라디미르로 가는 길은 자작나무와 전나무 숲으로 둘러싸인 전형적인 러시아 풍경이었다. 그러나 수즈달로 가는 길은 푸른 초원과 목장으로 이루어진 낮은 구릉지대이고, 가끔씩 보이는 작은 숲은 그저 장식에 불과한 정도이다. 너무나 비옥한 이 초장草場은 마치 프랑스 남부 지방을 연상케 하며 이곳이 한때 러시아의 경제와 정치의 중심지였던 이유를 실감케 한다.

풍경에 넋을 놓고 자동차로 30분을 달리다 보면 작은 오벨리스크 두 개가 여행자를 맞이한다. 이 오벨리스크 사이에는 본래 아름다운 문이 있었다고 하니, 오래전 옛날에 그리했듯이 삼두마차를 타고 이 문을 지난다고 상상해보는 것도 좋겠다. 그렇게 도착한 수즈달은 면적이 15㎢로 서울의 동작구(16.35㎢)보다도 작고, 인구 또한 약 1만 명(2019년 기준)에 불과한 소규모 도시이다.

그런데 이렇게 작은 도시에 11세기부터 18세기까지의 러시아 건축

© 홍덕희

그림 같은 초원이 한없이 펼쳐진 수즈달로 들어가는 길의 풍경.

유적이 무려 200여 개가 있고 그중 교회가 35개, 수도원이 5개 있다. 러시아 사람들이 이 도시를 천국으로 가는 '하늘 도시' 혹은 '천상에 떠 있는 도시'라고 부르는 것을 이해할 만하다. 그중 유네스코 세계유산으로 지정된 것만 3개이다.

1788년 예카테리나 여제의 뜻에 따라 인위적으로 정비되었음에도 불구하고 옛 모습을 거의 잃지 않고 지금까지 유지되고 있는 것이 놀라울 따름이다. 심지어 20세기의 사회주의혁명도 종교 건축물로 가득 찬 이 유적지의 기품을 누르지 못했다. 오히려 혁명 직후인 1922년 이 도시를 박물관 도시로 지정하자는 의견이 공식적으로 제기되었다.

마치 18세기에 시간이 딱 멈춘 듯한 이 도시에는 현대적인 고층 건물이나 산업 시설이 거의 없다. 건물 하나하나가 다 예술이지만 무엇보다도 그 모든 것이 자연과 너무나 멋들어진 앙상블을 이룬다는 점에서 감탄이 절로 나온다. 크렘린의 백석 벽은 아름답게 굽이치는 맑은 강과 어우러지고 교회의 푸른 돔은 고이 간직된 초록빛 초장을 배경으로 붉은 태양빛에 작열한다. 그 사이를 흐르는, 그지없이 맑고 신선한 대기가 한가롭게 산책하고 있는 농부와 양떼를 안아준다.

수즈달을 이 짧은 글에서 다 소개한다는 것은 불가능한 이야기이지만, 갈 길 바쁜 나그네가 반드시 봐야 할 대표적인 명소 몇 군데라도 들러볼까 한다. 우선 유네스코 세계유산으로 지정된 곳들이다. 첫 번째로 수즈달 크렘린과 그 안의 성모 탄생 교회로 가보자. 11~12세기에 걸쳐 축성된 이 크렘린은 수즈달에서 가장 오래된 건축물로, 둘레가 1,400m에 달하는 성벽은 흙벽 위의 통나무벽과 15개의 탑으로 이루어졌었다. 1709년 화재로 나무는 전소되고 지금은 흙벽과 참호만 남아 있지만 오히려 크렘린 안의 건물과 자연과의 경계가 사라져 훨씬 더 아름다운 모습이다.

크렘린 안에는 15~17세기에 만들어진 주교의 관저, 시계탑 등 백석 건축과 함께 1776년에 만들어진 목조 교회 등이 앙상블을 이루고 있는데 이 앙상블의 핵심은 5개의 푸른 돔을 자랑하는 성모 탄생 교회이다. 이 교회는 하단부는 백석으로, 상단부는 붉은 벽돌로 이루어진 것이 독특하다. 본래 12세기에 만들어졌으나 13세기에 백석으로 재건축되었고 15세기 타타르의 공격으로 심각하게 훼손된 상단부를 16세기에 당시 유행하던 붉은 벽돌로 복원한 결과이다. 이 교회 안에 있는, 18세기 초 동판 에칭에 황금을 채워 그린 56개의 그림판으로 구성된 황금문, 13세기 프레스코화, 그리고 수즈달의 역사를 이끈 지도자와 주교들의 관 40여 개도 지나쳐서는 안 된다.

다음으로는 이 역시 유네스코 세계유산으로 지정된 예브피미예프 수도원이다. 1352년에 처음 만들어진 이 남성 수도원은 17세기에 재건축된 1,160m의 성벽, 높이 22m에 달하는 12개의 탑 등이 거의 옛 모습 그대로 보존되고 있다. 이 수도원 안에 있는 구세주 변모 교회와 그 안의 프레스코화도 멋있지만 70여 종 이상의 허브 등 각종 약용식물을 키우는 약초 정원도 근사하다. 또한 17세기 초 러시아를 폴란드 군으로부터 구한 영웅 포자르스키 공의 웅장한 관과 동상, 데카브리

수즈달 크렘린 앙상블의 핵심을 이루는 성모 탄생 교회. 하단부는 백석으로,
상단부는 붉은 벽돌로 이루어진 것이 특색이다.

스트들과 스탈린그라드전투의 주인공인 독일의 파울루스 장군 등 수
많은 정치범이 수용되었던 감옥 등 볼거리와 이야깃거리가 풍성하다.

그리고 이 수도원에서 꼭 해야 할 세 가지가 있으니, 첫째는 16~17세
기 종루에서 17개의 종으로 전문 연주자가 시연하는 종소리 공연을
감상하는 일이다. 그리고 둘째는 수도원을 나가서 수도원과 카멘카강
이 만들어내는 그림 같은 풍경을 배경으로 사진 찍기이다. 마지막으
로 수도원 맞은편 카멘카강 너머에 있는 아름다운 포크롭스키 여수

예브피미예프 수도원의 구세주 변모 교회와 성탑.

도원을 사진에 담은 뒤 그쪽을 향해 가는 것이다.

포크롭스키 수도원은 아름다운 외관 속에 여성들의 비극적 운명을 담고 있다. 러시아 황제들과 귀족들이 이혼을 합리화하기 위해 강제로 출가시킨 여수도사들의 거처가 바로 이 수도원이었기 때문이다. 바실리 3세의 아내 솔롬니야, 표트르 대제의 아내 예브도키아 등 4명의 왕비를 포함하여 무려 26명의 여성이 슬픈 운명을 버텨냈던 곳이다.

수즈달에는 이외에도 러시아 농민들의 삶을 직접 체험할 수 있는 목조 박물관 등 볼거리가 정말 많다. 그중 필자가 마지막으로 추천하고 싶은 필수 코스는 이 모든 것을 한꺼번에 감상할 수 있는 카멘카강 크루징이다. 도시를 관통하는 이 작은 강에는 단 한 대의 크루즈선이 있다. 특히 해질 무렵의 크루징은 러시아 어느 곳에서도 경험할 수 없는, 평생 잊을 수 없는 멋진 체험을 선사할 것이다.

신성한 영혼의 땅, 세르기예프포사트

하늘에서 내려온 도시, 수즈달에서 모스크바 쪽으로 2시간 40분을 차로 가면 황금고리의 마지막 백미 세르기예프포사트에 다다른다. 모스크바에서 동북쪽으로 약 70km 외곽에 자리한 이 작은 도시의 이름은 의역하면 '세르기의 성 밖', 즉 크렘린 바깥이라는 의미이다. 러시아의 도시들은 사실상 '크렘린' 곧 성이 도시의 핵심인데 도시 이름이 '성 밖'을 뜻한다는 것이 흥미롭다.

이러한 이름 짓기는 이 도시의 중심에 위치한 '세르기예프 성삼위일체 수도원'에서 그 유래를 찾을 수 있다. 통상 러시아의 도시는 공후를 비롯한 귀족층의 거처와 교회가 자리한 크렘린이 중심에 있고 그 외곽에 상인과 수공업자 주거지 포사트와 함께 수도원이 자리를 잡는다. 모스크바는 물론, 수도원의 도시 수즈달도 예외가 아니다. 따라서 수도원이 도시의 중심을 차지하고 있다면 이는 매우 이례적인 것이다.

1782년 러시아 역대 최고 권력자 중 한 사람인 예카테리나 여제가 크렘린이 아니라 수도원 주변을 '포사트'라고 명명하고 공식 도시 명칭으로 삼은 것은 이 지역의 수도원이 러시아에서 얼마나 큰 가치를 갖는지를 잘 보여준다. 그러면서도 '세르기의 성 밖'이라는 의미의 도시 이름에는 세르기예프 성삼위일체 수도원이 도시의 핵심이기는 하지만 세속의 영역인 '도시'에 신성불가침의 영역을 포함시키면 안 된다는 러시아인들의 신앙심 또한 표현되어 있다.

그런데 이 모든 이야기의 중심에는 14세기의 한 수도승이 있다. 여기서 잠깐 20세기 초의 화가 미하일 네스테로프의 작품 〈러시아에서. 민중의 영혼〉을 감상해보자. 러시아혁명 발발 1년 전에 제작된 이 작품은 역사의 격동 속에서 러시아의 정체성을 찾으려는 동시대의 고민이 함축되어 있다.

오른편 인파는 민중과 함께 과거와 현재의 권력자, 지식인 등 계층과 시대를 망라한 전 러시아인이 집결해 있다. 도스토옙스키와 톨스토이도 보인다. 화가는 이 모든 러시아인이 바라보는 것이 당시 러시아가 나아갈 곳이라고 말하는 듯하다. 그러나 그 정체가 무엇인지는 그것이 그림 너머에 있어 알 수가 없다. 다만 모든 사람들을 그곳으로 이끄는 이가 '작은 아이'라는 것은 분명하다. "어린아이와 같지 않으면 천국에 들어갈 수 없다"라는 성경 구절을 떠올리게 한다. 또한 톨스토이가 《바보 이반》에서 그려낸 캐릭터와도 연관이 있어 보인다.

그런데 러시아인들은 이 그림 속 아이를 보며 누군가를 연상하게 된다. 이는 같은 작가의 다른 그림 〈소년 바르톨로메에게 나타난 환상〉에서 알 수 있다. 달아난 망아지를 찾아 헤매는 소년 바르톨로메는 아무리 노력해도 글자를 깨치지 못해 형과 또래들로부터 멍청이라고 놀림을 받지만 남이 부탁하는 일이라면 무엇이든 다 들어주고 오직 기도만 할 줄 아는 바보 같은 아이이다. 그림에서 참나무 앞에 나타난 검은 복장의 사제가 바르톨로메에게 소원이 뭐냐고 묻자, 소년은 제발 글자를 깨치게 해달라고 울면서 기도한다. 사제는 소년에게 성찬식용 빵 조각을 주면서 이제부터 그 누구보다도 글자를 잘 알게 될 것이라고 말한다. 아이는 이때부터 갑자기 성경책을 줄줄 읽으며 주변을 놀라게 한다. 이 아이가 바로 훗날의 세르기 사제다.

아이는 12세도 되기 전에 엄격히 금식을 지켰고 20세에 부모를 여의자 바로 형과 함께 숲속으로 들어가 나무집과 교회를 지어 수도생활을 시작한다. 혹독한 자연환경과 엄격한 금욕 생활을 견디지 못해 형은 모스크바의 수도원으로 떠나고 혼자 남는다. 굶주림으로 지쳐가던 그에게 역시나 굶주림에 허덕이는 야생 곰이 나타났는데, 세르기는 얼마 안 되는 자신의 빵을 곰에게 나눠주었고 그러자 곰은 순한 양처럼 그를 따른다.

그의 선행과 영적인 힘이 점차 알려지면서 그를 따르는 이들이 모여들었고, 러시아 최초로 숲속 수도원이 만들어진다. 철저한 금욕과 자급자족의 원칙을 지키는 이 수도원은 점차 러시아정교의 영적 중심

미하일 네스테로프,
〈러시아에서. 민중의 영혼〉,
1916년.
206×484cm.
트레티야코프 미술관.

지가 된다. 세르기 수도사 또한 세속적 지력보다는 바보스러울 정도로 선한 심성과 영성을 중요시하는 러시아정교회의 영혼의 아이콘이 된다.

이후 세르기가 살던 14세기부터 지금까지 러시아 역사의 중요한 고비마다 이 수도원이 큰 역할을 한다. 1380년 몽골에 대항한 최초의 승전을 이끈 드미트리 대공은 출정식에 앞서 세르기를 찾아가 축도와 승전의 예언을 받았고, 1552년 시베리아 진출의 교두보인 카잔을 정복한 이반 뇌제가 제일 먼저 들른 곳도 여기였다. 또한 18세의 표트르 대제가 섭정하던 누이 소피야의 암살 위협으로부터 피신해간 곳이기도 하다.

역대 대공과 황제들은 감사의 표시로 이 수도원에 교회와 종루 등 각종 건축물을 더했고, 그 덕분에 처음에는 그저 소박했던 세르기예프 성삼위일체 수도원은 15세기 고대 러시아 석조 건축부터 18세기 러시아 바로크 건축양식까지 담아내는, 말하자면 '건축 박물관'이 되었다. 그리고 무엇보다 세계 최고의 성화라고 하는 안드레이 루블료프의 〈성삼위일체〉가 바로 이 수도원에서 그려졌다. 1993년 이 수도원은 유네스코 세계유산으로 등재되었다.

1742년 표트르 대제의 딸 엘리자베타 여제가 '대수도원' 지위를 부여한 후 이 수도원은 지금까지 러시아 최대 수도원으로서 오늘날에도 100명 넘는 수도사가 생활하고 있다. 사회주의 시대에도 박물관 기능과 함께 수도원의 명맥을 이어갔고 스탈린도 이 수도원만은 손대지 않

미하일 네스테로프,
〈소년 바르톨로메에게 나타난 환상〉,
1890년,
160×211cm,
트레티야코프 미술관.

았다.

　요즘도 수많은 러시아인이 이 수도원을 찾아 썩지 않은 세르기의 성체에 입을 맞추고 기도한다. 파란 많은 역사 속에서도 변함없이 러시아인의 정신적 중심 역할을 해온 이 수도원의 이야기는 합리적 계산보다 대가를 바라지 않는 선행과 유대를 중시하는 러시아인들의 내면을 더 깊이 이해할 수 있게 해준다.

© Sergey Ashmarin

세르기예프 성삼위일체 수도원 전경.
러시아 최대 수도원으로 러시아인들의 영적 중심지이자
다양한 건축양식을 보여주는 건축 박물관이다.

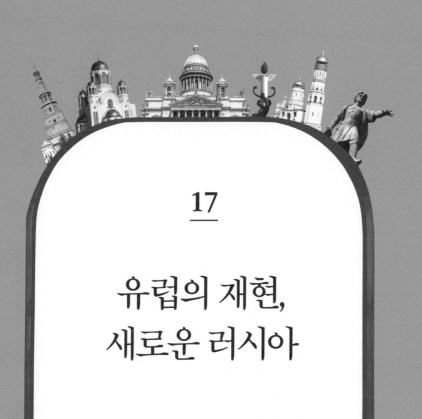

17

유럽의 재현,
새로운 러시아

✝ 상트페테르부르크 ✝

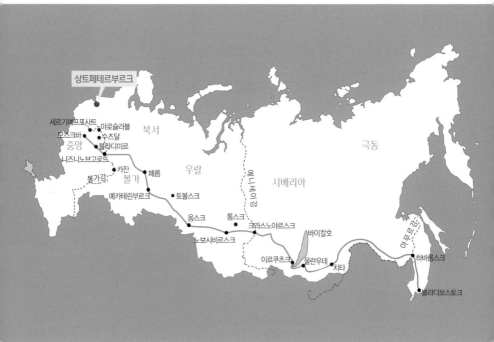

상트페테르부르크

세르기예프포사트   야로슬라블   북서
모스크바●   ●수즈달
중앙   ●블라디미르
니즈니노브고로드
볼가강   ●카잔   ●페름   우랄   예니세이강   극동
볼가
예카테린부르크   ●토볼스크   시베리아
옴스크   ●톰스크
노보시비르스크   크라스노야르스크   아무르강
바이칼호   하바롭스크
이르쿠츠크●   울란우데
치타   블라디보스토크

위대하고 아름다운 도시,
상트페테르부르크

우리의 시베리아횡단열차는 모스크바에 도착하면 사실상 9,288km 대장정이 끝난다. 그러나 모스크바에서 우리의 여행을 끝내면 사실 러시아의 절반만 봤다고 해도 과언이 아니다. 제정러시아 시대 전성기의 위대한 유산이 가득한 상트페테르부르크를 못 가봤기 때문이다.

상트페테르부르크는 표트르 대제 이후 마지막 황제 니콜라이 2세까지 제정러시아의 역사·정치·문화의 중심지였다. 도심 전체가 유네스코 세계유산으로 지정되었고 유럽 10대 관광도시와 세계 20대 관광도시 안에 들어가는 도시이다. 표트르 대제의 유럽식 개혁의 총아로서, 러시아 최초로 시도된 '돌로 만든 인공도시'이기도 하다. 유럽 최대의 담수호 라도가의 민물이 네바강을 통해 발트해로 흘러나오는 늪지대에 자리 잡은 이 도시는, 비유컨대 '물 위에 뜬 돌배'이다. 늪지대를 채울 돌을 마련하기 위해 이 지역으로 들어오는 선박과 사람들에게 석세를 거두었고 끝내 채우지 못한 물길은 20개의 운하로 남겨두어, 결국 이 도시는 40여 개 섬으로 이뤄진 운하도시가 되었다.

이 섬들 위에 겨울궁전과 페트로파블롭스크 요새를 짓고 이를 중심으로 1~2층 건물을 완만한 피라미드 형태로 도열시키고 그 사이에 방사형의 직선 도로를 냈다. 그렇게 세계에서 가장 아름다운 인공도시, '북방의 베네치아'가 탄생했다. 범람하는 물에 시달리는 베네치아처럼 끝없는 자연과의 투쟁 속에서 300년 이상을 버텨온 이 도시는 20세기 들어서는 그 못지않게 무시무시한 인간 문명의 위협에도 꿋꿋이 저항했다. 그 유명한 레닌그라드 900일 봉쇄 기간 동안 수많은 인명을 잃었고 건물도 파괴되었지만 전후 다시 모든 것을 복구해낸 '영웅의 도시'가 바로 이 도시이다. 상트페테르부르크만큼 도시와 인간의 위대한 역사를 압축적으로 보여주는 곳이 있을까 싶을 정도이다.✦

상트페테르부르크에서 여행자의 시선을 가장 강렬하게 사로잡는 것은 러시아 황제와 귀족들이 살았던 궁전들이다. 이 도시에는 황제의 궁전 10개를 포함하여 246개의 궁전이 있다. 교외에 있는 궁전들은 제외한 수치가 그렇다. 그야말로 궁전의 도시라 할 만하다. 이렇게 많은 궁전 중에 이 도시를 처음 방문한 사람이 반드시 들러야 할 3개의 궁전이 있다. 도심에 있는 겨울궁전과 교외에 위치한 예카테리나 궁

✦ 자세한 내용은 《줌 인 러시아》의 〈위대한 개혁가, 표트르 대제〉, 〈러시아에서 '전제권력'이 오래가는 이유〉, 〈굶주린 도시, 레닌그라드에 울려 퍼진 교향곡〉 등을 참조.

전, 표트르 궁전이다. 1년의 절반가량이 겨울인 러시아에서는 황제가 정사를 보며 거주하는 본궁을 '겨울궁전'이라 부르고, 짧은 여름에 휴가를 보내는 별궁들을 '여름궁전'이라 부른다. 예카테리나 궁전과 표트르 궁전이 바로 여름궁전이다.

우리는 우선 세 궁전을 먼저 둘러보려 한다. 그리고 마지막으로 정교회 국가인 러시아 전체에서 가장 중요한 교회 건축인 성 이삭 대성당을 방문할 것이다. 그러고 나면 이 도시의 역사·문화·종교의 정수를 어느 정도는 보았다고 말할 수 있을 것이다.

예카테리나 궁전,
호박방의 미스터리

상트페테르부르크 도심으로부터 26km 남쪽에 위치한 예카테리나 궁전은 본래 표트르 대제가 아내 예카테리나를 위해 1717~1724년에 지은 작은 궁전이었다. 그랬던 것을 1748년부터 그들의 딸 엘리자베타 여제가 8년의 공사 끝에 지금과 같이 웅장하고 화려한 모습으로 개축한 것이다. 이 궁전은 러시아 바로크 건축의 대표 걸작으로 길이 325m인 궁전의 외장에만 100kg 이상의 금이 사용되었다.[1] 이 궁전을 둘러싼 공원의 넓이가 107ha(32만 평),[2] 공원 한가운데 있는 깊이 2.5m의 인공호수의 넓이가 16ha에 이른다.[3]

궁전은 57개의 화려한 방들로 꾸며졌지만 제2차 세계대전 당시 이 궁전을 점령한 독일군이 궁전을 파괴하는 바람에 70년이 훨씬 지난 지금까지도 복원한 방은 30개가 조금 넘을 뿐인데 이 가운데 가장 유명한 방이 러시아 사람들이 '8대 불가사의' 중 하나라고 부르는 호박방Amber Room이다. 이 방에는 러시아와 독일이 뒤얽힌 흥미진진한 이야기가 전한다.

1701년 프로이센 공국의 초대 왕으로 등극한 프리드리히 1세는 세상 누구도 갖지 못한 특별한 것으로 즉위를 자축하고 싶었다. 고심 끝에 프로이센 땅을 상징하는 호박으로 만든 방을 베를린 궁전에 설치하기로 했다.[4] 그러나 워낙 까다로운 작업이라 초빙된 프로이센과 스웨덴 기술자들은 베를린 궁전에서 이 방을 만드는 데 실패하고 샤를로텐부르크 성으로 옮겨 다시 5년간 시도했지만 또 실패한다. 프리드리히 1세는 꿈을 이루지 못하고 사망한다.

그의 아들 프리드리히 빌헬름 1세는 호박방에 관심이 없었다. 그래서 방을 만들기 위해 준비했던 호박들이 방치된 채 모두의 기억에서 사라질 지경에 처했다. 그런데 유럽 문화에 관심이 많았던 표트르 대제가 이 소문을 듣고는 그 호박들에 탐을 냈고, 러시아와의 협력이 필요했던 프리드리히 빌헬름 1세가 이를 알고 외교 선물로 그것들을 보낸다. 요트 수집광이었던 그는 즉위 기념으로 구입한, 당시 유럽에서 가장 큰 범선이었던 리부르니카Lburnika(고대 로마의 전투함 이름에서 따왔다)도 함께 선물했다.[5] 이에 표트르 대제는 프리드리히 빌헬름 1세가 탐

내던 러시아의 8척 장신 근위병 55명, 그리고 자신이 직접 만든 장식이 달린 잔으로 화답한다. 이렇게 호박방은 러시아와 독일 간의 선린 외교에서 출발했다.

1717년 민감한 재료인 호박들이 18개 상자에 나뉘어 담겨 마차 8대에 조심스럽게 실렸다. 쾨니히스베르크-메멜-리가 등 무려 3개 도시를 거쳐 상트페테르부르크에 도착했으나, 역시나 그 목적을 이루지 못하고 도심의 여름궁전에 방치되었다. 그러다가 무려 30년 가까이 지난 1745년에야 진정한 주인을 만나게 되는데, 바로 표트르 대제의 딸 엘리자베타 여제였다.

그녀의 명으로 화려한 바로크 양식의 겨울궁전이 건설되었고 그 안에 호박방이 1년 만에 만들어진다. 그리고 다시 10년이 지난 1755년, 겨울궁전의 호박을 모두 해체해 완공을 앞둔 예카테리나 궁전으로 이전하게 된다. 그런데 이때 호박이 깨질 것을 우려하여 겨울궁전에서 별궁까지 26km 거리를, 병사들이 호박 상자를 각자 손에 들고 날랐다고 한다.

하지만 문제는 거기서 끝이 아니었다. 예카테리나 궁전에서는 6t의 호박으로도 96㎡ 넓이의 벽을 모두 채울 수가 없었다. 그래서 통로의 벽을 제외하고 세 면만 호박으로 채우되 그나마 사이사이에 거울 기둥을 세우고 천연석 모자이크 그림을 걸고 천장 바로 아래, 곧 벽의 상단은 호박 이미테이션으로 채웠다. 호박은 상하기 쉬운 보석이기 때문에 호박 상태의 지속적 관리를 위해 프리드리히 로겐부크라는 이름의 전문가를 프로이센에서 초빙하기도 했다.

엘리자베타 여제의 조카인 남편 표트르 3세를 암살하고 황제가 된, 독일 출신의 예카테리나 여제는 호박방을 무척 좋아했다. 고혈압 환자였던 그녀는 호박방에서 200g의 진한 커피를 마시며 혈압을 관리했다고 한다. 결국 그녀의 명으로 1763년부터 7년간 가짜 호박들이 있던 벽의 상단과 통로 벽까지 모두 450kg의 진짜 호박으로 채우게 되었다고 한다.

급격한 기온 변화와 페치카 난방의 영향으로 호박에는 자주 금이 갔다. 19세기에만 세 번이나 복원 작업을 해야 했다. 이렇게 애지중지 보살피던 것이니 제2차 세계대전 당시 모두가 호박이 망가질 것을 우려했지만 어떻게 숨길 도리가 없어 그저 종이와 솜으로만 가려놓았다고 한다. 그러나 이 방의 소문을 익히 들었던 독일군들은 호박 관리 전문가까지 대동해서는 결국 이 호박들을 떼어내 고향 쾨니히스베르크로 되가져간다. 문제는 이 지역의 한 성에 전시된 후 호박이 종적을 감추었다는 것이다(2006년 국내에서도 번역 출간된 세계적 베스트셀러《호박방》은 바로 이 사라진 호박을 찾아 나서는 내용의 추리소설이다). 구석을 장식했던 호박 테이블과 천연석 모자이크 한 점만 1997년에 우연히 발견되었을 뿐 나머지는 지금까지도 행방이 묘연하다.

1967년 소련 정부가 호박 추적을 위한 위원회까지 만들었지만 17년간 소득이 없었고 러시아의 한 망명 귀족도 50만 달러 현상금을 내걸었으나 허사였다. 오랫동안 빈 방으로 있었던 호박방은 1979년에야 복

1917년에 촬영된 호박방의 내부 모습.
자료: 〈http://igor-bon.narod.ru/index/avtokhrom/0-106〉.

원 작업이 시작되었다. 그러나 이 작업은 그 후로 20년간 무려 785만 달러를 쓰고도 마무리되지 못했다. 1999년 러시아 가스를 수입하는 독일의 루흐르가스Ruhrgas 사가 350만 달러를 추가로 투자하면서 상트페테르부르크 창건 300주년인 2003년에야 복원이 완료된다. 총 1,135만 달러, 무게 6t의 호박을 사용하여 가짜 호박층과 벽 거울을 사용한 엘리자베타 여제 시절의 형태로 재탄생한 것이다.[6] 재탄생한 호박방은 이제 러시아에서 가장 사랑받는 관광명소가 되었다.

독일에서 러시아로 건너와 독일 여인 덕분에 전성기를 누렸던 호박방은 독일군에 의해 독일로 되돌아가고 다시 독일 회사의 도움으로 회복된 셈이다. 호박방을 둘러싼 양국의 관계가 참으로 흥미진진하다.

"분수의 수도", 표트르 궁전

로마노프 황실의 여름궁전 중 반드시 가봐야 할 곳 중 하나가 '분수의 수도'라고 불리는 '표트르 궁전'이다. 상트페테르부르크로부터 서쪽으로 29km 떨어진 발트 해안에 자리 잡은 무려 414.2ha 넓이의 별궁이다. 바다를 바라보는 언덕에 자리 잡은 대궁전 뒤의 위공원upper garden(15ha)과 앞의 아래공원lower garden(102ha)에만 150개 넘는 분수와 4개의 폭포가 있다.

분수와 폭포 그리고 정원이 잘 갖추어진 표트르 궁전은 '러시아의 베르사유 궁전'이라는 별명도 있는데, 프랑스 베르사유 궁전에는 현재 55개의 분수가 남아 있고 그중 32개의 분수가 토요일과 일요일에만 각각 1시간 반씩 가동된다. 반면 표트르 궁전에서는 150개가 넘는 모든 분수가 5월부터 10월까지 아침 10시부터 오후 6시까지 가동된다고 하니 '분수의 수도'라는 표현이 결코 무색하지 않다. 이 분수들을 가동하기 위해 96km의 수로, 16개의 연못, 그리고 이들을 연결하는 135개의 장비가 설치되어 있다.[7]

매일 아침 분수 관리자들이 300여 개의 밸브를 일일이 열면 공원의 분수들이 초당 1,100리터의 물을 뿜어내기 시작하며 장관을 이룬다. 특히 그 중앙의 삼손 분수는 높이가 20m까지 올라간다. 그런데 놀랍게도 이 분수들은 인공 펌프의 도움 없이 순전히 물의 자연스러운 흐름에 의해 작동한다.

베르사유 궁전에서는 센강의 물을 높이 650m의 언덕으로 끌어올리기 위해 직경 12m의 물레방아 14개와 257개의 펌프를 가동해야 했고 이 엄청난 시스템을 돌리는 운영비만 연간 1,000만 유로에 달했다고 한다.[8] 파리 전체에서 쓰는 물보다 많은 물을 베르사유 궁전으로 보냈다는 것인데, 바로 그것이 프랑스 군주제가 무너진 이유 중 하나라는 견해도 있다.

표트르 궁전에 분수 시스템이 처음 설치된 때는 1720년이다. 그 3년 전 베르사유를 방문했던 표트르 대제가 거기서 큰 영감을 받은 것은 사실이지만, 분수의 가동 원리는 전혀 다른 방식을 채택한다. 표트르 대제는 표트르 궁전이 해안 저지대에 위치했다는 지리적 이점을 십분 활용하는 설계도를 직접 그려 전문가에게 아이디어를 제공한다.

또한 궁전 주변에 사는 농부들에게 수소문하여 해안으로부터 24km 떨어진 곳에 위치한 해발 100m 높이의 수원지水源池를 찾아냈다. 그다음, 당시 이미 규명되어 있던 간단한 과학 원리 '커뮤니케이팅 베슬스Communicating Vessels'를 적용한다. 연결된 용기에 있는 모든 물은 동일한 대기압 아래서는 동일한 높이를 유지한다는 원리이다.[9]

100m 높이의 수원지로부터 해안가까지 넓이 6m, 깊이 2m의 수로를 파고 중간중간 18개의 연못, 22개의 수문을 만들어 수위를 점차적으로 낮추었다. 그렇게 해서 수로 곳곳에 설치된 중간 밸브를 열어주기만 하면 최대 높이 20m까지 물이 저절로 뿜어져 나오게 했다.[10]

더욱이 이 모든 작업이 전쟁의 와중에 그리고 전쟁터로부터 얼마 떨어지지 않은 곳에서 설계되고 또 착수되었다는 점이 참으로 놀랍다. 표트르 대제는 1700년부터 1721년까지 북유럽의 패권을 놓고 당시 유럽 최고의 전쟁 천재라고 불리던 스웨덴의 칼 12세와 북방전쟁을 벌였다. 그 전쟁이 한창이던 1703년, 전선에서 멀지 않은 발트 해안에 새로운 수도 페테르부르크를 건설하기 시작하여 1712년 공식적으로 수도를 모스크바에서 페테르부르크로 옮겼다.

그리고 수도 방어를 위해 발트해 앞바다의 크론시타트섬에 요새를 지었다. 1705년 표트르 대제는 이 요새의 건설 공사를 조망하기 가장 좋은 해안가에 범선을 타고 도착한다. 3년 후 이곳에 표트르 대제를 위한 작은 나무궁전이 지어졌고, 표트르 대제는 이곳을 본궁보다 더 좋아하게 되었다. 마침내 1709년 6월 폴타바전투에서 승리하면서 러시아는 전쟁의 승기를 잡게 된다. 이듬해에 표트르 대제는 바로 이곳에 댐, 동굴, 분수가 있는 정원을 만들 것을 명한다.

해안가 늪지대에 인공정원을 만들기 위해 운동장 수백 개 넓이의 진흙층을 거둬내고 바지선으로 옮겨온 흙과 비료를 채워넣었다. 그 위에 러시아와 유럽 전역에서 수만 그루의 단풍나무, 피나무, 밤나무, 그리고 각종 과일나무와 꽃나무를 옮겨와 심었다. 잦은 홍수로 해안가의 토대가 허물어질 때마다 다시 복원하는 작업을 끝없이 거듭한 끝에 오늘날과 같은 분수 공원이 만들어졌다.

분수 공원의 하이라이트는 대궁전 바로 아래에 위치한 대폭포Grand Cascade의 중앙 분수 앙상블이다. 이곳에만 75개의 분수, 255개의 청동 조각이 있다.[11] 가운데 트리톤 분수에서 뿜어져 나오는 물이 좌우 대리석 계단의 그리스·로마 신화를 주제로 만든 황금 분수로 나뉘어 내려와 아래 연못에서 20m의 물을 뿜는 삼손 분수에서 장관을 이룬다.

이 멋진 분수의 장관에 숨겨진 알레고리도 자못 흥미롭다. 성경에 나오는 장사 삼손의 손에 찢어지는 사자의 입에서 분수가 쏟아져 나온다. 러시아가 스웨덴으로부터 승기를 빼앗은 폴타바 전승일이 삼손 성자의 날이었고 스웨덴의 왕실 문장에 그려진 두 마리의 동물이 사자이다. 한마디로 삼손 분수는 스웨덴의 칼 12세를 무력화시킨 러시아의 표트르 대제를 형상화한 것이다.

삼손 분수의 배경이 되는 계단의 우측 맨 위에는 페르세우스가 메두사의 목을 딴 황금동상이 있다. 자세히 보면 칼 12세의 얼굴이 메두사의 형상으로 표현되어 있다. 표트르 대제가 칼 12세의 머리를 발트해 건너편 스웨덴을 향해 쳐들고 있는 것이다. 한편, 스웨덴의 수도 스톡홀름에는 팔을 들어 손가락으로 러시아를 가리키는 칼 12세의 동상이 지금도 서 있다.

표트르 궁전에는 삼손 분수 외에도 갖가지 알레고리를 품은 분수와 표트르 대제의 아이디어로 만든, 손님을 골리는 장난꾸러기 분수들이 다수 있어 방문객을 매료시킨다. 역내에 역사적 소장품이 33만 4,768점, 박물관이 32개나 있어 하루에 다 볼 수 없을 정도이다. 그러나 유감스럽게도 이곳 역시 제2차 세계대전 당시 독일군에 점령이 되어 심각하게 훼손되었다. 독일군이 쳐들어오기 전 1만 2,932개의 소장품은 후방으로 치워두었으나 옮기는 것이 아예 불가능했던 삼손 분수, 위공원의 포세이돈 분수 등 많은 유적은 독일에 빼앗기거나 파괴되었다.[12]

종전 후 표트르 궁전에서 2만 개 이상의 지뢰, 10만 개 이상의 포탄을 수거하고 분수와 궁전을 복원하여 1945년 6월 아래공원을 재개장한다. 그다음 해 8월에는 분수들을 재가동했다. 끝내 찾지 못한 삼손 분수는 기존의 설계도와 이 분수를 배경으로 찍은 시민들의 사진을 바탕으로 복원해 다른 분수들보다 한 해 늦은 1947년 9월에 재가동을 했다.[13]

그런데 위공원의 핵심 분수인 포세이돈 분수의 운명은 무척이나 기구하다. 본래 이 분수는 독일 뉘른베르크에서 1648년 베스트팔렌 조약을 기념하여 세워졌던 것이다. 이것을 1799년 러시아의 파벨 1세가 3만 루블에 사서 이곳에 설치했는데 이것을 제2차 세계대전 당시 독일군이 해체해 다시 뉘른베르크로 옮겼다. 종전 후 소련의 요청에 의해 독일이 또다시 이 분수를 1947년에 20개 상자에 담아 반환했고, 1956년 이곳에 재설치가 되었다. 하지만 완전한 복원은 1997년에 가

© Florstein

20m의 물을 뿜어내는 삼손 분수를 포함한 대폭포의
화려한 중앙 분수 앙상블.

능했는데, 흥미롭게도 독일 기업 '크나우프' 기술자들의 도움을 받았다고 한다.

세계 어디서도 볼 수 없는 분수의 장관, 그 속에 숨겨진 기술혁신과 역사적 알레고리와 비사… 이 정도면 1990년 유네스코가 세계유산으로 선정한 것은 당연한 결과라 하겠다.

러시아가 만든 '세계의 보물', 에르미타주

호박방이 있는 예카테리나 궁전과 분수 공원으로 유명한 표트르 궁전이 아무리 화려하다 해도 러시아제국 최고의 건물은 역시 본궁인 겨울궁전이다. 1,945개의 창, 1,786개의 문, 117개의 계단, 1,050개의 홀을 갖춘 겨울궁전은 가로 210m, 세로 175m로 러시아의 궁전 중 단연 최대 규모를 자랑한다.[14]

그러나 우리에게 '겨울궁전'은 역사책에서나 가끔 눈에 들어올 정도로 낯선 단어가 되어버렸고, 이젠 그보다는 세계적인 박물관 '에르미타주'라는 이름이 훨씬 더 익숙하다. 에르미타주가 아니었다면 '겨울궁전'은 아예 역사에서 사라졌을지도 모른다. 제국의 권력은 무상하지만 예술은 영원하다는 것을 다시 한번 생각하게 된다.

하지만 에르미타주의 역사는 러시아 황제의 예술적 취향이 없었다

화려한 궁전에서 세계의 보물로 거듭난 에르미타주 박물관.

면 시작도 하지 못했으리라는 것도 엄연한 사실이다. 본래 은둔자, 수도자hermit의 집이라는 뜻의 프랑스 말을 러시아식으로 발음한 '에르미타주'는 18세기에는 웬만한 유럽 왕실과 귀족의 공원에서 흔히 볼 수 있는 공간이었다. 즉, 에르미타주란 외진 곳에서 외부인의 방해를 받지 않고 사색을 하거나 비밀 회합을 하는 건물을 가리켰다. 프로이센을 여행하며 이 신기한 용도의 건물을 발견한 표트르 대제의 명으로 1725년 여름궁전의 분수 공원 한편에 러시아 최초의 에르미타주가 지어졌다.

분수 공원의 에르미타주는 작은 해자로 둘러싸인 소박한 2층 건물로 1층 주방과 2층 만찬홀로 나누어졌다. 보안을 위해, 만찬용 테이블이 1층 주방에 차려지면 기계장치를 이용해 2층으로 올렸다. 표트르 대제의 딸 엘리자베타 여제도 여름궁전인 예카테리나 궁전의 공원에 유사한 모습의 에르미타주를 지었다. 이후 권력을 승계한 예카테리나 여제는 표트르의 손자인 남편 표트르 3세를 살해하고 왕이 되었기에 더더욱 표트르가 도입한 이 유럽 문화를 계승하고 싶어했다.

엘리자베타가 지은 화려한 바로크 양식의 겨울궁전에 입성한 예카테리나는 유럽에 새롭게 유행하는 고전주의 양식 2층 건물을 본궁의 동쪽 끝에 증축했다. 남쪽 끝에는 자신의 애인으로 궁정 반란을 주도한 총신 그리고리 오를로프 공의 거처를 짓고 북쪽 끝 네바 강변에는 만찬 테이블이 기계장치로 오르내리는 자신의 휴식 공간을 지었다. 그리고 애인의 거처와 자신의 휴식 공간 사이의 기다란 2층 빈 공간에 공중정원을 만들고 이 공중정원의 양쪽 동서 측면에 긴 회랑 2개를 추가했다. 이렇게 완성된 부속건물 전체를 예카테리나 여제는 '작은 에르미타주'라고 불렀다. 그녀는 여기에서 비밀 회합을 즐겼을 뿐 아니라 자신이 유럽에서 사온 최고 수준의 명화들을 전시하기 시작한다. 유럽의 선진문화를 받아들여 러시아의 소프트파워를 갖추고 국격을 높이려는 의도였다.

1764년 베를린의 상인 고츠콥스키가 러시아 황실에 진 빚을 명화 225점[15]으로 갚겠다고 제안하자 예카테리나 여제는 두말없이 수락한다. 그 속에는 라파엘로, 렘브란트, 루벤스, 반 다이크 등 유럽 최고의 명화들이 포함되어 있었다. 미술관 에르미타주의 역사는 바로 이때부터 시작된다. 이후 그녀는 자신의 총신 골리친, 프랑스의 계몽주의자 디드로 등 다양한 에이전트를 통해 파리, 런던, 로마 등 유럽 전역에 나온 매물을 대규모로 구입한다. 여기에는 앞서 언급한 유명 작가들 외에도 미켈란젤로, 티치아노, 푸생, 클로드 로랭 등 지금 에르미타주에 전시되어 있는 18세기 이전 작품들 중 핵심 작품이 대부분 포함되었다.

예카테리나 여제의 예술품 수집을 향한 욕망은 가히 유럽 전체를 떠들썩하게 만들 정도였다. 그 정점은 1778년 바티칸궁의 라파엘로 회랑을 실물 크기로 모사하기 위해 교황의 허락을 얻어낸 일이다. 그녀는 실제로 일군의 예술가들을 바티칸으로 보내 라파엘로의 프레스코 벽화를 템페라 기법으로 캔버스 위에 정확히 옮기게 하는데 이 작업에 무려 11년(1778~1789년)이 걸렸다. 동시에 새로 짓고 있던 두 번

베를린의 상인 고츠콥스키 초상화.
에르미타주 박물관의 대규모 컬렉션이
시작되는 계기를 제공한 인물이다.

째 에르미타주(큰 에르미타주)에 바티칸과 똑같은 구조의 회랑을 9년
(1783~1792년)에 걸쳐 만들고 모사화들까지 똑같이 부착한다. 총 14년
이 지난 1792년 유럽 전체를 깜짝 놀라게 한 라파엘로의 회랑 제2탄
이 러시아에 만들어진 것이다.

1796년 여제가 사망한 직후 작성된 유산 목록에는 라파엘로의 회
랑이나 수많은 드로잉화를 제외하고도 그림만 무려 3,996점이라고
기록되어 있다. 그러나 예카테리나의 수집욕은 여기서 그치지 않았다.
볼테르와 학문적 서신을 교환할 정도로 박식했던 예카테리나는 서적
수집에도 남다른 애착을 보였다. 그녀는 1790년 프랑스의 예술평론가
그림Melchior Grimm에게 보낸 편지에서 "내 에르미타주에는 그림 말고도
서적만 3만 8,000권이 있다"라고 쓰고 있다.[16] 그녀는 볼테르가 사망
하자 그의 서재를 통째로 구입했는데 프랑스인들은 이를 프랑스 역사
상 최대의 문화재 손실이라고 말하기도 했다. 그러나 프랑스의 손실은

여기서 끝나지 않았다. 프랑스 황족 오를레앙 가문의 세계 최대이자 최고 수준으로 조각된 보석, 카메오 컬렉션(1,500개) 또한 예카테리나의 수집망에 걸려들고 말았으니 말이다.

예카테리나는 이 모든 수집물을 소장한 에르미타주를 매우 아껴 "나와 쥐만 감상하고 있다"[17]라고 말할 정도로 외부인 초대에 인색했는데 가끔 손님을 초청할 경우에는 엄격한 규칙을 꼭 지키도록 했다고 한다. "모든 계급은 문밖에 놔두어야 하며 모자, 특히 칼과 서열, 오만도 문간에 놔두고 와야 한다. 손님은 절대 아무것도 상하게 하거나 긁으면 안 되고 너무 큰소리로 얘기하여 다른 사람의 머리가 아프게 해서도 안 되며, 한숨을 쉬거나 하품을 해서도 안 된다"라는 등의 규칙이었다. 이를 어길 경우 남자든 여자든 가릴 것 없이 반드시 벌칙을 적용했는데 위반자는 찬물 한 잔을 다 마시고 매우 어려운 고전시를 몇 소절 읽거나 외어야 했다고 한다.[18]

예카테리나 여제에서 시작된 에르미타주의 수집과 관람 전통은 후대 황제들에게도 계승되었다. 소장품이 점점 늘어났는데도 소수의 특권층에게만 관람이 허락되는 폐쇄성도 변하지 않았다. 러시아 최고의 시인 푸시킨도 자신의 스승이자 황제의 교사였던 주콥스키의 도움으로 에르미타주 출입증을 겨우 얻을 수 있었다고 한다. 에르미타주가 개방된 것은 니콜라이 1세가 공공박물관 용도로 세 번째 에르미타주(신 에르미타주)를 준공한 1852년 2월에 이르러서다. 그러나 이때에도 에르미타주는 겨울궁전의 부속건물에 불과했다.

에르미타주가 지금의 대규모 박물관으로 변신한 것은 1917년 사회주의혁명 이후의 일이다. 겨울궁전과 에르미타주를 차지하게 된 사회주의 정부는 이 두 건물을 합하여 '국립박물관 에르미타주'라고 명명한다. 이제 겨울궁전이 거꾸로 '박물관 에르미타주의 부속건물'이 된 것이다. 그 이후 모스크바 등 러시아 각지에 흩어져 있던 세계적 명화들이 에르미타주로 집결한다. 르누아르 등 인상파 화가, 세잔, 고흐, 고갱, 마티스, 피카소, 드가 등 19세기 이후의 명화들이 바로 이때 에르미타주로 귀속된다.

그 결과 250여 년의 역사를 자랑하는, 소장품 300만 점으로 세계에서 두 번째로 큰 규모의 현 에르미타주 박물관이 탄생한다. 에르미타주를 만든 여장부 예카테리나 여제의 예술을 향한 사랑과, 이른바 '제국의 잔재'임에도 에르미타주를 국립박물관으로 승격시킨 사회주의 러시아의 역사적 품격 등 에르미타주는 이 모든 이야기와 함께 러시아에 대한 우리의 생각을 바꿔줄 세계적인 보물임에 틀림이 없어 보인다.

성 이삭 대성당,
늪을 차고 일어서다

앞서 말한 것처럼 상트페테르부르크는 유럽 최대 담수호 라도가에서 발원한 유럽 6대 유량 중 하나인 네바강이 발트해와 만나는 거대한 늪지대에 건설된 인공도시다. 거대한 민물과 바닷물이 자유롭게 넘나들던 광활한 물길 위에 돌과 흙 그리고 수많은 말뚝을 박아 도시의 지반을 만드는 작업이 도시 건설 공정의 대부분을 차지했다.

상트페테르부르크의 건설사는 자연과 인간 간의 장대한 투쟁의 역사였다. 이 투쟁을 주도한 것은 도시의 본래 주인 '물'이다. 매년 발트해와 네바강의 물이 함께 일으킨 홍수가 도시를 뒤덮었다. 약 반세기를 주기로 일어난 대홍수는 과연 이 도시가 수도로서 적합할 것인가 하는 의혹을 부추겼고 이는 정치적 불안으로 이어졌다.

도시 건설이 시작된 1703년 파고 2m가 넘는 홍수가 이 도시 최초의 건물 페트로파블롭스크 요새의 건설을 위한 자재를 다 쓸어가버렸다. 그러자 "홍수로 도시가 사라질 것이며 표트르 대제는 적그리스도다"라는 소문이 퍼졌다. 1777년에는 3m 10cm 높이의 홍수가 일어나 민심이 사나워지며 왕위의 정통성을 둘러싼 흉흉한 소문이 돌자 표트르의 손자 표트르 3세를 죽이고 황제가 된 예카테리나 2세는 홍수에 대한 공식 문서 발간을 금지했다.

그러나 이 도시 역사상 가장 무시무시한 홍수는 1824년에 일어났다. 네바강이 무려 4m 10cm 높이로 범람하자 324채의 집이 소실되었고 3,257채의 건물이 손상을 입었다.[19] 러시아 문학의 백미로 꼽히는 푸시킨의 서사시 〈청동기사〉는 이 홍수로 약혼자를 잃은 하급관리가 표트르 대제의 청동기마상에 맞서다 미쳐 죽은 이야기다.

도전과 혁신의 역사인 상트페테르부르크 건설사를 그대로 재현한 성 이삭 대성당.

놀라운 사실은 대홍수가 일어난 1824년 러시아 최대 규모의 교회, 성 이삭 대성당이 바로 그 네바 강변에 한창 지어지고 있었다는 것이다. 이 도시에서 홍수의 피해가 가장 크고 지반도 약한 네바 강변에 1818년부터 1858년까지 40년의 공사 끝에 무게 30만 톤, 가로와 세로 각각 111.5m, 97.6m, 높이 101.5m의 교회가 들어섰다. 1626년 완공된 로마의 산 피에트로 대성당(높이 136.6m), 1436년에 완공된 피렌체 대성당(114.5m), 1697년 완공된 런던 세인트 폴 대성당(111m)에 이어 세계에서 네 번째로 큰 성당이다.

그러나 늪지대의 약한 지반을 감안한다면 튼튼한 반석 위에 지어진 앞의 세 건물과 그 규모를 비교하는 것 자체가 의미가 없어 보인다.

지반 공사에만 5년,
첫 기둥 올리기까지 9년

4,000m²에 달하는 성당의 지반에 길이 6m 이상, 직경 26~28cm
의 나무말뚝이 1만 762개가 박혔다. 말뚝 간 간격은 말뚝의 직경과 동
일하게 촘촘함을 유지했고 말뚝과 말뚝 사이에 강철 침이 겨우 들어
갈 정도로 단단하게 숯과 흙이 채워졌다. 여섯 마리의 말이 들어올린
무거운 주철 파이프가 나무말뚝을 내리쳐 더 이상 밑으로 내려가지
않을 때까지 열 차례 이상 강타했다. 매번 감리관이 그 자리에서 합격
판정을 내려야 말뚝 하나를 박는 공정이 끝났다. 가을에는 하루에 기
껏 5개의 말뚝을, 겨울에는 겨우 2개씩만 박을 수 있었다. 그렇게 말
뚝을 박는 작업에만 1년을 썼고 지반을 닦는 작업에 12만 5,000명이
매달려 5년이 지나갔다. 그다음 해인 1824년 대홍수가 일어났고 지반
공사는 이 어려운 시험을 이겨냈다.[20]

그러나 이것은 성 이삭 대성당 건축사의 서막에 불과했다. 성 이삭
대성당은 현재 112개의 거대한 화강암 기둥으로 둘러싸여 있는데 이
기둥들이 모두 하나의 돌을 깎아 만든 거대한 돌기둥, 즉 통돌monolith
들이다. 교회 하단의 외곽 4면을 둘러싸고 있는 48개의 기둥들은 하

나의 무게가 114t, 높이가 17m, 직경이 1.8m에 달한다. 높이 43m에서 둥근 돔의 드럼 부분을 감싸고 있는 상단 24개 기둥도 무게가 64t에 이른다. 이 거대한 화강암 통돌들은 지금은 핀란드 땅이 된 발트해 북쪽 연안의 화강암 지대 피탈라크스Pytalaks에서 수작업으로 채석되었다. 채석장에서부터 굴려 바지선에 선적된 기둥은 두 척의 증기 견인선의 도움으로 약 170km 거리의 발트해를 건너 페테르부르크에 도착했다.

구름떼 같은 관중들의 환호 속에 네바 강변의 공사 현장으로 운반된 화강암 기둥은 별도의 장소에서 다시 마지막 마감 작업을 오랫동안 거쳐야 했다. 이렇게 해서 마침내 첫 번째 화강암 기둥을 세우는 작업이 1828년 3월 20일에야 이루어졌다. 화강암 채석 작업이 1819년에 시작되었으니 무려 9년 만에 첫 기둥이 세워진 셈이다.

황제 니콜라이 1세는 하단 주랑의 첫 기둥을 세우는 장면뿐 아니라 2년 후인 1830년 8월에 마지막 기둥을 세우는 작업에도 가족과 함께 입회했다고 전해진다. 무게 114t, 길이 17m의 기둥 하나를 세우기 위해 높이 20m가 넘는 목재 구조물을 특수 제작했다. 구호에 따라 128명이 일제히 16개의 캡스턴capstan◆에 연결된 밧줄을 감기 시작하여, 거대한 기둥이 굴러 정해진 자리에 우뚝 서는 데 약 45분이 걸렸다. 이 장면을 보려고 모여든 군중들로 광장과 그 주변 건물의 지붕은 인산인해를 이루었다.

이렇게 바깥 기둥이 모두 세워진 다음에야 성당의 벽을 쌓기 시작했다. 하단 벽과 상단 돔을 받치는 드럼의 토대를 만드는 데 다시 7년이 걸려 1837년에야 64t의 화강암 기둥 회랑을 세우는 작업이 시작될 수 있었다. 43m 높이로 기둥을 끌어올리기 위해 당시로서는 매우 혁신적인 기술이 도입되었다. 즉 레일 트랙과 볼베어링 원리에 의한 이중주철 디스크가 특수 제작된 것이다. 이렇게 112개의 화강암 통돌로 만들어진 세계에서 유일무이한 열주회랑列柱回廊이 완성되었다.[21]

그러나 성 이삭 대성당이 세계 건축사에 미친 최고의 기여는 바로 혁신적인 돔 구조에서 찾을 수 있다. 필자는 2016년 출간했던《줌 인 러시아》에서 이미 러시아 건축물에서 자주 볼 수 있는 양파형 구조의 기원을 이야기하면서 펜던티브 돔의 역사에 대해 설명한 바 있다. 하단 본체의 육면체 공간과 상단의 둥근 돔 지붕을 결합하는 펜던티브 덕분에 거대한 실내 공간과 건축미까지 겸비한 돔형 성당이 탄생할 수 있었다는 것이 그 요지이다. 6세기 이스탄불의 성 소피아 성당을 시발점으로 해서 15세기 피렌체 대성당, 17세기 로마의 산 피에트로 대성당과 런던의 세인트 폴 대성당이 이와 같은 돔 형식으로 지어졌다.

그런데 성 소피아 성당을 계승한 이후의 돔형 성당들은 나름대로 돔을 짓는 방식에서 기술적 진화를 이루었다. 피렌체 대성당에는 처음으로 사암으로 만든 24개의 리브rib**와 가운데가 빈 두 겹의 이중반

◆ 닻 등 무거운 물건을 줄로 감아올리기 위한 기계장치.
◆◆ 둥근 천장을 만드는 데 쓰이는 갈빗대 모양의 뼈대를 말한다.

구가 사용되어 튼튼하고 가벼운 구조가 만들어졌다. 산 피에트로 대성당의 석조 돔에는 이중반구에 7개의 강철 링이 내장되었다.[22]

세인트 폴 대성당의 건축가 크리스토퍼 렌은 이 성당의 돔에 처음으로 삼중구조를 적용했다. 이중반구형 돔 사이에 타원형 돔을 하나 더 삽입했는데 이 구조의 핵심은 이 타원형 돔에 현수선懸垂線의 원리를 거꾸로 적용한 것이었다. 좌우 균형이 자연스럽게 맞춰져 아래로 매달린 현수선의 안정적 구조가 위로 세워도 유지된다는 혁신적 발견의 결과였다. 다만 이 삼중구조물은 여전히 벽돌로 축조되었다.

성 이삭 대성당은 세인트 폴 대성당의 삼중구조를 그대로 적용했지만 세계 최초로 석조가 아닌 금속을 재료로 사용했다. 건축가 오귀스트 드 몽페랑은 19세기에 이미 발전한 제철 기술을 십분 활용할 경우 석조 대비 비용은 200만 루블, 공사 기간은 3년을 줄일 수 있다고 판단했다. 내부 직경 21.8m의 돔을 받치는 삼중구조물에 강철 490t, 주철 990t, 구리 49t, 청동 30t이 사용되었다.[23] 반면 직경 34m의 세인트 폴 대성당의 돔 무게는 무려 6만 6,000톤에 달한다.[24]

성 이삭 대성당의 돔에는 또 다른 혁신적인 기술이 적용되었는데 바로 진흙 반죽으로 만든 그릇으로 타원형 돔의 뼈대를 채운 것이다. 이는 로마 초기 건축 기술을 되살린 방식으로 10만 개의 이 진흙 그릇들을 통해 단열효과와 공명효과를 동시에 얻고 또 무게도 대폭 줄일 수 있었다. 성 이삭 대성당 안의 온기와 아름다운 성가의 울림은 바로 이 건축 기법 덕분에 가능했다.

그러나 성 이삭 대성당 돔의 정점은 뭐니 뭐니 해도 황금빛으로 빛나는 돔의 외피이다. 상트페테르부르크를 방문하는 사람들에게 가장 돋보이고 기억에 오래 남는 풍경은 계절에 관계없이 늘 파란 하늘을 배경으로 빛나는 성 이삭 대성당의 황금돔이다. 여기에도 놀라운 기술적 혁신이 적용되었으니, 바로 수은 도금 기술이다. 동판 위에 수은과 금의 액체 합성물을 입히고 가열하면 수은은 증발하고 금은 매우 안정적인 빛깔로 착색된다. 성 이삭 대성당 건설에서는 동판 하나를 만들 때마다 이 작업을 세 차례씩 반복했고 책임자가 합격 마크를 찍어야만 완료되었다. 여기에만 100kg의 순금이 사용되었다. 하지만 이 작업은 수은 중독의 위험이 있었기에 작업자는 반드시 바람을 등지고 유리덮개를 쓴 채 일해야 했다. 그러나 불행히도 이 작업으로 약 60명이 사망한 것으로 알려져 있다.[25]

40년 만에 완공된
위대한 혁신의 산물

한편 성 이삭 대성당을 볼 때 방문객들이 놓치지 말아야 할 것 중 하나가 내부의 모자이크 벽화이다. 성당 공사가 막바지로 접어들 무렵 유화로 그린 벽화들이 상트페테르부르크 특유의 높은 습기와 낮은 온도로 인해 변질되기 시작했다. 1846년 이탈리아를 방문한 니콜라이 1세는 로마 산 피에트로 대성당의 모자이크 성화를 본 뒤 성 이삭 대성당의 벽화를 모자이크로 바꾸기로 결정했다. 곧바로 로마에 러시아에서 파견한 장인들로 구성된 모자이크 공방이 만들어졌고 여기서 러시아 장인들은 이탈리아 장인들을 스승 삼아 그 지도 아래 수년간 기술을 익혔다. 이후 러시아 장인들은 이탈리아인 스승들과 함께 상트페테르부르크로 돌아가 1851년부터 성 이삭 대성당의 벽화 교체 작업에 들어갔다. 러시아 장인들의 놀라운 학습 효과는 러시아 모자이크 기술을 세계 최고 수준으로 끌어올리는 성과로 이어졌다. 1862년 영국 런던에서 열린 세계박람회에서 성 이삭 대성당의 모자이크 벽화는 '유럽 최고상'을 받았다.

이 기술의 핵심은 금속산화물과 유리를 섞은 스몰트smalt 제작법에 있다. 이 제작법을 활용해 러시아 장인들은 1만 2,000개 이상의 색깔을 낼 수 있었다. 특히 흰색을 전혀 쓰지 않고도 다양한 색감의 스몰트 조각을 혼합하여 멀리서 보면 생동감 넘치는 흰빛으로 보이게 만드는 기술은 정말이지 경이롭다. 러시아 성화 특유의 황금 스몰트는 타의 추종을 불허하는데, 스몰트 조각들의 각도와 깊이를 조정하여 그림의 색감과 입체감을 극대화하는 수준에까지 이르렀다.

이렇게 성 이삭 대성당의 벽면 중 600m²가 모자이크 벽화로 채워졌고 이 작업은 성당이 완공된 뒤인 1914년까지도 계속되었다. 모자이크를 포함하여 이 성당의 실내장식에만 400kg의 금, 500kg의 청금석, 1,000t의 청동, 16t의 공작석Malachite이 사용되었다. 성 이삭 대성

관람객의 감탄을 자아내는
화려한 성 이삭 대성당 내부와 모자이크 벽화.

당은 비록 로마의 산 피에트로 대성당보다 규모가 작지만 일단 관람객들이 성당 내부로 들어서는 순간 실내장식의 화려한 광휘로 인해 외부 규모가 어떠했는지는 완전히 잊게 된다.

혁신과 화려함의 극치인 성 이삭 대성당이 늪지대 위에 우뚝 서기까지는 이처럼 무려 40여 년의 시간이 소요되었다. 그사이 러시아 황제가 3명이나 바뀌었고 작업에 동원된 인부는 40만 명에 달했다. 그중에는 농노도 있고, 심지어 미성년자도 있었다. 이들은 열악한 급료와 혹독한 노동환경 속에서 하루 16시간씩 일하며 자신의 인생을 희생했다. 황금돔의 도금 작업에 희생된 60명은 그중 극히 일부에 지나지 않는다.

흥미로운 것은 노동자들에게 희생을 강요했던 이 성당 건축가의 운명도 예외가 아니었다는 점이다. 23세의 나이로 프랑스에서 건너온 천재 건축가 오귀스트 몽페랑은 성 이삭 대성당 완성에 40년의 생을 온전히 바쳤다. 그러나 성당이 완성되고 겨우 27일 만에 갑자기 사망했다. 일설에 따르면 그의 오만함에 알렉산드르 2세가 공개적으로 격노한 것이 그에게 엄청난 심리적 타격을 입혔으리라고 한다.[26]

1858년 5월 30일 드디어 대성당 준공식이 거행되었다. 대규모 군중과 국내외 주요 인사들이 참관한 가운데 알렉산드르 2세가 완성된 성 이삭 대성당을 한 바퀴 돌았다. 그때 그의 눈이 성당 서쪽 외벽 지붕 아래의 삼각형 벽공 장식에서 멈추었다. 성자 이삭에게 모든 성인이 엎드려 고개 숙여 경의를 표하는 모습을 새긴 것이었다. 이삭 성자

성 이삭 대성당 모형을 안고 있는 천재 건축가 오귀스트 몽페랑.

는 그 성일이 표트르 대제의 생일과 일치한다. 성 이삭 대성당을 건립한 것도 실상은 도시의 창건자 표트르 대제를 기념하려는 의도였다. 그런데 이 벽공 장식의 왼쪽 맨 끝자락에 유일하게 앉아서 빳빳하게 고개를 쳐들고 이삭 성자를 보는 이가 조각되어 있었다. 그는 바로 성 이삭 대성당의 모형을 안고 있는 건축가 몽페랑이었다. 황제의 표정이 싸늘하게 변했다.

몽페랑은 자신을 성 이삭 대성당에 안치해달라고 유언을 남겼지만 러시아 황실에서는 그가 정교회 신자가 아닌 천주교 신자라는 이유로 시신을 프랑스로 돌려보냈다.

늪지대 위에 탄생한 위대한 혁신의 산물인 성 이삭 대성당에는 이렇듯 개혁의 도시 상트페테르부르크의 본질이 다양한 장면으로 투영되어 있다. 유럽을 앞서가려는 러시아 황실의 의지, 그 속에서 탄생한 화려한 문화와 혁신 그리고 그 뒤에 가려진 수많은 희생들…. 우리가 위대한 문화유산을 일부러 찾아가서 보고 음미하는 것도 그 역사와 문화를 눈앞에서 생생히 체험해보고 싶은 마음이 아닐까.

참고자료

책을 내며

1. "Как маленький Ричард Никсон провел лето в Дегтярске" (2019. 7. 29).《Комсомольская Правда》.〈https://www.ural.kp.ru/daily/26261/3140160/〉

프롤로그 | 끝없이 펼쳐진 도시들의 박물관

1. The federal service for state registration, cadastre and cartography (2018년 기준).

2. 러시아 통계청.

3. 러시아 통계청.

01 영광, 몰락, 부활의 오디세이 | 블라디보스토크

1. "Владивосток: история города" (2010. 7. 2).《Риа Новости》.〈https://ria.ru/20100702/251565235.html〉.

2. 브리너 가문의 역사를 정리한 웹사이트〈http://bryners.ru/content.php?cat=1〉에서 더 자세한 내용을 확인할 수 있다.

3. 러시아 통계청.

4. 러시아 외교부 (2017). "Дальний Восток-территория президентского внимания".

5. 러시아 통계청.

6. "러시아 극동지역 국경, 중국이 잠식" (2001. 9. 4).《중앙일보》.

7. "Виктор Ишаев: Дальний Восток станет центром экономической жизни России" (2012. 1. 10).《ZRPRESS》.

8. 러시아 통계청.

02 러시아의 미래를 책임질 극동개발의 전진기지 | 하바롭스크

1. 곽승지 (2008. 9. 13). "백두산정계비의 진실: 조선과 청의 갈등 개입과 간도협약(연재 8)".《동북아신문》.

2. 러시아 통계청.

3. 이경완 (2014). "러시아 극동지방의 2015년 중점 선도개발구역과 투자프로젝트". 한림대학교 러시아연구소.

4. 러시아 통계청.

5. 조정원 (2017). "러시아·중국 경제관계 평가 및 전망". 대외경제정책연구원 전문가 회의 발표 자료.

6. Kotra (2017). "일-러 정상회담을 계기로 러시아 사업 강화하는 일본 기업들".

7. "Миллиард вложит корейский инвестор в медицинский центр в Хабаровске" (2019. 5. 22).《DVhab.ru》. ⟨https://www.dvnovosti.ru/khab/2019/05/22/99618/⟩.

8. 독립기념관 한국독립운동사연구소 (2011).《이인섭과 독립운동자료집 Ⅲ-전기류-》; "기획연재 I-알렉산드라김의 전기(1부)" (1993. 12. 16).《시사저널》.

03 뜨거운 우정을 간직한 시베리아의 동쪽 끝 도시 | 치타

1. ⟨http://a-s-pushkin.ru/books/item/f00/s00/z0000013/st002.shtml⟩.

2. "Пущин Иван Иванович". ⟨http://www.hrono.ru/biograf/bio_p/

pushin_ii.php〉.

3. "Пущин Иван Иванович". 〈http://www.hrono.ru/biograf/bio_p/
pushin_ii.php〉.

4. "Мой первый друг…". 〈http://www.kostyor.ru/student/?n=232〉.

5. Кодан, С. В. (1983). *Сибирская ссылка декабристов*. Изд-
ательство Иркутского университета ["Декабристы в
читинском остроге" (2016. 11. 18). 〈http://d1825.ru/viewtopic.
php?id=5212〉에서 재인용].

04 러시아, 몽골, 그리고 한반도까지 품은 시원의 땅 | 울란우데와 바이칼호

1. Беркин Н.С., Макаров А.А., Русинек О.Т. (2009). *Байкаловедение: у
чебное пособие*. Иркутский государственный университет.

2. 박범신 (2015. 2. 25). "[박범신의 논산일기] 뜨거웠던 그들은 지금 어디에 있는
가". 《경향신문》.

3. 양민종 (2003). 《샤먼 이야기》. 정신세계사.

4. Беркин Н.С., Макаров А.А., Русинек О.Т. (2009). *Байкаловедение: у
чебное пособие*. Иркутский государственный университет.

5. "БАЙКАЛ В ВОПРОСАХ И ОТВЕТАХ". 〈http://az-kozin.narod.ru/
kniga_o_baikale.html〉.

05 아름다운 자연, 숭고함, 첨단기술이 생동하는 도시 | 이르쿠츠크

1. Елена (2012. 3. 13). "Первые леди". 〈https://iledebeaute.ru/
lady/2012/3/13/23272/〉.

2. 2014년 이르쿠츠크 지역 관광청 업무 보고.

3. 이르쿠츠크시 홈페이지. "2018년 이르쿠츠크 기업들의 매출 기준 통계".

4. 장태진 (2013). 《항공우주산업기술동향》. 11권 1호. p. 23. 〈https://www.kari.re.kr/download/viewer/1549908365213/index.html〉.

06 카자크족의 후예들, 러시아의 중심 도시를 세우다 | 크라스노야르스크

1. А. Н. РАДИЩЕВ (1938~1954). *ЗАПИСКИ ПУТЕШЕСТВИЯ ИЗ СИБИРИ ПОЛНОЕ СОБРАНИЕ СОЧИНЕНИЙ, Т.3.* Издательство Академии Наук СССР. Москва-Ленинград.

2. Антон Чехов (1974). *Из Сибири. Остров Сахалин. 1889-1894.* Наука.

07 황제의 도시, 거지의 도시 | 톰스크

1. "Экспертиза подтвердила идентичность почерков Александра I и старца Федора" (2015. 7. 23). 《Москва24》.

08 '새로운 시베리아'와 그 보물들 | 노보시비르스크

1. "КАК НОВОСИБИРЦЫ РАССТРОИЛИ И ПОВЕСЕЛИЛИ ПРЕЗИДЕНТА США" (2019. 8. 5). 《Советская Сибирь》.

2. 주동혁 (2011). "3.2 실리콘밸리의 효시: 페어차일드 세미컨덕터(Fairchild Semiconductor)". 《KAMento》.

3. 핵물리연구소 홈페이지. 〈http://www.inp.nsk.su/binp〉.

4. "Директор Института ядерной физики СО РАН академик А.Скринский:'Впереди огромный объем экспериментальной работы'" (2014. 1. 14). 《Interfax》. 〈http://www.interfax-russia.ru/Siberia/.

exclusives.asp?id=464651⟩.

5. 핵물리연구소 홈페이지. ⟨http://www.inp.nsk.su/binp⟩.

6. "러시아 첨단기술 이전 받으세요" (2007. 11. 20). 《매일경제신문》.

7. 허범도 (2007. 6. 18). "[ET단상] 시베리아 골든밸리가 다가온다". 《전자신문》.

8. 《За какие грехи тебя сослали?》. Как строили новосибир-
ский Академгородок" (2017. 9. 27). ⟨www.aif.ru⟩.

9. Сергей Антоненко (2013. 3. 18). "Новосибирск: город традиций
и инноваций". 《BPHC》.

10. "Igor Zelensky interview: 'Novosibirsk will be a capital city of
dance'." (2008. 5. 23). 《Vedomosti》.

11. "Архитектура Новосибирска-Оперный. С троительство".
⟨http://nsk.novosibdom.ru/node/2964⟩.

09 따뜻한 볕이 내리쬐는 시베리아의 '봄春' | 옴스크

1. Ф. М. Достоевский (1988). *Собрание сочинений в 15-ти томах*.
Том 3. Наука. 이 문단 따옴표 안 내용을 모두 이 책에서 인용.

2. Ф. М. Достоевский (1988). *Собрание сочинений в 15-ти томах*.
Том 3. Наука.

3. Ф. М. Достоевский (1988). *Собрание сочинений в 15-ти томах*.
Том 3. Наука.

4. "В Омске найден фундамент 'Мертвого дома'" (2016. 7. 25).
⟨tvkultura.ru⟩.

5. 옴스크시 홈페이지. ⟨https://admomsk.ru/web/guest/progress/invest/
economics⟩.

1. "Ссыльный набатный колокол". ⟨https://ru.wikipedia.org/wiki/Ссыльный_набатный_колокол⟩.

2. "Путь отрекшегося царя в августе 1917: вместо Лондона-Тобольск" (2017. 8. 25). 《Накануне.RU》.

3. Бернс Барбара (1993). *Алексей. Последний царевич*. Звезда.

4. Жук Ю. А., Хрусталев В. М. (2015). *Романовы. Венец мученичества*. Directmedia.

5. С. В. Мироненко (2013). *Дневники императора Николая II (1894–1918)*. РОССПЭН.

6. Панкратов В. С. (1990). *С царем в Тобольске. Воспоминания охранника Николая II*. ⟨https://referat.me/personality/142042–nikolay-ii-v-tobolske⟩.

7. "ПОСЕЛИЛИСЬ ДАЛЕКО ОТ ВСЕХ: ЖИВЕМ ТИХО-От отречения до расстрела: жизнь Романовых в изгнании глазами последней императрицы". 《ТАСС》. ⟨https://tass.ru/spec/romanovy⟩.

8. Жук Ю. А., Хрусталев В. М. (2015). *Романовы. Венец мученичества*. Directmedia.

9. "Дневник Наследника Цесаревича Алексея Николаевича за 1917 год". 《Libra Press》. ⟨http://www.librapress.ru/2017/01/Dnevnik-Cesarevicha-Alekseja-Nikolaevicha-za-1917-god.html⟩.

10. Кузнецов В.В. (2010). *Судьба царя-судьба России*. ОЛМА Медиа Групп.

11 피 위에 세워진 슬픈 도시 │ 예카테린부르크

1. Пьер Жильяр (2006). *При дворе Николая II. Воспоминания наставника цесаревича Алексея. 1905-1918.* Центрполиг-раф.

2. С. В. Мироненко (2013). *Дневники императора Николая II (1894-1918).* РОССПЭН.

3. "День восьмой и девятый-последний. Ганина яма". 《Livejournal》. 〈https://perevozchik42.livejournal.com/6334.html〉.

4. "17 костей и 10 зубов" (2019. 6. 6). 《znak》. 〈https://www.znak.com/2019-06-05/chto_takoe_ostanki_cesarevicha_alekseya_i_knyazhny_marii_v_propazhe_kotoryh_obvinili_rpc〉.

5. глав. ред. В. В. Алексеев (2001). *Металлургические заводы Урала XVII-XX вв: Энциклопедия.* Издательство Академ-книга.

6. "[시베리아 대탐방](1) 세계에서 가장 큰 공장 우랄마쉬" (2000. 1. 1). 《서울신문》.

7. 우랄마시 홈페이지. 〈https://www.uralmash.ru/about/history/〉.

8. 우랄마시 홈페이지. 〈https://www.uralmash.ru/about/history/burovye-ustanovki-uralmasha/〉.

9. 이노프롬 홈페이지. 〈https://www.innoprom.com/〉.

12 아낌없이 주는 땅, 풍요로운 도시 │ 페름

1. "История соли на Урале". 〈https://nashural.ru/article/istoriya-urala/permskaya-sol/〉.

2. Владислав Тимофеев (2014. 3. 13). "Людмилинская скважина-символ Соликамска". ⟨https://uraloved.ru/goroda-i-sela/permskiy-krai/ludmilinskaya-skvazhina⟩.

3. "История соли на Урале". ⟨https://nashural.ru/article/istoriya-urala/permskaya-sol/⟩ .

4. Элла Бикмурзина (2010. 7. 19). "Соли пермской земли". ⟨http://www.vokrugsveta.ru/telegraph/theory/1200/⟩.

5. USGS Mineral Commodity Summaries 2019.

6. 우랄칼리 연간 사업보고서. ⟨https://www.uralkali.com/upload/2928-uralkalii-go-rus.pdf⟩.

7. "В Перми празднуют 90-летие открытия первой нефти Волго-Уральского региона" (2019. 4. 15). ⟨http://www.bashinform.ru/detalno/1294709/⟩.

8. "Нефтяной центр Урала" (2018. 1. 9). 《Нефть и Капитал》. ⟨https://oilcapital.ru/article/general/09-01-2018/neftyanoy-tsentr-urala-17523bd5-2402-4d78-a46e-763c46e81239⟩.

13 성모마리아의 기적과 '어머니 강'에 담긴 슬픔 | 카잔

1. 러시아 통계청. "2010년 전국 인구조사 결과". ⟨https://gks.ru/free_doc/new_site/perepis2010/croc/perepis_itogi1612.htm⟩.

2. "Стало известно, сколько в Челнах проживает русских и татар" (2012. 8. 7). 《Челнинские Известия》.

3. "Стало известно, сколько в Челнах проживает русских и татар" (2012. 8. 7). 《Челнинские Известия》.

4. "Почему нельзя сравнивать количество мечетей и храмов в Татарстане" (2014. 5. 24). 《Kazanfirst》. 〈https://kazanfirst.ru/articles/228924〉.

5. 러시아 전략기획청. 〈https://asi.ru/investclimate/rating/〉.

6. Agency of Economic and Political Communication 발표. 〈http://apecom.ru/projects/item.php?SECTION_ID=90&ELEMENT_ID=4650〉.

7. Calvert 22 펀드와 PwC 러시아지부 발표. 〈https://www.pwc.ru/ru/publications/creative-capital-index.html〉.

14 작가와 사랑에 빠진 도시 │ 니즈니노브고로드

1. Е. Л. Немировский, М. Л. Плато (1987). *Книгоиздание СССР. Цифры и факты. 1917~1987*. Книга.

2. 니즈니노브고로드 시 홈페이지.

3. 니즈니노브고로드 시의회. 〈http://www.gorduma.nnov.ru/?id=47991〉.

4. Autostat data. "Russian LCV market has grown 6% within the first nine months of 2018" (2018. 10. 9). 〈RusAutoNews.com〉에서 재인용.

5. 가즈 사 홈페이지. 〈http://azgaz.ru/about-us/〉.

6. "Правда о 'сталинской индустриализации'" (2016. 11. 17). 《Livejournal》. 〈https://tverdyi-znak.livejournal.com/2775563.html〉.

7. "Петр I меркнет перед Сталиным: как Форд построил ГАЗ" (2019. 5. 31). 〈Газета.Ru〉.

15 지지 않는 도시, 현실이 된 전설 │ 모스크바

1. "Эволюция Московского Кремля". 《КУЛЬТУРНЫЙ ЛАНДША-

ФТ〉. 〈https://culturelandshaft.wordpress.com/этногенез/истоки
-славян/178-2/символы-руси/московский-кремль-1800-г
ода/〉.

2. П. В. Сытин (2008). *Из истории московских улиц*. АСТ.

3. "Дмитрий Донской". 《Русская историческая библиотека》.
〈http://rushist.com/index.php/russia/259-dmitrij-donskoj〉.

4. Валерий Шамбаров (2014). *Куликово поле и другие битвы Дмитрия Донского*. Алгоритм.

5. В.Д. Назаров (1980). *Конец золотоордынского ига/Вопросы истории*. РАН.

6. Michael Khodarkovsky (2004). *Russia's Steppe Frontier: The Making of a Colonial Empire, 1500~1800*. Bloomington: Indiana University Press. p. 290, pp. 80~81.

7. "Московский Кремль Сердце города". 〈https://liveinmsk.ru/places/parki-i-usadby/kreml〉.

8. "Московский Кремль Сердце города". 〈https://liveinmsk.ru/places/parki-i-usadby/kreml〉.

9. "Новый Иерусалим и Храм Гроба Господня". 《Materinstvo.ru》. 〈https://materinstvo.ru/art/18801〉; "История Храма Гроба Господня в Иерусалиме". 〈http://costroma.k156.ru/polozov/hram_groba_gospodnia9.html〉.

16 초원에 펼쳐진 건축 박물관 | 황금고리

1. "Рейтинг российских городов по уровню зарплат-2019" (2019.

10. 9). 《Риа Новости》. 〈https://ria.ru/20191007/1559447334.html?〉.

2. 야로슬라블시 공식 포털. 〈https://city-yaroslavl.ru/city/about/sotsialno-ekonomicheskoe-polozhenie-goroda/〉.

3. В. В. БОГОСЛОВСКИЙ. "КУПЕЧЕСТВО Ярославского края". 〈https://yarwiki.ru/article/1139/kupechestvo-yaroslavskogo-kraya〉.

4. В. В. БОГОСЛОВСКИЙ. "КУПЕЧЕСТВО Ярославского края". 〈https://yarwiki.ru/article/1139/kupechestvo-yaroslavskogo-kraya〉.

5. В. В. БОГОСЛОВСКИЙ. "КУПЕЧЕСТВО Ярославского края". 〈https://yarwiki.ru/article/1139/kupechestvo-yaroslavskogo-kraya〉.

17 유럽의 재현, 새로운 러시아 │ 상트페테르부르크

1. А. Ю. Мудрова (2014). *Великие шедевры архитектуры. 100 зданий, которые восхитили мир.* Центрполиграф.

2. "Екатерининский парк-зеленое ожерелье вокруг царского дворца". 〈https://putidorogi-nn.ru/evropa/1026-ekaterininskij-park#id3〉.

3. "Екатерининский парк. Большой пруд". 〈https://tsarselo.ru/yenciklopedija-carskogo-sela/adresa/ekaterininskii-park-bolshoi-prud.html〉.

4. 칼리닌그라드 호박박물관 홈페이지. "Янтарная комната". 〈https://www.ambermuseum.ru/home/about_amber/amber_room〉.

5. "Вместе с Янтарной комнатой Петру I подарили королевскую яхту" (2010. 9. 24). 〈https://klops.ru/news/obschestvo/32697-vmeste-s-yantarnoy-komnatoy-petru-i-podarili-korolevskuyu-yahtu〉.

6. "Янтарная комната: история создания, цифры, факты и тайны" (2010. 4. 29). 《РИА Новости》. 〈https://ria.ru/20100429/227384217.html〉.

7. "Интересные факты о Петергофе". 〈https://peterhofmuseum.ru〉.

8. "Versailles Fountains". 〈https://ethw.org/Versailles_Fountains〉.

9. "Communicating vessels". 〈https://en.wikipedia.org/wiki/Communicating_vessels〉.

10. Сторожева Зоя Андреевна (2016. 2. 18). "Презентация по физике 'Фонтаны Петергофа (пример сообщающихся сосудов)'". 〈https://videouroki.net/razrabotki/prezentatsiya-po-fizike-fontany-petergofa-primer-soobshchayushchikhsya-sosudov.html〉.

11. "Большой каскад в Петергофе". 〈https://www.spb-guide.ru/page_18175.htm〉.

12. "Возрождение Петергофа после войны: уничтоженное-наследие, минное поле и утерянные коллекци-и" (2019. 4. 16). 《Диалог》.

13. "Друг Петергоф, из пепла возрожденный" (2011. 10. 21). 《LiveJournal》.

14. "А знаете ли вы сколько окон в Эрмитаже?". 〈https://oknasmart.ru/news/skolko-okon-v-ermitazhe〉.

15. 에르미타주 박물관 홈페이지. "Приобретение Екатериной II коллекции И. Э. Гоцковского". 〈https://www.hermitagemuseum.org/wps/portal/hermitage/explore/history/〉.

16. 〈http://250.hermitage.ru/index/show/12〉.

17. 〈http://250.hermitage.ru/index/show/15〉.

18. "Императорская резиденция: Малый эрмитаж". 〈http://edu. hermitage.ru/catalogs/1423650486/themes/1423650516/article/ 1428459188〉.

19. П. Я. Канн, Я. Л. Сухотин (1999). *Путеводитель Санкт-Петербург и пригороды*. Питер.

20. G. P. Butikov (2000). *St Isaac's Cathedral: The State Museum of Russian ecclesiastic architecture, sculpture, painting, and mosaics*. Kulturnoe nasledie Sankt-Peterburga.

21. "Строительство Исаакиевского собора в картинках". 〈https:// www.perunica.ru/istoria/6358-stroitelstvo-isaakievskogo-sobora-v-kartinkah.html〉.

22. "Vatican researchers examine construction of St. Peters Basilica dome" (2011. 4. 13). 〈constructconnect.com〉.

23. G. P. Butikov (2000). *St Isaac's Cathedral: The State Museum of Russian ecclesiastic architecture, sculpture, painting, and mosaics*. Kulturnoe nasledie Sankt-Peterburga.

24. "Interesting facts about St Paul's Cathedral". 〈http://justfunfacts. com/interesting-facts-about-st-pauls-cathedral/〉.

25. "САНКТ-ПЕТЕРБУРГ ИСААКИЕВСКИЙ СОБОР ИНТЕРЕСНЫЕ ФАКТЫ". 〈https://kolomna-school10.ru/religija/sobori/sankt-peterburg-isaakievskij-sobor-i/〉.

26. "Легенды Петербурга. Исаакиевский собор и смерть Монферрана" (2013. 5. 24). 《LiveJournal》.